U0057908

教學新世紀理論與實務

林生傳 ✳ 策畫編著

作者簡介

【策畫】

林生傳（第一章）

學歷：美國威斯康辛大學麥迪遜哲學博士

現職：國立高雄師範大學教育學院榮譽教授、致遠管理學院講座教授

【著者】

曾榮祥（第二章）

學歷：國立高雄師範大學教育學系博士候選人

現職：明新科技大學講師

高忠增（第三章）

學歷：國立高雄師範大學教育學系博士班研究生

現職：高雄縣登發國小輔導主任

陳嘉皇（第四章）

學歷：國立高雄師範大學教育學系博士候選人
現職：屏東市忠孝國小教師

簡慶哲（第五章）

學歷：國立高雄師範大學教育學系博士班研究生
現職：台中護專教師

方朝郁（第六章）

學歷：國立高雄師範大學教育學系博士班研究生
現職：高雄市龍華國小輔導主任

蔡姿娟（第七章）

學歷：國立高雄師範大學教育學系博士班研究生
現職：高雄縣文山高中教師

陳昭曄（第八章）

學歷：國立高雄師範大學教育學系博士班研究生
現職：高雄市明義國中教師

黃誌坤（第九章）

學歷：國立高雄師範大學教育學系博士候選人
現職：屏東縣歸來國小教師

許美華（第十章）

學歷：國立高雄師範大學教育學系博士班研究生
現職：台南市安慶國小教師

陳明鎮（第十一章）

學歷：國立高雄師範大學教育學系博士
現職：長榮大學助理教授

林子雯（第十二章）

學歷：國立高雄師範大學教育學系博士班研究生
現職：正修技術學院教師

黃奕碩（第十三章）

學歷：國立高雄師範大學教育學系博士班研究生
現職：台南縣五王國小教師

林琬淇（第十四章）

學歷：國立高雄師範大學教育學系博士班研究生
現職：正修技術學院講師

陳怡靖（第十五章）

學歷：國立高雄師範大學教育學系博士候選人
現職：高雄市東光國小教師

吳慧珠（第十六章）

學歷：國立高雄師範大學教育學系博士
現職：高雄市莒光國小校長

緒言

壹、新世紀教學的思索

在這一次教育改革的驚濤駭浪之下，經過一次次的沖激，可以感受到教育改革的艱鉅與複雜。當外在的表象洗盡，可以更清楚地透視教育改革的核心與關鍵在哪裡。以九年一貫課程為例，依一九九八年九月三十日教育部發布的《國民教育階段九年一貫課程總綱綱要》，九年一貫課程的基本理念在培育具備人本情懷、統整能力、民主素養、鄉土與國際意識，以及能終身學習的國民。考其有關課程目標、課程結構與課程設施，最主要的有下列要項：第一，九年一貫課程標榜國民教育階段的課程在培養現代國民所需的基本能力；第二，採取統整課程，國民教育階段之課程，應以個體發展、社會文化、及自然環境等三個面向，提供「七大學習領域」為學習之主要內容，學習領域成為課程內容，取代傳統的分科課程；第三，國民教育階段課程各領域除列有必修課程外，增加彈性課程的時間，由各學校設計提供必修課程；第四，國民中學與國民小學的課程不

再分為兩階段，而要九年一貫；第五，減少課程內容並加強組織；第六，發展學校彈性課程，在課程綱要之下，由民間編印各種版本的教科書，並由學校發展學校本位課程。九年一貫課程的用意在培養學生的十大基本能力，以達到統整的目的。於是大膽地將傳統學科本位的課程以領域課程替代，由原來的國中二十二科、國小的十二科，均統整為七大學習領域；並保留 20%的時間，讓學校及班級自由運用調配，這是一個大膽的修訂。

惟上述各項一一皆屬根本性的改造。內容如此豐富，性質又如此特殊的改變，牽涉到知識生產分配系統的改變，學校教學制度的重組，與教師與家長文化傳統的改造。然而教育部感受到特定團體的壓力，在未取得教界及社會各界的了解與支持下，不得不在倉促之間急急忙忙推出（林生傳，1999a）結果實施現況又如何？

觀察目前情況，國中分科科目確實已合為學習領域，但是某些學習領域的教科書，只是形式上裝訂在一起，內容仍是依科目分主題，原本各科教學教師仍是各人教各該所屬的科目部分，不僅不知如何統整，且為如何分配時間與分量傷透腦筋，內耗甚多。而學生與家長在一綱多本的教科書使用之下，大為驚慌，不知如何準備學生基本能力測驗與入學考試。實際的教學有無使學生收到統整的效果？並沒有真正落實所謂統整。而在小學的部分，多數徒事於活動經驗課程的實施，如何讓學生學到統整性的知識邏輯體系，也不能令人滿意。九年一貫課程雖然陳義很高，標榜以學生為主體，培養十大基本能力，架構清楚，對能力指標，分段設計，層次井然。改革也來勢洶洶，聲勢奪人，口號響亮，且政府推動也勇往直前，全力以赴，但是今日卻是倍感挫折未能見到效果。所以一切的教育改革必須能體現於教學，才能確定教育改革得失成敗。如果教育改革

推出，教學依然如故或甚至益形混亂，效果不彰，這種教育改革要說它成功也難。

　　九年一貫課程甫付諸實施於國中一年，即荒腔走板未見成效，反而引起家長、學生的反彈，教師走上街頭，立委大加抨擊。可見只有重視課程架構的改變、課程制度的改革，對教育的效果並未能有所增進，對教育品質仍不能有效提升。我一直在懷疑循此下去，九年一貫課程如何可能收到預期的效果？我也一直在思索直接由教育的本質面切入促成課程真正改革，用心於教學的創新是否更能培養學生的基本能力，也許更能達成課程改革的目標，實現現代教育的理想。前教育部長曾志朗先生說，九年一貫課程真諦與其說是課程的改革，不如稱為國民教育的教學創新。在這一波改革的沖激之下，應思考如何正視教育的本質，以創新教學來達成課程改革的目標，由實質面切入，直指核心，冀能有助於九年一貫課程的實施，利用有效策略來實現教育改革的理想。不論未來課程如何改革，均須致力於教學創新，未來九年一貫課程順利實施，需要落實教學創新；若九年一貫課程只局部實施，也要改進教學；萬一九年一貫課程終止，更要創新教學。本書之作主要也是用心於教學創新，由此實踐課程改革的本意與教育改革。希望由教育的本質與策略來論述教學的創新，特別要由新世紀社會的特性與功能需求來倡言教學如何創新，理論與實際並重。

　　教育的本質面是什麼？教育的本質在不斷成長，發展個人，涵濡社會，創造文化。

　　教育的策略面在哪裡？教育的策略在認清個人的特質，因應當前社會的變遷趨勢，利用可能的資源與技術，使個人不斷成長，實現自有的潛能，調適於社會並願意且有能力服務今日的社會，並貢

獻於社會文化的繼續發展。

　　因此，當前要認清二十一世紀社會的脈動，並且要認識當前我們所面臨的學生之特性，利用可能獲得的資源，應用進步的技術，採取有效的方法來教育學生成為社會有效的公民，才是最直接、最有效的策略。

貳、二十一世紀的社會

　　新世紀是一個充滿新意與變數的時代，分析之，至少具有以下四項特徵與需求（林生傳，2001）。

一、數位化的資訊社會時代

　　當全世界的資訊就在你的手邊，必須要能夠保持思想的清明，力保主人的地位，去蕪存菁，隨時有效利用，幫助你學習、做事，訓練學生這種能力與本事。在資訊科技高度發達的未來社會，如何促進個人能隨著資訊技術的進步而不斷成長，能利用進步的技術於正途，以避免成為資訊社會的化外之民，也不致淪為技術控制下之奴（林生傳，1999b）。

二、激烈競爭的知識經濟

　　傳統的產業經濟已轉變成為「知識經濟」。經濟榮枯成敗不再只是決定於資本、土地、勞工或企業領導，更決定於知識。「知識」才是創造財富的唯一工具，如何創造、傳遞、流通、轉化知識，才是創造財富的關鍵。

三、科技發達帶給無限自由空間

基因的奧秘已揭曉不少，基因圖構製也接近完成。動物複製已成功，桃麗羊已膾炙人口，科學家正躍躍欲試於人的複製，複製人的出現超過你的想像。人類複製成功之後的社會倫理如何，文化如何改造、重整，都有待未來的人類去挑戰。所以，教育應謀求下一代的人能夠更富於自由創造的精神，不斷追求成長，去面臨新的挑戰。

四、不確定的時代加上無所不能的時代

新世紀承續並加遽二十世紀的社會變遷，科技高度發展、人心更加躍動，正飛躍進入一個不確定的時代，也是一個「什麼都有可能的」時代。「什麼都有可能」加上「不確定」的時代，如果沒有創新、超越的智慧，人類將走向劫難，無可挽回。如何教導下一代使他們能夠比這一代更明智、創新，需要藉教育獲得更無限的成長，才有可能。

參、二十一世紀的個人——今日面對的新新人類

累積長久以來對人類特性的研究，心理學發現個人具有相當的多元性、差異性、可塑性、適應性與主體性。無論就大腦生物構造來分析，或由生活上實際表現來觀察，人具有相當的潛能，有待練習與發展；此等潛能特性並非單一，而是多元的。如何發展，基於教育與社會文化的選擇與用心，以致表現於客觀的社會文化的結果，

有相當的分歧性。潛能因素限於生物基礎，但真正發展出來的則仍相當有限，被動的形塑常有其限度，主動的、互動的發展空間相當大。

以智能來說，多元智能的表現對於個人的發展更啟示無限的空間與機會，Howard Gardner 教授在一九八三年發表《心智架構》（*Frames of Mind*）一書，提出多元智能論（Theory of multiple intelligences），論析人有多種智能，包括語文智能（linguistic intelligence）、邏輯／數學智能（logic-mathematical intelligence）、空間智能（spatial intelligence）、身體／運動智能（bodily-kinesthetic intelligence）、音樂智能（musical intelligence）、處理人事的智能（personal intelligence）；後來又把人事智能分出人際關係智能（interpersonal intelligence）、管理自我內在的個人內智能（intrapersonal intelligence）七種。近又增訂為八種智能，除上面七種智能外，另加自然觀察智能。未來仍會有更多智能的揭露與建構。

肆、新世紀的教學

如何教導新新人類去適應與轉化於新的世紀呢？教學上最主要的功能是什麼呢？我認為新世紀的教學應是促進永續發展的教學：

一、培養每個人帶得走的基本能力。

二、培養每個人應用得開的基本能力。

三、培養每個人創意求新的能力。

四、培養每個人永續發展的能力。

　　為此，應透過適當情境的安排，及早獲得愉快的學習經驗，激發學習動機；使學生建立基本的概念，熟練學習的途徑與方法，奠定學習的基礎；從而使他們能夠不斷地在與環境交互作用之中，積極主動地作為，並隨時搜尋、蒐集便捷的資訊，加以有效利用，經由自我的省思對話、人我的影響，能作批判改造、重組經驗，以建構知識，增進問題解決的能力，有效適應環境，並貢獻於文化的傳承與創造。

　　為進行這樣的新世紀教學，可以取用的教學策略如下：

一、情境學習策略：案例教學、仲介教學。

二、自我對話的學習策略：自我導向、網路學習。

三、社會互動助長策略：合作學習、團體探究教學、網路教學。

四、多樣化學習策略：多元智慧教學、模組教學。

五、開放策略：網路教學、議題融入教學、建構教學。

六、動態評量的策略：建構教學。

七、統整教學策略：模組教學、全語言教學、主題式統整教學。

八、創意教學策略：創造性教學、網路教學。

九、虛擬教學策略：網路教學。

伍、本書之作

　　各種策略均有其深入的理論基礎、設計要領與實用方式，本書的各篇作品分別就其中一個或若干策略加以探究，並作較具廣度與深度的介紹，提供教學者及學者的參考。希望能夠有助於使我們的教學迎合新世紀社會的需求，邁向教育的新境界。

　　各篇作品的作者均曾修習過我在高師大教育學系博士班開授的

「創新教學專題研究」，並在各大、中、小學從事教職的工作，可以說是學驗兼備。他們均極為用心研修，體驗各有心得，認真撰作。茲經本人編輯成書，以廣流傳，對於當前亟須創新教學以落實教育改革，迎合新世紀的需求，應可提供參考。本書出版，要感謝心理出版社許總經理麗玉的支持及林敬堯總編輯協助。倉促出版，難免缺漏，尚請指正。

林生傳

二〇〇四年三月

參考書目

林生傳（1999）。九年一貫課程的社會學分析。輯於中華民程課程與教學學會主編（1999）。九年一貫課程之展望，1-28。台北：揚智。

林生傳（2001）。追求成長的教學——新世紀的教學動向。輯於嘉南藥理科技大學教育學程中心編印（2001）。課程革新與教學創新論文集，1-24。

目次

資訊社會的教學創新展望

壹、前言

二十一世紀是一個科技社會，成也科技，敗也科技，科技帶來人類無窮的便利與繁榮，但卻也帶來不盡的劫難與憂慮。兩次的波斯灣戰爭，美國藉著科技，帶來了迅速的勝利，如秋風掃落葉一般。那些隨意遊走命中的飛彈與精準無比的鑽地炸彈，除了傳統的軍事科技之外，關鍵利用的是優勢的資訊科技。

然而，在另一方面，「科技落差」造成貧富國家之間的不平衡與尖銳衝突，使世界無法獲得免於恐懼的自由；另外由於「科技失調」，物質技術文明精進，但在導控社會人心方面，社會人文科技顯然不足以完成世界和平的工程。

在資訊科技發達的二十一世紀，教育應如何調適創新來教會如何善用科技，促進科技的進步，提升競爭力，又如何避免「科技落差」與「科技失調」，以因應社會的需求，營造有效率而幸福的社會，則是教育改革與教學創新注目的焦點。本文擬從資訊社會的特性之描述開始，分析資訊社會教育的功能性需求與性能，據以探討教學應如何調適與創新。

貳、資訊社會

記憶容量驚人，處理數據資料神速的個人電腦，再加上自由自在想要怎麼連就怎麼連的網際網路（internet），構成超高速的電子溝通網路，促成人們訊息傳訊、意念溝通、資料運用的革命。改變了人們社會生活的空間、時間、組織與團體的特性、角色定位、社

會關係、權力結構、階層結構、知識與價值觀念以及生活方式等，使二十一世紀成為一個 e 化的資訊社會。這樣的社會變遷在教育上的意義非凡，帶給教育很大的挑戰。

在一個社會裡面，人與人之間的訊息溝通與傳遞是社會生活非常重要的媒介，也是形塑生活的重要力量，傳遞與溝通訊息的工具與方式影響人類社會的結構、制度與價值觀念。當一個社會中的人們只能利用語言與手勢來傳遞訊息溝通意念的時代，彼此互相影響、互動的人們只限於直接面對面的團體——初級團體，生活的空間極為有限，訊息數量極為有限，內容也非常貧乏，由傳遞溝通所能利用的訊息範圍不會很大，互相溝通的人們利用此種訊息來建構知識，解決問題的機會不多。因此知識固定，觀念保守，進步緩慢，每把知識當成真理，萬古不易，歷久常經，四海皆準。互動的人們關係較為單純，受地緣與血緣影響較大，所組成的團體以血緣團體與地緣團體居多。社會結構穩定，角色定位清楚，社會控制嚴格也容易執行，道德權威由少數人制約，規範明確，執行徹底；權力結構不易改變，社會階層化現象單純，流動機會不大。

在這樣的社會裡面，教師扮演著「傳道、授業、解惑」的角色。教師將社會道德內在化於人格系統之中，再以言行表之於外，為人師表，以身教潛移默化，使學生如沐春風，受其感化，成其道德品格。教師以基本的讀、寫、算以至聖賢書，照本宣科，教授予放諸四海皆準、百世不惑的知識，使學生吸收知識，學到真理，期終身受用不盡。上乘的教師也接受學生質疑問難，學生就其所知覺到的疑惑請教，教師以其經驗與知識，諄諄教誨，指示其如何自處之道，以解答學生的疑惑，教師擁有最高的知識與教誨權威。

在教師扮演如此角色來進行教學的時代，教學的目標重在傳授

真理知識，接受既有的知識，而不在懷疑知識或創造建構新知識；意在陶冶學生的道德品格，接受社會道德權威，而不在鼓勵道德認知的發展。教學的教材取自單一主流的文化材；教學完全利用師生面對面的方式，偏向單向的師生溝通方式來進行；即使在班級教學裡面，同儕固然存在，但利用同儕關係來進行合作學習，完成教學目標的情形不多見。教學的主要工具與媒介係利用語言、文字為主，必要時也利用圖片以輔助，此外，並無太多的資源可供選擇採用，教學的理想為承先啟後，傳授一貫的文化道統，化民成俗，形成和諧的社會。

一、新的世紀

　　二十一世紀，日新月異的資訊科技與生物科技，改變生活的全貌，也將顛覆自然的秩序。電腦的大眾化、全球網際網路的建立、寬頻光纖網路的利用，使得訊息的傳遞無遠弗屆，即時互動，速度已非幾倍音速所可比擬，而是幾乎迅如時光易位。某一特定點的此刻所發生的時事藉影音形象傳訊，立即傳遍世界。每一個人周遭隨時都瀰漫著無窮無盡的訊息，對有知的個體或群體或機器來說，隨時都可以搜尋大量的、最新的資訊。對一個學者來說，他可以利用電腦透過網際網路蒐集到剛剛發表的最新研究報告與論文；對一個寂寞無聊的人、想找人交談的人來說，可以透過網路與全球的人開聊談天，也可以結為網友；對一個嗜好聲色者，可以藉資訊科技接觸天下情色影音刺激。這種科技的廣泛利用也為經濟活動開闢一片嶄新的天地，如此改變了生產的工具，也改變生產的方式與組織。另方面，生物科技正在揭開基因的奧秘，基因改造工程正方興未艾，複製人類生命的實驗也開始躍躍欲試。**知識**（knowledge）凌駕土

地、資本、廠房設備之外,成為決定經濟榮枯的主要因素,因此在資訊社會裡面,社會生活的概念首先即會產生很大的改變。

二、社會生活的空間

以社會生活的空間來說,在傳統社會裡面,空間限制人們的生活非常現實與直接,所以僅能在有限的空間內經營社會生活。自從十九、二十世紀之交開始,人們開始知道電子傳訊,初期只利用有線電話來傳訊,雖然空間已經擴大,但只能作特定個人與個人之間定時定地的直線性傳訊,且只限利用語言為媒介。後來利用無線收音,也只能作特定性的廣播,空間雖是擴大了,也不限於特定個人,但只能作單向的傳播而已,在知識傳播的內容與效果仍非常有限,對知識的發明與建構作用更小。

在二十世紀末,新世紀初始,這場進步的資訊科技所形成的資訊社會突飛猛進,製造的生活空間與過去有天壤之別,電腦與光纖網路、網際網路結合創造了另一個資訊的空間,並使傳遞通訊由「有界」走向「無界」,這個空間雖是**虛擬世界**(virtual world),但卻可以在裡面作更為有意義,更自由地、別出心裁地生活,較之**真實世界**(real world)有過之而無不及。

在這裡無國界、無權力、無年齡之別,無性別、無貧富的煩惱,人們可以神馳、可以遐想,更可以非常真實地與我們想溝通的不知名國度的人聊天、對談、互動,以語言、文字,也可以彩色圖像來互傳訊息,傳遞心內話,也可以與已仙逝的歌手對唱,一了思慕之情。在此一虛擬世界的朋友較諸真實世界的朋友有時還更貼心、更窩心。

三、資訊社會生活的時間

　　這種傳輸通訊也可由「有時間性」走向「無時間性」，資訊社會的傳遞通訊溝通，既不像傳統語言的短暫性與即時性，也不像文字文書的通訊溝通之耗時曠日，而是既便捷，如同時空轉移，又持久，可以同步亦可非同步，並且具親切感，也可以保持長久，不會一閃即逝。聲光化電影像一經數位化，即可隨意建構、傳遞、留存、編輯、修訂、增補、拼湊與重組。這種網路資訊科技創造出的世界是一種虛實交錯的世界，在這裡時間、空間皆可超越界限，不受傳統時空的限制，帶給人們無限的想像，利用空間與生活環境，使許多不可能變成可能，成為教學可以利用的偉大資源。

四、另類社會化，擴大無限機會

　　資訊科技使人增加了吸收資訊的管道、擴大了視野、增加了生活情趣，所以資訊科技擴大生活的場域，創造了另一虛擬的社會，發生超越傳統社會化的功能，每一個體可依照自己的喜好進入虛擬社會，並在其中接受另一種社會化。

　　本來社會化主要媒體為家庭與學校，家庭是個人所接觸到最早的社會組織，也是最普遍的個人社會化的場所，家庭是引導每一個人融入社會的主要機制。學校即是另一個傳統的社會化環境，正式的教學情境、同儕團體的耳濡目染，都使得孩童學會社會的行為模式、價值觀念與有用知能，照著社會的規範生活，發揮社會化功能的對象也僅止於老師與同學。如今，透過網路社會的建立，網路社群的空間單位有小有大，其大無外，其小無內，孩童受到的社會影響也就更為複雜、也更難掌控。

同儕團體對於青少年階段而言，占有非常重要的社會化功能的角色，在資訊社會裡面，隨著網路的便利，網路同儕應運而生。除了現實上的同儕團體外，網路社群網民自然而然形成另一形式的同儕團體，同儕團體透過網路與高速密集交流互動，產生的社會化異乎往昔，也超過父母與師長的影響。數位代溝加劇父母與子女之間的落差，使他們彼此之間更難溝通。

參、資訊社會的知識權力與階層化

一、權力階級結構與霸權

　　資訊社會促成現實世界權力結構的改組，使權力關係產生重大的改變。從前資訊不發達的社會以武力征服、土地的占有、資本的奪取來獲取權力。在資訊社會中，網際網路的虛擬世界是藉改寫程式與精於管理、利用資訊，形塑資訊文化來爭取權力。

　　科技菁英製造資訊科技硬體又支配控制軟體，也可能支配虛擬世界。其次，人們在網際網路所形成的虛擬世界裡面，以化名身分，與其他化名身分的虛擬人物進行持續性的對話，形成另類的社群，形成網路社會，也形成另類階層結構與權力結構。

　　是故，在資訊社會中，權力的結構與權力取得不同於傳統社會，它是利用資訊科技知能的專精以及資訊運用與管理來爭取權力，形成另類的權力結構，結果也形成數位的落差與另類的社會階層化結構。傳統權威已式微，天縱英名精神感召的權威已成神話，法理權威之外另類的權威——網路權威方興，教育人員、教師如果未能立即進修、精進與善用網路權威，在教育的空間必定受到排擠與壓縮，

無法有效進行教育。

　　同樣地，利用資訊的數位化與知識的建構，也可能形成另一種階級結構，演變成**數位化資本主義**（digital capitalism）。為了造成霸權勢力，爭取數位化資訊的設計、製造、銷售與消費系統，結果形成嚴重的數位落差，形成資訊社會的資本家與被宰制的勞動者與失業者之間的衝突，也形成貧富強弱差距懸殊的人際社會與國際社會。強者霸占市場、財富，弱者醞釀恐怖行動，以強烈的意識型態建構偏激的理論，形成人類文明的危機。

二、資訊社會的知識

　　知識是社會界定的，因此知識具有強烈的社會特性，並非放諸四海皆準，亦非萬古不易之常經。知識不僅是社會所界定的，也由社會評定其價值，資訊社會所界定的知識為何呢？資訊社會所尊崇的知識，具有何等特性呢？在資訊社會中，資訊流通神速，數量龐大，搜尋容易，無遠弗屆，利用容易，也容易建構成為知識。尤其在知識經濟（knowledge economy）的利誘之下，為建構知識建立了強烈的誘因，故知識生產快速，且推陳出新。因此，在資訊社會中的知識具有若干特徵：

㈠知識的生產快速

　　資訊傳輸方便，取得容易，在人我利用資訊相互溝通之下，建構知識的速度與數量將大為增加，較諸傳統，只限於少數學者才能建構知識，已完全不同。

㈡知識的壽命快速縮短

　　人人可以建構知識，人人可以批判知識，知識推陳出新，半衰期不斷縮短。依據估計，專業知識每隔五年即過時一半，將來恐怕會更短。

㈢知識的傳遞流動迅速

　　知識的傳遞、分享、累積與應用，科技的快速發展，使知識在整個社會中，快速流動，容易取得，也更便於累積儲存。

㈣知識為人製造財富、發展經濟

　　管理思想大師杜拉克（Peter F. Drucker, 2000）強調資本已不再是主導經濟發展的力量，知識的製造與運用才是經濟成長的動力。其在《後資本主義社會》（*Post-Capitalist Society*）一書中指出，傳統如勞力、土地、資本等資源，已愈來愈賺不了錢，反而資訊與知識才能賺錢。

㈤重視顯性知識，也重視隱性知識，更重視彼此之間的轉化

　　知識可依據符碼化的程度區分為**顯性**（explicit or articulated）**知識與隱性**（implicit or tacit）**知識**，前者是可符碼化的，而後者往往是經驗的累積，也較不易掌握。在知識經濟社會不僅重視顯性知識，也重視隱性知識，更重視兩種知識之間的轉換。

　　經濟合作暨發展組織 OECD（1996）將知識依符碼化的問題分

為四類：

1. **知其然**（know-what）：有關事實的知識，如教育統計資料。
2. **知其因**（know-why）：知道為什麼的知識，如心理學的理論、統計公式與方法。
3. **知其何**（know-how）：知道如何做的知識，如駕駛開車的方法與技能。
4. **知其誰**（know-who）：知道誰擁有知識，如知道客戶在哪裡、需要什麼，及如何與他們溝通等等。

在知識經濟社會，對於「知其何」及「知其誰」更為重視。

更有學者將顯性知識與隱性知識的轉化過程歸為下列四類（王如哲，2000；王瑞壎，2002；吳行健，2000；趙政岷，2000；Drucker, 2000；Liebowitz, 1999）：

1. 隱性至隱性知識的創造。
2. 隱性至顯性知識的創造。
3. 顯性至顯性知識的轉移。
4. 顯性至隱性知識的創造。

如何促進知識的轉化是知識管理與繁榮知識經濟的主要策略。將隱性知識轉換成顯性知識會是必然的趨勢，而轉換的過程當中，由於其不確定性，創意也正可以在這個過程中出現。林生傳（2003）整理，在資訊社會所形成的知識經濟社會中，知識具有下列特性：

1. 知識半衰期短。
2. 知識不具排他性。
3. 知識可以研發為產品，是一種無形產品。

4.知識價值漸失其永恆性。

5.知識應受法律保障。

6.知識面臨平庸化的後現代現象。

7.知識管理應予重視。

8.知識的獲取從實體擴及到虛擬。

㈥重視累積，更重視創新

　　知識是傳承的、連續的，但卻也是創新的，以前人的知識為基礎，循前人及過去自己的已知可以得到增益，故知識有累積性。但知識在資訊社會中更重視創新。經濟的繁榮與發展，嘗試創新知識帶來的結果，不僅創新經濟，也創新管理與組織運用的方式。經濟學家梭羅（Lester C. Thurow）指出，在第三次工業革命中，知識取代了第一次工業革命和第二次工業革命中的土地和能源的地位，成為資訊社會中經濟活動的特色。

三、知識的批判

　　在資訊社會裡面，資訊流通神速，數量龐大，蒐集使用的人又多，在流動與溝通之中，極易各會其義，建構起知識，尤其知識經濟的催化與利字當道的誘因之下，知識的建構快速。今日一年所成長的知識，在數量上超越過去十年的知識發展，而已有的知識的淘汰率也特別快，半衰期愈來愈短。知識的形成因此輕易，增長快速，但是所建構出來的知識如何呢？其性質與關聯性，是否與傳統社會的知識有特別的不同，值得深究。

　　利用便捷的資訊科技與網際網路，個人均可以蒐集到想要的資

訊，並視為至寶。如瀏覽 NASA 可以獲得寶貴的天文資訊，DIS-COVERY 可以獲得許多生物的正確資訊，上網可以搜尋任何主題的資訊，任意將其變化，即有可能建構知識。但是許多資訊是在虛擬世界中搜尋得到的，非常複雜，也未必正確，有些純屬偽造、杜撰，有些則是做假的，或是扭曲的，有心作弄人的，或是為譁眾取寵，依此等蒐集到的資訊，所建構出來的知識，其正誤真假難辨。用此等虛擬世界的知識，來理解真實世界，當然牽強附會，或根本錯誤，其正確性令人懷疑，與趨近真理相差甚遠。

　　不過由於善於利用資訊技術，許多時候像這樣的知識可以以訛傳訛，結果眾口鑠金，真假正誤難解難分。尤其在多元化的社會裡面，躲在多元主義的後面，在後現代主義的大旗掩護之下，「公說公有理，婆說婆有理」，知識之判準也具多元化色彩，難免測不準與眾說紛紜的宿命。故而由知識的本質來立足，對自我個人、自我社會、自我人類作洞澈觀照，建立起內在知識為基準，據以洞觀五蘊宇宙、人事社會現象，能如此，縱使資訊再龐雜紛擾，應可理解其中真理，並建構起真正的知識。

　　資訊社會裡面，由於資訊流通方便、快捷，人人可以建構。但是，建構出來的知識相當龐雜，也較為粗糙，其通俗性更為濃厚，流於平庸性將所難免。與傳統社會知識的啟發，無論著書立法，成一家之言，或創造發明，成為專利，均屬學者專家之事，有很大的不同。因此，知識在資訊社會具有相當的通俗性與平庸性。這樣的知識可能較具特殊性，也可具有較大的工具性與行動性，但較欠缺普遍性與精緻化的知識，未必能直接貢獻於學術的進步。不過，對於行動的效果與利潤的爭取，應可帶來相當的助益與成效。所以鼓勵建構小型理論、行動理論是資訊社會的常則，對於人們的行動應

有正面的意義。

肆、資訊社會的人際關係與倫理

　　傳統的人際交往利用面對面的、直接的互動模式，資訊科技與網際網路的興起，產生重大的改變，形成的是一種虛擬與真實交錯的人際關係。由於網際網路的跨空間、跨時間，超越長相、性別、年齡、地位、社會區隔的特性，使人能夠拋棄本身的「認同標籤」與原來的命運，重新出發，形同再造，與來自四面八方的人，自由自在地進行知性交遊與情性互動。如：MSN、即時通……等，可為網路使用者提供了另一個人際互動的場域，使用者不但仍可能透過這樣的網路上的虛擬平台來加強其固有的人際網路聯繫，更可據此形成新的人際社交範圍。

　　於是，有愈來愈多的現代人安於這種虛擬世界，怯於面對現實世界中的他人，致在真實社會中人際互動退化，人我疏離，漸漸成為資訊社會中的一大問題。

　　另一方面值得注意的是，伴隨著網際網路與資訊科技的發展，許多的網路詐騙、犯罪事件也相繼發生，網站的管理規範與網路的倫理成為新興的議題。

　　在資訊社會，利用便捷的資訊科技，可以快速而大量的傳輸各式各樣的資訊，上至百科全書、最新學術研究報告，下至聲色犬馬影視刺激，甚至繪聲繪影、怪誕不經之影像、杜撰抹黑的言論，或暴力禁藥之行銷資訊，均可以以最快的速度，無遠弗屆地傳播。故而資訊傳輸雖神速卻難駕馭，普遍卻非常複雜，數量龐雜難以理清，如何篩選、分類、管理與運用是一項艱鉅的工程，或幾近似不可能

的任務，但卻又是不能不承擔的責任。否則資訊透過網際網路可以暢通全球，可以無孔不入，其大無外，其小無內，其所帶來的資訊可以建構知識，形成理論，解決問題，為我們激勵士氣，形塑文化，也可以創造財富，但也可以製造暴亂、製造假藥、製造暴利、釀成犯罪，所以資訊管理與規範刻不容緩。一方面要激勵與維護人民使用資訊、製造資訊，一方面要規範與管理資訊的使用，這是倫理規範的新課題。

Mason（1986）即把**資訊倫理**區分為**隱私權**（privacy）、**正確性**（accuracy）、**所有權**（property）與**使用權**（accessibility）四大議題（英文簡稱為 PAPA）：

1. 隱私權規範個人擁有私有及防止侵犯他人之隱私。
2. 正確性規範資訊使用者擁有正確資訊的權利，或資訊提供者提供正確資訊的責任。
3. 所有權維護資訊或軟體製造者之權利，並規範盜用者的責任。
4. 使用權維護個人對資訊存取的權利，並規範擁有分配資訊資源權力者的義務。

所以資訊社會形成的網際網路是一個虛實交錯的時空，這個世界中所建立的人際關係是有點真實，又有點不真實，雖富刺激但也有陷阱存在，值得我們預防與重視，作長期的觀察與研究，並建立社會秩序的倫理規範。

伍、資訊社會與教學的創新

一、教學的新世紀

在資訊科技發達的社會，教學進入一個新的世紀，不僅獲得更多可資利用的資源，形成教學創新的條件外，在面對更多的挑戰與需求時，如何利用有利的條件與可用資源，滿足更高的需求，化解危機，已成為發展與創新的契機。

㈠充裕教育可資利用的資源與條件

1.拓廣教學的社會空間

藉由網際網路的運用，使虛擬世界與真實世界均可以突破地理的限制來進行教學，從一方面來說，是回到另一種廣義的教育，可以在優遊自如的空間場域進行教學，進行遠距教學，甚至可以超越國際的限制。

2.延長教學的可用時間

不僅班級上課時間可施教，下課在家裡也可上網學習與教學，可以採用同步或非同步的教學，定時與不定時的教學；學齡階段可以學習，在非學齡階段，更可以自由地學習，沒有年齡的限制，力行永續學習，終身學習。

3.擴大教師的作用範圍

教師如果熟悉電腦的利用，除扮演本尊之外，尚可藉由無數分身來教導學生，擴大其影響範圍。

4.教師角色的重新定位

教師不僅為灌輸者或傳播者，也是設計者、轉化者、協助者、經理者。

5.e化資源的利用，開擴教學資源

教學的教材，不限平面書面的教科書，透過數位化的傳訊，可以搜尋許多的電子書、數位期刊、網上資訊作為教學資源，提供教學應用。

6.教學媒介增多，活潑化溝通方式

可以經由電腦與網路科技的運用，模仿實境，或網上觀察或平台討論，來進行學習，使教學活潑化、多元化。

㈡形成新的需求與挑戰

教師在資訊社會中面臨許多的挑戰與新的需求，必須有效因應改革，如：

- 知識偏狹龐雜須再重組統整。
- 權力結構的解構與重構，階層化結構，有待重建。
- 角色的衝突使教師須再定位與再社會化。
- 組織的危機與組織學習。
- 心智模式，亟待改變。
- 行動者也必要研究，忙、茫、盲的行動，需要研究。
- 以科學為本位基礎的教育改革。
- 倫理的動搖與新倫理的重建。

㈢創新的追求

面對迎面而來的挑戰與需求，利用此等新的資源與條件，教學

力求創新、指向。

- 尊重學生的差異性，貫徹適性教學。
- 尊重學生的主體性，利用自發性與主動學習的衝力。
- 重視同儕合作的利用，助長社會化的效果。
- 利導創新，使學習的結果推向無限。
- 多元化學習方式，增進學習效果。
- 改變傳統的學校及班級，靈活教學組織。
- 學習如何學習，終身學習。
- 廣為搜尋管理教材資源，講求有效利用。
- 培養學生永續發展的習性與能力。

二、資訊社會教學創新的取向

㈠永續成長的教學──教人人終身學習的教學

　　面對新世紀，永不停留的資訊，永遠解決不了的問題，半衰期不斷縮短的知識，要教學生不斷地學習，永續追求成長的教學。

　　引導學生與環境不斷進行交互作用，在資訊社會裡面，利用快速龐雜的資訊，搜尋需要的資訊，利用思索與省思，對於所經驗到的世界，建構知識，指導行動，使能有效適應環境，也使環境能夠調適改造，不斷辯證，不斷磋商，而得到快速的成長。其要領在於（林生傳，1999b）：

1. 確立基本的概念
　　對每一學科或每一學習領域的內容與其知識結構應作分析，萃取主要的概念，依其邏輯順序或學習的心理程序來設計教學。

2.熟練必要的工具與技巧

在資訊社會的現代，除學習傳統的讀寫算工具之外，英語、電腦與資訊網路利用技巧的嫻熟更是現代人所不可或缺的工具與技巧。

3.學習如何學習

學習如何學習，第一，要使個人心態永久年輕，隨時察覺好奇求知的需求；第二，要使個人學會如何蒐集資訊的方法、技巧與習慣，隨時能多多利用，發現問題，並蒐集到可以利用的資訊；第三，篩選有用的資訊，淘汰無用的資訊，必要時有能力在龐雜的資訊中提煉有用的知識；第四，分析資料，利用有用的資訊並對之有能力作客觀且精細的分析，來印證與批判權威知識、傳統知識，進一步解答問題、建構知識。

4.開放全方位發展

追求成長的教學應給予學生以建構知識的機會與自由，而不要以教科書的知識內容為無上的權威，不容懷疑。教師也不能以照本宣科為能事，同時，教師也不是唯一的知識來源或媒介。開放教育下的教學重要的不是教學生能背誦很多知識，而是建構知識並利用龐雜的資訊來解決問題的能力。所以，在教學裡面，要使學生去蒐集大量的資訊，接觸各種環境刺激，選擇所需要的資訊，篩選能切合需求的資訊，建構成為知識，來幫助解決重要的問題，解決過程的熟練與方法的學習重於知識的學習，是新世紀教學的主要理念之一（林生傳，1999a）。

5.尋求意義，建立信心，永續發展

人求生存的力量與動機，有人力爭上游，有人為情而殉，有人為取義而捨生，有人為成仁而殺身，有人為學問奉獻終身，都是為尋求意義。要使個人能夠終身學習，追求成長，永不懈怠，在教學

設計的過程，讓學生能夠盡量參與，學生能夠認同學習的目標，作正確而適當的自我期許，對於自己的學習性向即先備知識也能正確的認知，對於學習方法與程序也能夠給予適當尊重，給予相當的空間可以選擇。尤其，在教材的選擇，必須讓學習者認知其適切中肯（revelance），確信攸關自己的生存與發展。

㈡適性化的教學──因材施教、成才成器，沒有人不可教的教學

使人人可教上來，也有機會學得下去的教學。「不公平」與「不快樂」（unhappiness）是罪惡的淵藪，科技發達的新世紀，許多國家教育改革的重點在追求科技的進步與發達，在科技競爭上先馳得勝。但是先馳得勝的族群與國家並不一定帶來幸福、安定，反而愈益不安。為什麼？因為另有許多族群與國家是失敗者、是落後者，而且在他們的主觀認知上，將自己的失敗落後歸因於先進的國家剝削的結果，是優勢階級宰制的結果，是主流文化支配的結果，且有許多的哲學家、社會學家相當支持他們的見解。

美國在二○○一年911恐怖攻擊之後，在教育上馬上採取行動，加速研訂「沒有任一小孩棄而不教的法案」（No Child Left Behind Act），於二○○二年一月經國會通過頒行全國。其用意乃鑒於失敗者淪於恐怖份子，不能不防微杜漸，由幼小接受教育開始，要給予關注，禁止遺棄任何小孩，避免製造不滿份子，避免製造未來的恐怖份子、未來的定時炸彈。在教育過程當中，不能只教育一部分小孩，而遺忘了另一部分小孩。不能使他們被迫認定為被犧牲者、被壓迫者，要使每個小孩體認天生吾才必有用，也得到充分的教導與愛護，一枝草一點露，作適性的發展。

　　「因材施教，古有明訓」。但自從班級制度成為學校教育教學的主要型態之後，就很難因材施教，尤其國民教育規定為受教者的義務之後，國民教育歷程中，已經製造太多的不滿與失敗。「後段班」、「班後段」的學生多數也形成社會的另類族群，是現代國民教育必須嚴肅以對的問題。

　　邇來，已有許多的條件與資源正可利用以消弭這種學校世界的失敗與不滿。在理念方面，學者 Howard Gardner 提出適時的多元智能理論（multi-intelligence theory），使個別能力由單維而轉向多維，個別差異在質性與結構上的意義差別大於在數量上的高低強烈上的差距。每人的智力有不同的組合與結構，也多數有其特殊長才。只要教學設計與實施得法，每個人發展上均有其可能。在社會方面，文化多元主義盛行，各族群文化均受重視，也能尊重各文化裡面，人們可作不同的發展，是提供給不同性向與智能的人不同的實現機會，於是每個人發展應有更大的空間可資利用。

　　欣逢新世紀，資訊科技一日千里，人與人之間的溝通藉網路超高連結與電腦達到無遠弗屆、瞬息即至的境界，生活空間擴大，互動便捷，資訊豐富且流通迅速，愛怎麼溝通就怎麼溝通，形成另類空間，可以超越現實的羈絆，蒐集各種資訊，建立個別學習的機會，學得更快更廣，也更確實補救學校教學的不足。而學校教師教學，也可以靈活利用各種不同媒介多樣化呈現的方式，教師可以藉資訊媒體以分身扮演各種角色，滿足不同特性學生的需要，也可以適應不同學習方式的兒童與成人。每個人藉著一台個人電腦的輔助，即能接受更多教師、更多方式、更多的程度、深度、廣度的教學。「沒有失敗的教學」、「沒有不可教的小孩」之夢想已漸漸接近於理想，也更逐步可以實現。其策略有：

1. 實施多樣化教學。
2. 設置 e 化補救教學學校。
3. 建立學校績效制度。
4. 精簡教材，選擇融一用多的知識（林生傳，1999b）。
5. 鼓勵提升自我導向教學。
6. 力行情境學習。
7. 設計應用虛擬補救教學。

㈢創意求新的教學──不斷求新求變的教學

　　新世紀的資訊科技已發達到高度的階段，生物科技也開始突飛猛進，如何使得科技繼續快速發展，在世界的舞台上是精采的戲碼，各國各族群無不卯足全力演出，務求在高度競爭的科技競賽中能夠旗開得勝，超越巔峰。

　　新世紀也是一個知識經濟方興、正待全力拼鬥的階段。知識凌駕土地、資本、廠房設備，成為決定經濟榮枯的主力因素。但是何種知識才能成為創造財富、繁榮經濟的因素呢？創新的知識，善於轉化的知識是也。能夠創造與想像並善於管理才是經濟成功的關鍵。知識經濟靠的是開發新產品，並以創意的方式傳授給消費者，藉著新奇、特殊引起消費者的興趣，又能將大家的創意奇想結合在一起。為了激發大家的創意，給予個人充分的自由，也容許某程度的顛覆，俾能出奇制勝，開創新局。

　　科技與競爭帶來了進步，但也帶來了許多問題與災難，遠非現在的成人社會所能解決，如地球生態保育者的問題、污染的問題、軍事毀滅性武器的控管問題，人心的空虛帶來吸毒的問題與犯罪；再加上生物科技的進步，可能破壞自然的秩序，如果複製人的成功，

可能帶來的社會倫理相關問題，均非現成的知識與機制所能解決與預防。所以科技進步使新世紀帶來「什麼都有可能」的時代，同時也帶來「什麼都不確定」，如果沒有創新、超越的智慧，人類將走向萬劫不復的田地，無可挽回，所以如何教導下一代比我們更理智、更能創新，是教育不能推託的使命。

在奠基良好的基礎教育上，使下一代扎下深固的基礎，並熟悉求知的工具與進步的資訊素養之後，營造開放的、自由的氣氛，進行創意的學習，透過多種媒體的利用，來共同解決切身的問題，學會如何學習，也學會如何解決問題，增進知識，體認知識是主要的原則。在此一原則之下，可以採用的許多已發展出來的教學策略諸如：專題本位教學（project-based teaching method）、協力思考探究（synectic inquiry）、團體探究教學（group investigation, GI）、建構教學（constructivistic teaching）、批判思考的教學（teaching for critical thinking）、情境教學（situational instruction）與錨式教學（anchored instruction）等等，均可以嘗試應用。

陸、結論

新世紀，不僅承續二十世紀末葉的資訊科技的廣泛利用，而且將更為發達、更為普遍，也更為深入；滲透入社會的各個角落與層次，無遠弗屆也無孔不入，而形成一個徹底的資訊社會。在資訊社會裡面，社會生活空間擴大，成長發展的時間更為延長，形成一個虛擬世界，其中的社會互動、結構、權力、知識、社會化大大異於傳統的社會。在這樣一個新社會，人們可以隱姓埋名，以另一種身分與網友進行互動，形成另類的社會結構，以專精資訊知能，並善

於管理,來爭取另類的影響力與權力。在這裡面,資訊傳遞快速,克服現實世界的種種障礙,與真實的社會有別。真正感受到天涯若比鄰,世界社會儼然成為一個地球村。人際之間互動自由、頻繁,每個人、每個族群皆持有知的主體性,知識建構容易,多元複雜,知識生產快,半衰期短,人們生活於其中,需隨時不斷敏於資訊,追求新知。知識愈富創意,愈是新奇,愈能獲得大家的注意,也愈能樹立權威,也可能為其爭取更大的權勢與財富,於是知識經濟因而發達,而另類創新的權力結構也漸漸形成,所以各個人、各社會、各國家都在競爭科技的發展,以提升競爭力。但是,在互動競爭的情勢下,也將因數位落差的加劇,演變成為數位化的資本主義(digital capitalism)社會,如何加強資訊素養的訓練並普遍化,使人人均能有效參與,減少落差,也是一個必須面對的任務。

在資訊社會裡面,每個人有正確認知的權利,也有自由發表所知的權利,資訊傳播因而方便,但是資訊的傳播與知識的發表也是一種責任的表現。人與人之間固然可以利用便捷的資訊溝通,但是對於利用資訊科技來詐騙、犯罪,也要防微杜漸。就個人來說,在浩瀚的資訊之海中,如何搜尋、篩選、批判、管理、正確有效利用資訊,也是最應關心的課題,而如何建立一個人文化的資訊社會,更是根本之道,也是理想。

故而在資訊社會,進步的資訊科技為教學創新帶來許多新的可用資源,資訊社會也為教學帶來創新的有利條件;然而,資訊社會也為教學帶來新的需求與挑戰,必須有效面對與因應。在這種情況之下,教學利用新的資源,獲得新的條件,也要有力回應新的挑戰,並能夠充分滿足資訊社會的需求,使教學進入一個新的世紀,處此一新世紀,教學應掌握三主導取向:(1)永續成長的教學;(2)適性化

教學；(3)創意求新的教學，實際應用各種有效策略來設計與實踐教學的創新。

參考書目

王如哲（2000）。知識管理與學校革新。*教育研究集刊*，*45*，35-54。

王瑞壎（2002）。知識經濟及其對教育影響的省思。*教育政策論壇*，*5*（1），40-61。

吳行健（2000）。知識管理：創造企業價值。*管理雜誌*，*315*，85-86。

林天佑（2000）。從「*知識經濟*」思維教育人員專業成長與發展【線上查詢】。2001 年 8 月 24 日，取自：http://im.tnit.edu.tw/知識經濟與教育人員專業成長.htm

林生傳（1988）。*新教學理論與策略*。台北：五南。

林生傳（1998）。建構主義的教學評析。*課程與教學季刊*，*1*（3），1-14。

林生傳（1999a）。開放教學的評析。輯於高雄市人力資源發展中心編印：學術教育叢書。開放教育，1-14。

林生傳（1999b）。融一用多的教學。發表於教育部舉辦國立高雄師範大學承辦：新世紀中小學課程改革與創新教學學術研討會。1999 年 12 月 16-18 日。於墾丁悠活渡假村。

林生傳（2001a）。知識經濟社會的教育角色。發表於 2001 年 9 月 27 日。「知識經濟與教育研討會」，於國立高雄師範大學。

林生傳（2001b）。知識經濟與教學創新。發表於 2001 年 12 月 22

日。「高雄市教育學會第五屆第三次會員大會暨知識經濟與教育發展研討會」，於國立高雄師範大學。

林生傳（2001c）。追求成長的教學。輯於范仲如，林達森編（2001）。「課程革新與教學創新」論文集。嘉南藥理科技大學教育學程中心。

林生傳（2002）。九年一貫課程改革沖激下的教學創新思索。發表於 2002 年 11 月 28 日。「課程改革與教學創新國際學術研討會」，於國立台南師範學院。

林生傳（2003）。回應台灣新經濟啟動的教學創新研究（I）。國科會研究報告。

林生傳（2003）。知識經濟社會的知識人之特質與教學相應創新之德懷術研究。國立高雄師大教育學刊，21，5-27。

李振昌（譯）（2001）。毛維凌審訂。Charles. L.（2001）原著。知識經濟大趨勢（*Living on Thin Air*）。台北：時報。

陳俊彥（2000）。教育研發吸引人才建立知識經濟環境（全球化元年院士系列）。中時電子報社會綜合版（民 88 年 11 月 6 日）。

陳淑敏（1999）。契機與困境：讀「全球化危機──全球化的形成、風險與機會」。2001 年 9 月 6 日，取自：http://www.cuhk.edu.hk/ics/21c/issue/article/991119.htm

陳書梅（2002）。知識創新與教育效能之提升。書院季刊，*51*，65-71。

陳德懷（2000）。全球化趨勢。2001 年 9 月 6 日，取自：http://ab-servl.src.ncu.edu.tw/chapter_01.htm

楊仲鏞（2001 年 2 月）。知識經濟對教育的啟示。2001 年 8 月 24 日，取自：http://www.iljh.ilc.edu.tw/宜蘭國中／校務行政／校長

室／楊仲鏞／知識經濟對教育的啟示

趙政岷（2000）。掌握智慧的變革共創世紀的雙贏。檢索日期：2000
　年 12 月 18 日。取自：http://www.amway.com.tw/Otheme/lead-
　er/2k09/2k09-2.html

齊思賢（譯）（2000）。Thurow. L（2000）原著。知識經濟時代
　（*Building Wealth*）。台北：時報。

劉紀蕙（1997）。網際學術社群的藝術性與主體性。發表於 1997 年
　7 月 12 日，國科會科技與人文對談網路論壇系列第七場。

Daggett, W. (2002). Make curriculum fit the future. *Education Digest, 60*
　(4), 8-14.

Drucker, P. F. (2000). *Post-Capitalist society.* New York: zHarper Business.

Federico, B. (2000). Adapting the Pattern of University Organization to the
　needs of the Knowledge Economy. *European Journal of Education,
　35*(4), 403-419.

Gardner, H. (1993). *Frames of mind: the theory of multiple intelligence.*
　New York: BasicBooks.

Hoy, H. C. (1997). Higher education. Backbone of New England's know-
　ledge economy. *Connection: New England's Journal of Higher Edu-
　cation Economic Development, 11*(4), 6-8.

Lee, R. A. (1999). Diverting a Crisis in Global Human and Economic De-
　velopment: a New Transnational Model for Lifelong Continuous
　Learning and Personal Knowledge Management. *Higher Education in
　Europe, 24*(2), 187-195.

Liebowitz, J. (1999). *Building organization intelligence: a knowledge
　management primer.* NY: CRC.

Malveaux, J. (2001). Globalization, Culture and Sharing. *Black Issues in Higher Education, v.18, 12,* 32.

Mason, R. O. (1986). Four ethical issues of the information age. *MIS Quarterly,* (March), 5-12.

Norton, P. (1998). *Teaching with technology.* Belmont CA: Harcourt Brace & Co.

OECD (1996). *The knowledge-based economy report.* Paris: Author.

Rawolle, S. (2000). Work and the Knowledge Economy. *Social Alternatives, 19*(4), 14-19.

Tina, L. (2001.06.28). *Educational reform in the age of the knowledge economy.*

TaiwanNews.【Online】Available: http://etaiwannewa.com/Forum/2001/06/28/993698908.htm.

「錨式情境教學法」——
源起、教材設計與實施成效

壹、前言

隨著多媒體之興起，資訊科技之應用有與教學結合之趨勢，例如：電腦輔助教學、資訊網路教學、遠距教學⋯⋯等；同時，進一步地更結合教學方法，例如：建構主義教學法等（林生傳，1998；壽大衛、陳龍川，1998；壽大衛，2001）。其中，「錨式情境教學法」（anchored instruction），乃是結合情境認知理論，與電腦互動式影碟系統，建立一個故事環境，在故事環境中嵌入所要呈現的內容，經由學習者的探討一一浮現所呈現的內容，並藉以解決一連串的問題。最終目的是幫助學習者發展信心、技能及知識，以解決問題，成為獨立思考者和學習者（Cognition and Technology Group at Vanderbilt, 1990）。

在實務上也發現：電腦輔助教學中，情境式教材設計型式最受學生的喜愛，因為學生被置於一種模擬真實世界的故事情節下觀察、探省和規畫，使學生能習得解釋問題的能力，且學到可應用到各種情境之重要知識。以下將分別介紹「錨式情境教學法」之內涵、設計原則、教材與實施成效。

貳、「錨式情境教學法」之內涵

一、錨式情境教學法之意義

「加強學生思考及解決問題的能力」是所有教師的共同目標之一。美國 Vanderbilt University 的認知科技群（Cognition and Technology Group at Vanderbilt, CTGV）提出了「錨式情境教學法」的理論，盼能幫助教師達此目標。除了理論模式之外，CTGV 並運用電腦科技的進步，以多媒體的呈現方式（即：影碟＋電腦），具體地設計出教材（例如：The Jasper Series）。然而，不論是理論模式或是教材樣本，少見國內學界作此方面的研究。

　　國內研究人員對於 Anchored instruction 翻譯名稱各有見解，計有「導向式教學」（朱湘吉，1992，1994）、「重點認知」（鍾邦友，1994）；此外有人認為應該譯成「錨固」、「定錨」等等不一而足；也有譯為「錨式情境教學法」（徐新逸，1995，1996，1998；張新仁，1997；徐新逸、楊昭儀，1998）。

　　本文將其譯為「錨式情境教學法」，主要在於該教學主要精神在於生活中有許多可資應用的素材範例，將問題重點定位在一個問題情境中，透過教學者的電腦輔助教學情境設計之引導，讓學習者將數學解題應用到實際的生活問題。其中，值得注意的是，在此一多媒體教學中，導引的角色將主要由「教學媒體」，而非老師或教室情境來擔任。

二、錨式情境教學法之發展背景

　　多數的教育學者皆強調教學應培育學生成為一個獨立思考及問題解決者，然而以傳統的教學方式要想達到此目標並不容易。主要原因是傳統教學設計多半適用於簡單且入門的知識傳授，而且較適合低層次（low level）的學習遷移（朱湘吉，1992，1994；Salomon，1988）。學生所學多半成為僵化知識（inert knowledge），這些知識無法直接應用到往後解決問題上。針對這種現象，一些以認知心理學為導向的學者提出「情境認知」的理論（situated cognition）

（Brown, Collins & Duguid, 1989; Spiro, Feltovish, Jacobson & Coulson, 1991）。而「情境認知」理論主要強調的要項有二：

1. 教學活動的真實性

強調知識的學習應建構在真實的活動裡。換言之，知識來自於相關的情境脈絡之中，無法從情境中單獨隔離出來。因此，唯有學習者在真實的活動中運用其所學的知識，才能了解知識的意義（鍾邦友，1994，2000；楊家興，1995；陳品華，1997）。產生對知識的認同，進而珍惜此知識的價值，且視其為解決問題的工具。

2. 以認知學徒制為策略

強調學習活動應與文化結合，且應提供一個如給學徒般見習的環境（鍾邦友，1994，2000；陳嘉彌，1998）。換言之，學習關注的重心，不再是「單一的學習者」（person-solo），而是「學習者加上周遭環境」（person-plus-the-surround）（陳品華，1997）。因為讓學生藉著在學習脈絡（context）中的摸索，才能讓他發展出多種屬於自己的問題解決策略。

三、錨式情境教學法之源起

「情境認知」理論的提出，引起了學界對傳統教學的反省。美國 Vanderbilt University 的認知科技群更進一步提出了具體的教案及理論結構。他們以「情境認知」的理論為基礎，運用新科技來研究學習者的知識建構，提出了「錨式情境教學法」。

CTGV 的「錨式情境教學」以互動式影碟系統為媒介，發展了一系列（六張影碟片）的教材，每一張影碟以一個生活化的故事為中心，由其主角 Jasper Woodbury 貫穿其中，讓五或六年級的學童以形成問題、解決問題的方式來學習數學上的一些觀念（如小數、分

數、幾何、容積量貯計算）。此教材的名稱為 "The Adventures of Jasper Woodbury"，簡稱為 The Jasper Series。

CTGV 發展「錨式情境教學法」源自對 Whitehead 於一九二九年所提「僵化知識」的反省所啟發（徐新逸，1993）。所謂「僵化知識」，是一種曾經學過但不能反應到日後問題解決上的知識。CTGV 受到「情境認知」理論的影響，認為要克服「僵化知識」的產生，就該提供給學生一個熟識（everyday congnition）、真實的工作（authentic tasks），且以問題為導向（problem-oriented acquisition）而非僅以事實為導向（fact-oriented）的學習環境。除此之外，「錨式情境教學法」更設計了鉅觀情境，藉著生活化的故事，多種角度來思考並解決問題。

CTGV 並認為以影碟來呈現「錨式情境教學法」之教材最為適當，主要理由可從二方面比較（Bransford, Frank, Vye & Sherwood, 1986）：

㈠影碟較書本文字適合的理由

因為影碟較能提供生動、視覺化、空間感的情境，讓學生較容易了解問題狀況，並進而發展解決問題策略。

㈡影碟較錄影帶適合的理由

因為影碟的高容量，較能達到鑲藏式資料設計，及多角度透視問題的理念；且因為影碟快速、隨機定格逐格的功能，增加了老師、學生找資料的方便性。

本土化「錨式情境教學法」教學系統「**生活數學系列：安可的假**

期」，其重要性在於：(1)推廣此一理論，藉以提供教學設計者此教學設計模式；(2)以實驗方式，發展本土化「錨式情境教學法」之教材，盼此教材能提供老師們教學方式的革新。同時盼能引起學界的關注，集合更多的專家學者，共同發展出多樣化「錨式情境教學法」之教材。

參、書本與媒體特性之比較

值得注意的是，CTGV（1991）主張「錨式情境學習環境」教學法，要以光碟呈現才能達到最佳學習效果。但相關研究也指出：媒體特性並非是不能取代的（柯志恩，1992）；再者，CTGV 也無比較此方面的相關實證研究。茲比較相關文獻如後：

媒體特色項目	學習成就	學習態度
記憶容量	光碟媒體的容量大於書本媒體（朱湘吉，1994）	光碟媒體影響力大於書本媒體（朱湘吉，1994）
穩定性	書本媒體的影響力大於光碟媒體（朱湘吉，1994）	書本媒體的影響力大於光碟媒體（朱湘吉，1994）
經濟性	沒有影響	光碟媒體影響力不如書本媒體（中華民國視聽教育學會主編，1994）
符號表現能力	光碟媒體影響力優於書本媒體（中華民國視聽教育學會主編，1994）	光碟媒體影響力大於書本媒體（中華民國視聽教育學會主編，1994）

（下頁續）

（續上頁）

互動性	視各媒體呈現方式是如何設計？對學習成就影響力難判高下（朱湘吉，1994）	光碟媒體影響力大於書本媒體（Salomon, 1988）
搜尋、瀏覽度	視各媒體呈現方式是如何設計？對學習成就影響力難判高下（朱湘吉，1994）	光碟媒體影響大於書本媒體（Salomon, 1988）
媒體熟悉度	書本媒體優於光碟媒體	書本媒體優於光碟媒體
趣味性	沒有影響	光碟媒體影響力大於書本媒體

肆、錨式情境教學法之設計原則

CTGV強調要創造一具產生性學習活動的錨式情境教學法教材，有以下幾點設計原則可供參考（徐新逸，1995，1996，1998）：

一、影碟的呈現形式

採用影碟作為錨式情境教學法呈現形式最大的理由是要給學習者一個真實、有趣的畫面刺激，並幫助學習者理解（Bransford, 1988）。一旦所要學習的概念駕輕就熟，便可作學習遷移。影碟除含有主要學習資料（即與解答主要問題有關的資料）外，經常附加了一些其他資料隱存其中。從另一角度來檢視，這些資料就可能是其他問題解決的重要資料，故可提供不同的探索面向。

此外，它還有一些其他方面的優點：

1. 它具有激勵的因素，給予學習者豐富的資料，可幫助學習者

建立問題情境。

2. 提供足夠的資訊給學習者，便可彌補部分先前經驗不足的學習者，縮短個別差異。

3. 允許學習者發展出重要的「架構識別技巧」（pattern recognition skills）。有機會去練習如何定義出主要問題，搜尋、再確認內容情境中哪些資料與問題是相關的。

4. 具有隨機檢索的能力。可立即地從影碟片中找到課堂討論所需要的資料。

二、敘述故事的方式

根據 Lipman（1985）的說法，採用以敘述故事的方式來呈現資料，能創造出一利於問題解決、內容豐富且有意義的學習情境。如此可使學習者更易建立類似此問題情境的心智模式，並且可讓學習者集中注意於問題解決的工作上，而非只是數學的演算。

三、產出性的結構

「錨式情境教學法」嚴謹的架構有別於一般故事，除了嚴謹性的特色外，在於它不主動告知學習者下一步該如何做，留給學習者極大的空間思考，並自己嘗試去解決問題。根據研究發現，學習者在產出性的結構裡較傾向於由自己決斷故事結果。在傳統的教學中，一般問題的答案通常只有一種設想與解決的方向，學習者要朝既定目標去解題，缺乏考慮實際問題情境中存在變項。但「錨式情境教學法」的故事是開放性的，學習者需要考慮各種可能因素，因此可能產生不同的答案，讓學習者有多面向的思路可走，激發學習者內在的興趣與動機。

四、隱藏資料的設計

　　錨式情境教學教材設計上最大的特色在於隱喻資料（embedded data）。所謂隱喻資料即隱藏在故事影片中，但不向學習者明示它是否就是與解題相關的資料。在文字式的問題中，幾乎與解題有關的數據與語句才會出現在題目裡，學習者不需要去判讀。但在「錨式情境教學」教材中，解決問題的資料卻廣布於數十分鐘的影片，與其他資料混在一起。故學習者先得對相關資料作研判、搜尋以決定所需資料。CTGV 認為這樣的設計有助於學習者主動學習。

五、問題的複雜度

　　在 Jasper Series 裡所要解決的數學問題，大多需要分解成十五個或是更多的解題步驟與子問題。這些需要經過謹慎的計畫與設計，並且在提供真實情境中蘊含了一個具體的目標，讓學習者對問題進行分析、計畫與決策。透過這種練習，可增加學習者對自己解題能力的自信，克服他們可能會放棄解題的恐懼心理與想法。

六、配對式的冒險故事

　　在 Jasper Series 約六個冒險故事裡，主要可分為三個主要課題：一是有關計畫旅行；一是有關經商計畫；一是有關尋路計畫。每一主題有兩個冒險故事。這種配對式的教材在設計上的目的有：(1)對於要學習的核心知識或基模有額外重複演練的機會；(2)因為兩個故事呈現的是不同的環境文化，可使得在達到遷移學習以外，也能幫助學習者釐清前面所學到的各個知識技能，何者可以運用而何者不行。

七、多樣學科領域的設計

　　傳統教學裡所學的知識都按照著既定的學科傳授，數學知識只會在數學課中學習，而歷史只有往歷史課學，每個學科知識似乎是毫不相關，但在實際生活上並非如此。因此，CTGV 在發展教材時強調了多樣學科領域結合設計的理念，如此做法將有三種優點：

　　1. 可以幫助學習者將數學思考延伸到其他知識領域如歷史等。
　　2. 可達到知識整合的目的。
　　3. 可支援學習者資料的獲得、分析與表達。

伍、國內外「錨式情境教學法」教材

一、國外部分

　　Jasper 解題系列已發展出三組冒險的故事，每組各有三個相關的故事，共計九個冒險故事。例如（張新仁，1997）：

　　1. 第一組：和旅行計畫有關，主要涉及距離、時間、速度等數學概念。
　　2. 第二組：和財經計畫有關，主要涉及統計學。
　　3. 第三組：和尋路計畫有關，涉及幾何學。

　　每個故事都有教師手冊、影碟和錄音帶。以下介紹其中一個單元，名稱為「慕尼草原救援行動」（Rescue at Boone's Meadow）（Cognition and Technology Group at Vanderbilt, 1992）（引自張新仁，1997）。

(一)人物介紹

Jasper、Jaspre 的朋友 Larry（飛行員）、Hilda、Larry 的學生 Emily、Doc Ramirz（獸醫）。

(二)故事情節

Jasper 的朋友 Larry 是一位優秀的輕型飛行員，並教授飛機訓練課程。Emily 是他的學生。他們都住在 Cumberland City。

當 Emily 結束為期幾星期的飛機駕駛訓練課程後，三人在一家餐廳慶祝他第一次飛行成功。在慶祝的晚餐中，Jasper 透露不久要去度假作釣魚之旅。他計畫先開車到朋友 Hilda 那裡（有房子和加油站），然後再步行大約十八哩路到慕尼草原。閒談中，Larry 也提到最近駕過輕型飛機拜訪過 Hilda，並把飛機停在 Hilda 住處附近的一塊空地。當他們離開餐廳時，Larry 和 Emily 曾停下來量體重。

故事的最後，Jasper 在慕尼草原釣魚並就地享受晚餐，突然聽到槍聲，循聲去察看，發現一隻中彈受傷的老鷹。這時 Jasper 使用無線電發出求救信號，Hilda 收到信號後，立即通知 Emily，Emily 和獸醫 Doc Ramirz 商議如何拯救老鷹。

問題：如何在最短時間內拯救老鷹？

(三)子題

1. 由誰負責救援行動？ Jasper？ Emily？ 或是 Larry？

2. 哪一條路線最快？要花多少時間？

3. 使用何種交通工具？汽車？輕型飛機？或步行？

4. 如果考慮飛機，必須考慮哪些因素？如：載重量、油箱容量、

耗油情形、飛行員、行程。

㈣有關的資料

1. Emily 的飛機駕駛課程中，可得知飛機的資料，包括：降落限制、載重量、油箱容量、耗油情形、速度（時速三十哩）等。
2. Emily 和 Larry 的體重。
3. Jasper 和 Hilda 住處的開車時速（六十哩），以及步行到慕尼草原的腳程。
4. 從地圖可知，從 Cumberland City 到慕尼草原沒有公路，從 Hilda 住處有路可到慕尼草原。

二、國內部分

由淡大教育資料科學研究所徐新逸教授發展出本土化的「錨式情境教學法」教育，名稱是「以生活數學系列：安可的假期」，它是以科技為基礎、刺激學習動機為設計重點，並幫助學習者學習如何去思考與推理複雜問題的教學計畫。課程本身的設計是以影碟為工具、故事式的敘述所組成的一冒險故事，因此它陳述出一複雜且待解決的問題給學習者，讓他運用隱藏在故事陳述中的資料作問題解決的工作，以下簡介其主要內涵（徐新逸，1993，1995，1996）：

㈠教材簡介

本教材內容適合國小五年級學童的教學，主要課題為國小程度數學觀念——四則運算、時間、時刻表、距離、方向。對象為國小五年級學童。本教材之發展採系統化教學設計模式，以分析、設計、

製作、評鑑四大步驟進行。教材內容以戲劇式故事方式提供逼真的
環境與課題，教導學生一些數學觀念、生活常識及解決問題的方法。

㈡故事大綱

　　故事開始於文心、阿胖、安可與湘雯等四人打算利用假期時間
去戶外烤肉旅行，在整個活動進行中，文心卻不慎發生意外扭傷了
腳踝，因此，耽誤到原本預計的旅程。這個時候，他們除了要很快
地處理意外狀況，也被迫重新考慮後續活動的可行性。

　　學習者將會面臨故事引伸出來有關行程規畫問題，來幫助故事
裡的主角決定他們是否可以在規定限制之下繼續其他的旅行活動，
並來得及回到台北。

㈢本教材之學習目標

　　1. 認知技能
　　2. 情意（生活倫理）
　　3. 動作技能
　　4. 主要安排的學習事項
　　5. 生活教育部分

㈣教材發展

　　教材（影碟及電腦軟體）設計：選擇適合國小程度數學觀念（四
則運算、時間、時刻表、距離、方向）等問題解答之故事情境，進
行腳本設計；並以電腦多媒體編輯程式 Authorware Professional for
Windows 進行程式撰寫。在專家座談及評估方面，邀請數學老師和
教學設計專家以座談及問卷式進行教材評估。

(五)教材發展之程序

教材研發採系統化教學設計模式，以分析、設計、製作、評鑑四大原則進行。教材製作流程如下：

    1. 分析準備階段

    2. 影片製作階段

      (1)拍攝前置作業

      (2)拍攝製作

      (3)後置作業

    3. 程式設計

    4. 教師使用手冊

    5. 教材評估

(六)教材發展之貢獻

本教材有以下之貢獻：

1. 發展本土化「錨式情境教學法」教材，並測試其有效性，以建立電腦輔助教學應用上之模式。

2. 作為 CAI 多媒體教學，國內多媒體教學尚處發展階段，有助於此領域之擴展。

3. 所涉及範圍廣泛，需要多位專家學者參與（例如：國小數學老師、教學設計人員、腳本撰寫人員、演員、攝影師、製片等）。此研究「整合專家」經驗，有助於提供日後類似研究之參考。

陸、「錨式情境教學法」之實施成效

一、國外部分

　　根據實驗發現，使用 Jasper 解題系列的學生無論在傳統數學和複雜的問題解決上，均有良好的表現，其研究結果摘要於下表：

實驗工具	實驗結果
數學標準成就測驗	實驗組的表現在部分題項上和配對控制組一樣好，有的題項上則是前者顯著優於後者。
涉及一至二個步驟的數學文字題	實驗組學生的表現，顯著優於接受文字題解訓練的控制組學生。
對問題解決的廣泛評量	不論性別或種族別，實驗組學生均優於接受傳統數學課程的學生。
數學態度	實驗組學生對數學或解題均持較正向的態度。
對類推題的遷移效果	實驗組表現出正向的遷移效果。

（資料來源：Lamon, Secules, Petrosino, Hackett, Bransford, & Goldman, in press）
（引自：張新仁，1997）

　　綜合以上，在國外的研究方面，錨式情境教學法在學生的「數學標準成就測驗」、「涉及一至二個步驟的數學文字題」、「對問題解決的廣泛評量」、「數學態度」、「對類推題的遷移效果」等

項目中，實驗組學生的表現均顯著優於控制組學生的表現。

二、國內部分

實驗工具	實驗結果
數學學習成就評量試題測驗	有經過「錨式情境學習」教學法的學生顯著優於無經過「錨式情境學習」教學法的學生。
教材態度測驗	有經過「錨式情境學習」教學法的學生其對於教材態度顯著優於無經過「錨式情境學習」教學法的學生。
數學學習態度問卷	有經過「錨式情境學習」教學法的學生與無經過「錨式情境學習」教學法的學生，其數學學習態度沒有顯著差異。
數學學習成就評量試題測驗	在相同的「錨式情境學習」教學中，不同的媒體特性，對學習成就沒有顯著差異。（光碟組與書本組差異未達顯著水準）
教材態度測驗、數學學習態度問卷	不同的媒體特性，對學生教材態度與數學學習態度沒有顯著差異。

（資料來源：整理自徐新逸，1993，1995，1996）

　　綜合以上，在國內的研究方面，錨式情境教學法成效主要在學生的「數學學習成就評量試題測驗」、「教材態度測驗」等項目中，實驗組學生的表現均顯著優於控制組學生的表現。而在「數學學習態度問卷」項目中，兩者則沒有顯著差異。其次，在相同的「錨式情境學習」教學中，不同的媒體特性，對學習成就沒有顯著差異（光

碟組與書本組差異未達顯著水準），且不同的媒體特性，對學生教材態度與數學學習態度沒有顯著差異。

柒、結論

隨著創新教學九年一貫課程改革中，「資訊教育」也融入六大議題之中，其對於教師教學方式之革新，具有相當鉅大的影響（曾榮祥，2000a，2000b）。未來「資訊科技」與「教育心理學」理論之結合，將是教學革新中一項重要的發展方向，「錨式情境教學法」即為結合情境認知理論與電腦輔助教學之一個值得重視的成功例子，有效地提升學生的學習成效與學習動機，以朝向教學品質提升的目標邁進！

參考書目

中華民國視聽教育學會（主編）（1994）。Kemp, J. E. & Smellie, D. C.原著（年代）。教學媒體的企劃、製作與運用。台北：正中。

朱湘吉（1992）。教學科技發展的新紀元——新教學科技期。教學科技與媒體，5，29-39。

朱湘吉（1994）。教學科技的發展理論與方法。台北：五南。

林生傳（1998）。新教學理論與策略——自由開放社會中的個別化教學與後個別教學。台北：五南。

柯志恩（1992）。認知導向的媒體選擇。教學科技與媒體，2，37-40。

徐新逸（1993）。「錨式情境教學法」教材設計發展與設計之研究

（I）。國科會科教處專題研究報告（NS82-0111-S-032-006）。

徐新逸（1995）。「錨式情境教學法」教材設計發展與設計之研究
　　（II）。國科會科教處專題研究報告（NS84-001-S-032-006）。

徐新逸（1996）。「錨式情境教學法」教材設計發展與設計之研究
　　（III）。國科會科教處專題研究報告（NS85-001-S-032-006）。

徐新逸（1998）。情境教學中教師教學歷程之俗民誌研究。發表於
　　1998年12月10/12日。中國視聽教育學會等主辦：教學科技與
　　終身學習國際學術研討會。於國立台灣師範大學。

徐新逸、楊昭儀（1998）。國小兒童網路學習社群之設計與應用。
　　發表於1998年3月19/21日。國立高雄師範大學、中華民國電
　　腦輔助教學學會主辦：第七屆國際電腦輔助教學研討會。於國
　　立高雄師範大學。

張新仁（1997）。認知教學革新。教育研究雙月刊，58，64-77。

陳品華（1997）。從認知觀點談情境學習與教學。教育資料與研究，
　　15，53-59。

陳嘉彌（1998）。自情境教學探討師徒式教育實習。教育研究資訊，
　　6（5），21-41。

曾榮祥（2000a）。「學校本位教師專業發展」可行作法之探討。研
　　習資訊，17（2），44-51。

曾榮祥（2000b）。「學校本位教師專業發展整合模式」內涵與實施
　　歷程之探討。發表於2000年5月18/19日。淡江大學主辦：教
　　師專業發展與師資培育——九年一貫課程革新的因應與挑戰學
　　術研討會。於淡江大學。

辜華興、徐新逸（1998）。情境學習環境中媒體特性對學習成效與
　　學習態度的影響。發表於1998年3月19/21日。國立高雄師範

大學、中華民國電腦輔助教學學會主辦：第七屆國際電腦輔助
教學研討會。於國立高雄師範大學。

楊家興（1995）。情境教學理論與超媒體學習環境。教學科技與媒
體，22，40-48。

壽大衛（2001）。資訊網路教學。台北：師大書苑。

壽大衛、陳龍川（1998）。全球網資訊通識與建構主義教學。發表
於市立台北師範學院主辦：八十七學年度師範學院教育學術研
討會。於市立台北師範學院。

鍾邦友（1994）。情境式電腦輔助數學學習軟體的研究與發展。國
立台灣師範大學教育研究所碩士論文，未出版。

鍾邦友（2000）。以情境式學習為導的主題式統整課程及團體探究
教學設計。載於中國視聽教育學會主編：新世紀、新科技、新
學習（231-251）。台北：台灣書店。

Baron, J. & Sternberg, R. (1987). *Teaching thinking skills.* New York: Free-
man.

Bransford, J. D. (1988). *Designing invitations to thinking.* Paper presented
to the National Reading Conference, Tucson, AZ.

Bransford, J., Frank, J., Vye,. N., & Sherwood, R. (1986). *New approaches
to instruction: Because wisdom can't be told.* Paper Presented at the
Illinois Conference on Similarity and Analogy, Champaign, IL.

Brown, J.S., Collins, A., & Duguid, P. (1989). Situated cognition and the
culture of learning. *Educational Researcher, 18,* 32-41.

Cognition and Technology Group at Vanderbilt (1990). Anchored instruc-
tion and its relationship to situated cognition. *Educational Researcher,
19,* 2-10.

Cognition and Technology Group at Vanderbilt (1991). Technology and the design of generative learning environment. *Educational Technology, 31,* 34-40.

Lipman, M. (1985). Thinking skills fostered by philosophy for children. In Segal, Chipman, & Glaser (Eds.), *Thinking and learning skills: Relating instruction to basic research* (Vol.1.pp.83-108). HiUsdale, NJ: Lawrence Erlbaum association.

Nickson, R. (1988). On improving thinking through instruction. *Review of Research in Education, 15,* 3-57.

Salomon, G. (1988). *AI in reverse: Computer tools that become cognitive.* (ERIC Document Reproduction Service No. ED 235 610).

Schoenfeld, A. H. (1985). *Mathematical problem solving.* Orlando, FL: Academic Press.

Sherwood, R. (1991). *The Development and preliminary evaluation of anchored instruction environments for developing mathematical and scientific thinking.* (ERIC Document Reproduction Service No. ED 335 221).

Spiro, R. J., Feltovish, P. S., Jacobson, M. J., & Coulson, R. L. (1991). Cognitive flexibility constructivism, and hypertext: random access instruction for advanced knowledge acquisition in ill-structured domains. *Educational Technology, 31,* 24-33.

鷹架幼童學習——仲介教學策略

壹、前言

　　長久以來，人類複雜的學習行為一直是心理學研究的重要領域，不論是傳統行為學派認為學習是經由「制約作用」的刺激反應連結，還是認知心理學派以為真正的學習必須是個體了解情境，洞察出情境中各種訊息間的關係，而後才獲得認知；各學習理論都嘗試以不同觀點來解釋改變人類行為和習慣的歷程，而將之運用於教學情境上。

　　Vygotsky 從社會文化的觀點，建立起他的發展心理學理論，強調人的學習異於動物的最大差別，就是能使用工具和符號來進行更高層次的思考與行動，而這些工具和符號都具備仲介性功能，所以 Vygotsky 認為，人乃是藉由使用工具和符號來改變環境和改變自己（蔡敏玲、陳正乾譯，1997；Bodrova & Leong, 1996）。在柯勒（W. Köhler）黑猩猩研究中，柯氏證實類人猿會製造和使用工具，也會迂迴地洞察出解決問題的方法，但由於類人猿沒有語言這個極其有價值的輔助技術，以至於缺乏意象（image），致使黑猩猩連最起碼的文化發展也無法達到（蔡敏玲、陳正乾譯，1997）。

　　R. Fuerstein 也指出欲求高級心智的發展，增進思考的技巧，必須仰賴仲介經驗學習（mediated learning experience, MLE）（林生傳，1997）。具此而論，教師在教學上可以安排、指導學生使用仲介物當成學習的工具，透過成人適當的協助，充實他們的學習經驗，學生可藉此從實際發展層次提升到潛在發展層次，最後再漸漸將學習責任從成人的輔助下轉移到學生身上，使他們成為可獨立學習的個體（Bodrova & Leong, 1996; Moore, 2001; Seng, 1997）。

　　本文即從學習心理學的角度切入，先論述仲介學習的理論基礎、特性、內涵、作用等，最後言及仲介作用在教學上的應用。

貳、基本原理

一、Vygotsky 的社會認知發展論

㈠仲介

　　Vygotsky 曾在其筆記中首次提示到仲介是高層次心理功能的基礎──他思考著：人如何藉著刺激 S2 的幫助記起刺激 S1？注意力如何藉著 S2 的幫助投注於 S1？而人又如何藉著 S2 記起一個和 S1 有關聯的字？（S1 是目標物、S2 是工具）（蔡敏玲、陳正乾譯，1997）。顯然的，S2 並非個體所欲學習的結果，它充其量只是一個協助學習 S1 的工具。例如，現在很多開車族會在方向盤上貼上「安全帶」、「手機」的字樣或圖示，來提醒自己開車時要繫上安全帶和不要接聽手機以免受罰，這兩個簡單的警語和圖示放在方向盤上是很清楚、適當的，如果將之放在別的地方，那就達不到提示效用。在這裡例子中，提醒駕駛人避免受罰就是 S1，兩個簡單的警語和圖示就是 S2，透過 S2 來投注於 S1 的過程就是所謂的仲介。

　　Vygotsky 相當肯定符號和工具在幼童發展中所占的角色，因為這兩者都具備仲介功能，但認知活動並不僅限於工具或符號的使用。工具的功能是作為人類影響活動中之物體的執行者；它是外在導向的，它必須導致物體的變化。而符號是內在導向的，它是控制個體自己內在活動的媒介（蔡敏玲、陳正乾譯，1997: 79）。

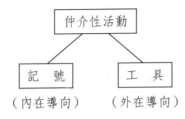

（資料來源：改自蔡敏玲、陳正乾譯，1997，78頁）

(二)內化

　　Vygotsky將仲介性活動的這個概念，主要建構在仲介物（mediator）和內化（internalization）等兩個觀念上，他認為在社會互動之下，幼童最初依賴外在的工具來幫助學習，而後不斷以工具的使用無限地擴展活動的範疇，直到新的心理功能提升至較高層次的發展，這個把外在操作轉化成內在重建的作用稱為內化。

　　此外，Vygotsky堅信人們的認知發展在外界有效的引導下，即能產生學習，不需要完全受成熟因素所左右，亦即學習先於發展；因此，在幼童的發展中，每一個功能都會出現兩次，首先出現在社會層面，即在人與人之間（interpersonal），這是外在的；然後再出現於個人層面，亦即幼童的內部（intrapersonal），內化作用即產生，在過程中，心理能力有了質的變化，這樣的學習導致更高層次的發展（Bodrova & Leong, 1996; Camperell, 1981）。

(三)鷹架作用

　　外在仲介物的使用只是暫時的策略，其目的主要欲引導幼童在學習上能逐漸獨立，從成人鼎力協助下的表現轉移成自身的獨立表現。因此外在仲介物具有鷹架作用，一旦移除或停止使用仲介物時，

顯示幼童已內化成對自己有意義的思考；至於何時移除外在仲介物，並不能明確地知道。有時候幼童會忘記行為的表現，需要在短時間內再度使用仲介物；有時候，只要成功地出現幾次應有的行為，教師即可迅速移除仲介物（Callison, 2001; Seng, 1997）。因此，教師必須費心地同時準備教學中所需要使用的仲介物，及留意何時移除；換句話說，一個好的仲介學習必須是一個好的鷹架行為。

㈣近側發展區

Vygotsky 將近側發展區（zone of prximal development, ZPD）定義為「一段距離──介於由獨自解決問題，所顯示的實際發展程度，與經由成人指導或與有能力的同儕合作來解決問題，所顯示的潛在發展程度之間的距離，就是近側發展區」（Berk & Winsler, 1995/1999）。ZPD理論提供了教育所能發揮的空間，也說明了成人在教育孩子時所應扮演的角色及其著力點。簡言之，成人不需要等待幼童有足夠的吸收能力才給予教導，而是只要透過適當的協助，盡量保持孩子在漸近發展區中學習，或稍加提高工作的難度，就能提升幼童的發展潛能（陳淑敏，1995；Moore, 2001）。

二、Fuerstein 的仲介經驗學習

㈠認知的改變性

所謂學習即是個體認知改變的過程，透過成人提供仲介經驗學習，可以讓幼童的認知能力改變達到不同層級的水準（Fry, 1992）。幼童對於知識的組織、訊息的處理，並無法如成人般能靈活地加以改變，也就是說，外在刺激與幼童本身的認知原是互不相識的，為

了能夠使這兩者間發生關聯，成人在教導幼童時，就必須提供相當的仲介經驗，使外在訊息發生改變、重組、組織與整理，使之與幼童的認知基模接軌。

(二)工具的充實

根據 Fuerstein 多年的研究指出，仲介的學習經驗貧乏將造成思考技巧拙劣，導致無能在日常生活中從事有效的學習（林生傳，1997）。他認為提供訓練以補足認知的缺陷是增進思考技巧的捷徑，所以設計一些補充性認知工具的使用與訓練等中介學習，將有助於提升學生的思考（Ben-Hur & Meir, 1994）。

參、仲介物的意涵

一、定義

仲介物是存在於環境刺激與個人產生反應之間的媒介物。Vygotsky 和 Fuerstein 從社會文化的角度來看，認為仲介學習是成人能運用適當的仲介物來豐富學生的學習經驗，如文字、符號、圖表、計畫和地圖等，這些仲介物有些是外在，也可能是內在的（Presseisen & Kozulin, 1992; Kozulin, 2002）。但幼童不似成人能毫無困難地運用，他們有時會忘了一些透過仲介物所習得的行為，因此必須在短時間內，再次使用這些東西。所以就幼童來說，仲介物最好必須是外在、明顯的。一般的認知學習通常先藉著外在仲介物的輔助，待學習內化，仲介物有意義地存於學習者的心智裡，即形成內在仲介物。

二、功能

　　不管是成人或幼童，皆會使用仲介物以幫助他們思考，只是成人使用的仲介物較複雜、抽象，使用內在仲介物時也非常地自然，經常不加思索地自動使用之；不過，當成人面臨不熟悉的情境時，無法自動地使用內在仲介物，仍然需依賴外在仲介物來輔助之，例如購買新的手機，我們總會閱讀說明書的指示（仲介物）來正確地操作，待數次練習後，不需要說明書也能熟練、自動地操作（內化）。對幼童而言，發展高層次的心智過程需要透過外在仲介物來學習，但所學習的行為也特別容易忘記，因此必須不斷地顯示仲介物以提醒他們的行為。仲介物的功能可歸納如下：

1. 仲介物使得幼童較容易表現出確實的行為。
2. 在 Vygotsky 的理論架構裡，當幼童將這些仲介物納入自己的活動中時，仲介物即成為他們的心智活動工具，如同社會中的其他文化工具。
3. 仲介物存在於社會分享活動中，也被幼童使用之。

　　簡言之，仲介物的使用可以幫助幼童加速其行為發展。

三、型態

　　仲介物可以是語言、視覺或動作等等，皆能影響複雜的訊息傳遞歷程，例如演說與文字符號是語言仲介物；照片與圖表是視覺仲介物；動作仲介物是一些行為的連結，如習慣、姿勢等引發一連串的心理歷程。

　　幼童不像成人能使用內在語言仲介物，如抽象符號，以引導心

智歷程和建立行為；他們需要一些具體的實物來仲介心智歷程，當幼童獲得較多的經驗後，也能自己創始仲介物來使用。至於為幼童所選擇的仲介物可以與成人相同，也可以不同，只要認定這些仲介物對幼童個人具有意義，即能引導他們表現正確的行為，對他們的學習即為有用。

肆、仲介教學策略與運用層面

教導幼童提升其高層次心理功能的心智能力是教學上相當重要的部分。這些高層次心智包括有高層次的記憶（deliberate memory）、邏輯性思考和語言等高層次的心智行為（deliberate mental behavior）。這些高層次心智乃奠基於如感覺能力、反應式專注（reactive attention）、自發性（spontaneous）或連結性記憶（associative memory）等初級心智功能以及社會文化的脈絡之中（Bodrova & Leong, 1996）。

在學校教學中，仲介學習對於學齡前及低年級幼童是相當受用的，不論在課堂學習、班級教室的管理和認知發展上，教師都能運用這種方式想出有效的管理和教學上的策略。

一、課堂學習方面——寫字和閱讀

㈠鷹架寫字

鷹架寫字涉及到在歷程中使用多種不同形式的協助，運用多種技巧來協助幼童的高層次記憶和專注力，最初可由教師指導然後同儕學習，最後由幼童自己來完成。寫字所涉及的問題首先是「字」

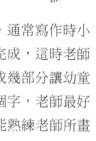

的問題：包括要讓幼童記住如何寫和寫出正確的字。通常寫作時小朋友寫字總是相當凌亂，如果遇到較難的字也無法完成，這時老師可以畫格線來幫助小朋友對齊，也可以將較難字分成幾部分讓幼童來完成。至於「句子」的問題：如果這個句子有六個字，老師最好在底下畫六條橫線，而不是一條長橫線。當小朋友能熟練老師所畫的線，接下來可以請幼童彼此來畫線，最後就請他自己來完成。其次，是「寫什麼」的問題，有個「告訴夥伴」（say back buddy）策略，就是要小朋友依程度配對，將自己的構想講給同伴聽，而這位同伴複誦給作者聽，或者由非閱讀者來協助程度較佳的閱讀者和寫作者來記住情節內容，這將可以改善非閱讀者的讀寫表現。最後還有「文法與發音」的問題，這可以藉助一些寫有正確文法的卡片當仲介物，讓小朋友或同儕來自我檢核。修正時，則可以運用多種顏色的色筆來協助。

㈡鷹架閱讀

鷹架閱讀可以提供幼童在閱讀發生困難時的一些基本認知技巧，讓學生在閱讀時能採行更多的心智行動和更適當的閱讀技能。這些策略包括：

1. 導讀

許多老師在口頭閱讀時通常會要求小朋友用手指著書上的字，但這種效果通常不大，因為很多小朋友可能會心不在焉，只是機械性地移動手指而沒有細心思索。這時老師可以用光筆（highlighter）來協助，指出他們所讀的字，或者使用投影片時，用紙板將遮住尚未出現的字，這樣幼童將會更能專注於閱讀的字。

2.矯正閱讀

幼童閱讀時常會有典型的錯誤出現,比如「有邊讀邊,沒邊讀中間」的情形或者是「誤讀音」的現象,這同樣可用光筆來提醒幼童要注意這些常犯的錯誤類型,或者用卡片來協助幼童注意這些字的「發音」。

3.字音辨識

通常「形音相似」、「形意相似」和「音意相似」等是幼童閱讀時最感困擾的,這時可以用色筆來區別其中的不同,不同的顏色代表不同的發音或意義,老師可用這種方式來仲介學習,並鼓勵幼童可以用「私語」(private speech)將之內化成自己的閱讀策略。

幼童的寫字和閱讀在剛開始時總會出現許多的難題,包括不會唸和寫的字、只會寫單字而無法成句、錯別字、凌亂的字體等等,這些問題都是可以透過仲介學習來獲得相當的改善,關鍵在於老師能知道學生的困難之處,提供適當的仲介物來協助幼童。此外,採行漸進的方式和夥伴的協助等策略將可使效果更加顯著。

二、班級教室管理方面──自律和情緒控制

Vygotsky 指出外在仲介物經常被用來調節社會上的人際互動,如用丟銅板、猜拳、抽籤等來解決彼此間的爭端,就是一種普遍使用的仲介方式(Bodrova & Leong, 1996)。這些仲介方式具有傳遞性,幼童可從年長者、同儕或教師身上習得。

教室管理也可透過外在仲介物達到讓幼童自律的效果,像是老師可以在教室內每個學習角設計配對圖案,例如在「讀書角」外放置四隻魚的圖片,裡面放置四個魚鉤的掛勾,進入讀書者需拿隻魚掛在鉤上,當魚都被拿完時,小朋友就知道不能再進入了。教師也

可使用仲介物來控制學生的情緒，例如教他們數數來控制脾氣，或是用握手與道歉的方式來中止彼此之間的爭執，重新建立良好的友誼。這些具有社會性的仲介物需要成人提供並引導幼童使用，在學校教育裡，這些仲介物透過教師的介紹或提供，一方面幫助學生來控制自己的情緒，以消弭學生同儕之間的爭執，另一方面也可以養成良好的習慣。如：

【例：使用和平手鐲】Ian 和 Jason 總是在下課時間爭吵或打架，教師為了解決這個問題，分別在兩人手腕戴上一個和平手鐲，提醒他們意見不合時，必須用言語來溝通、協調、解決問題或向教師求助，而不是毆打對方；待 Ian 和 Jason 能敘述手鐲的意義後，教師才讓他們下課。第一週，下課五分鐘後，教師常在他們身旁留意他們的行為，Ian 和 Jason 也會指著自己的手鐲表示他們記得教師的叮嚀；第二週，教師不再出現，只有手鐲提醒他們；第三週起，不需要使用手鐲，Ian 和 Jason 可以和平相處了（引自 Bodrova & Leong, 1996: 72）。

自律是指幼童能發展出具有監控、評量、管理自己思維歷程的能力，這種能力在幼童低年級時即已出現，但基礎源於學前階段。而外在仲介物則扮演著極大的角色，其鷹架作用幫助幼童從他律轉移為自律。譬如，為了幫助幼童對自己的工作或課業負起責任，教師與學生可以一起討論、製作作息時間表，學生再依表按時完成；此外，也可以撥放一首歌曲或旋律代替口頭提醒，讓幼童知道這時候該做哪些事，而年長的幼童可以創造自己的仲介物，像是使用備忘冊和記事本來管理自己的行為。

三、在認知能力發展方面

在幼童早期的教育中，仲介物經常被用在他們的潛在發展區裡，以幫助他們的認知發展，包括知覺、注意力、記憶與思考等等。

㈠知覺學習

幼童可以透過外在仲介作用以學習知覺性分類（perceptual categories）（Venger, 1988）。日常的實物就是一種感官上的標準，透過實物幫助學生知覺到不同的顏色、大小、形狀、聲音等；例如教導幼童區分橙色和紅色的不同，用實物的橘子與蕃茄為例，比只用色卡的效果來得佳。因為日常性的實物具有情境脈絡的線索，清楚地呈現正確的事實，亦即日常的物體，其明顯的特徵，可以幫助幼童知覺性分類的發展。

㈡注意力學習

注意是學習的第一步，訊息要經過注意的歷程才能進一步獲得處理，所以注意力對於學習是非常必要的，因為學生具有此能力時，在學習上即能專注於問題的解決，且忽視其他的干擾訊息（Bodrova & Leong, 1996; Moore, 2001）。通常成人較能知道如何集中注意力，幼童卻比較容易受外在環境影響而分心。在情境上若沒有提供仲介物，幼童是無法有意識地專心，因此需要仲介物來提醒幼童的注意力。同時，幼童也需要學習如何監控自身的注意力，這種能力可以在接受正式教育之前即能開始訓練。當他們分心時，需要了解自己應該專心的項目，而教師必須幫助他們標記什麼是重要的，需要特別地專心，且分辨不相關的事物。

例如在幼童的學習裡，教師常使用一些明顯、具體的實物來提高幼童的注意力，像是可愛的填充布偶、怪異的帽子、一首歌曲等等。然而每一位幼童所需要的仲介物數量並不相同，有的孩子只需要呈現一項仲介物就能馬上提高注意力，有的孩子可能需要更多的仲介物才能喚起他的注意力。

(三)記憶學習

在記憶策略學習方面，通常係探討如何改善既有的記憶組織，透過仲介學習也能發展出高層次的記憶，但幼童通常缺乏記憶策略與後設記憶能力，也就是常說的「這邊進、那邊出」，沒有成人般的系統性記憶策略。幼童的這種選擇性記憶，係因為尚無後設記憶能力，而非缺乏特殊記憶策略；至於成人的記憶策略則是對幼童過於困難，亦即幼童並非不能記住任何事物，而是他們無法在適當的時間裡記起（retain）和提取（retrieve）適當的訊息。因此，後設記憶能力在幼童的學習過程中變得非常地重要。

每每在入學後，幼童開始被要求為自己的事負起責任，例如幼童每天必須記得應攜帶的書本、作業、用具等，早上帶去學校，放學後再帶回家，然而並不是每個幼童都能順利地記住，於是老師或父母經常因為幼童忘記帶東西而處罰他們。其實我們可以使用外在仲介物來幫助幼童在適當時間記住某些事情，使得幼童的行為較為獨立並為自己負責。事實上，成人經常使用仲介物來幫助記憶，例如使用行事曆記下重要的事項；這樣的時間管理技術與仲介物相互結合，確實幫助成人順利地完成工作或達到目標。

㈣思考學習

外在仲介物能促使思維和推理的發展，幫助幼童監控與反省自己的思維及敏捷的後設認知的技能。在教學過程裡，教師經常使用圖片、圖畫、表格、實物等仲介物來連結抽象概念，或是建立概念間的關係，使得幼童較容易理解。例如，任何形式間的關係皆可以使用仲介物來教學，像是數學上的距離和時間關係、比值、集合概念……等等，一開始可以用實物而後是圖表、概念網絡等用來比較各種不同的概念和關係。

伍、仲介教學原則

仲介物必須在適切時間裡促使恰當的行為發生，因此進行仲介教學時必須掌握以下的原則：

一、仲介物必須對幼童具有特殊的意義，且使意義生效

幼童必須能接觸或看見仲介物，仲介物才能引發幼童適當的思維或行為出現，同時幼童也能說出仲介物對自身的意義，而非成人的界定。幼童在成人的幫助下選擇、使用仲介物，經過一段時間的訓練和練習，而逐漸內化成有意義的活動；所以仲介作用必須結合在學習活動裡，成為活動中的一部分。

二、仲介物必須伴隨在幼童所要完成工作當時或之前的目標上

　　仲介物必須伴隨著重要事項而出現。例如，在打掃時間中撥放一段特殊音樂，提醒幼童該收拾玩具了。

三、仲介物對幼童必須是持續的顯著

　　仲介物被使用過度或過久，將會失去其作用，而不再有新鮮感，無法提示幼童表現適切行為；因此當幼童能多次成功地表現適當的行為時，仲介物應即時移除。

四、將仲介物和語言或其他行為線索相結合

　　仲介物可以結合圖片、肢體動作或是口語複誦等方式，可讓幼童更方便記住該做的事，有更佳的提示效果。

五、在幼童的 ZPD 之內選擇仲介物

　　若要使仲介物能產生功效，必須在幼童的ZPD之內，才能指引其行動。

六、利用仲介物促使幼童表現出我們所期望的行為

　　要訓練幼童表現出我們所要求的行為，用取代的方式比禁止策略較容易達到我們的期望。例如教導幼童用言語來溝通比警告他們禁止打架，兩者比較起來，前者的效果大於後者，而仲介物的使用正可以達到取代的效果。

　　歸納上述，仲介物首先存在於分享活動中，這意謂當幼童開始學習時，成人必須提供仲介物給予協助。教師們可能會發現他們必須提供許多各種不同的仲介物，才能形成鷹架作用，待學生的行為成功地出現時，教師才小心地計畫如何移除這些鷹架作用。

陸、仲介物的價值

　　故仲介物本身具有短期價值和長期價值（Bodrova & Leong, 1996）：

一、就短期價值而言

　　外在仲介物可以產生的立即效果，能使幼童在完成當下的工作上更有效率。如幼童不專心時，老師可以戴上大耳朵造形的頭套來提醒他們。

二、就長期價值而言

　　在心智過程發展與學習方面，仲介物也有長期的影響。
1. 在高層次心智功能的發展上，提供必要的協助，能使幼童獲得記憶、注意力和自律等高層次心理功能。
2. 當教師提供適當的仲介物時，幼童透過仲介物學習整體性行為，當幼童內化仲介物時，即能改善他的表現；同時使幼童從協助下的表現轉移為獨立的表現。

柒、結論

　　仲介學習策略強調每一個高層次心理過程的發展，都必須經由

外在人際間的活動，發展、重組，再轉化成個人的心理功能，而仲介物正是一種能使幼童達到高層心智過程的重要輔助工具。因此成人除了安排、營造仲介物，也可以教導幼童自己創造，人們從社會互動中學到這樣的外在運作能力，可以幫助我們解決許多實際的問題，經過長時間的發展，此運作能力轉變為個人的內在思考。從這樣的觀點來看，教師若能在教學和教室管理上充分地運用仲介物，不僅能提升學生的知覺、注意力、記憶、思考與自律等各方面的認知發展，也能改善學生的學習能力，訓練學生使用多樣性的學習策略，所以在教學現場上極具運用價值。

參考書目

谷瑞勉（譯）（1998）。L. E. Berk & A. Winsler（1995/1999）原著。鷹架兒童的學習（*Scaffolding children's learning: Vygotsky and early childhood education*）。台北：心理。

李維（譯）（1998）。L. S. Vygotsky（1962/1998）原著。思維與語言（*Thought and eanguage*）。台北：桂冠。

林生傳（1997）。新教學理論與策略（再版）。台北：五南。

蔡敏玲、陳正乾（譯）（1997）L. S. Vygotsky（1978/1997）原著。社會中的心智——高層次心理過程的發展。（*Mind in society: The Development of higher psychological process*）台北：心理。

陳淑敏（1995）。Vygotsky「最近發展區」概念內涵的探討。屏東師範學院學報，*8*，503-526。

Ben-Hur & Meir, E. (1994). *On Feuerstein's instrumental enrichment: A collection.* (ERIC Document Reproduction Service No.379069)

Bodrova, E & Leong, D. J. (1996). *Tools of the mind: The Vygotskian approach to early children education.* N.J. : Merrill.

Callison, D. (2001). Scaffolding. *School Library Media Activities Monthly, 17*(6), 37-39.

Camperell, K. (1981). *Other to self-regulation: Vygotsky's theory of cognitive development and its implications for improving comprehension instruction for unsuccessful students.* (ERIC Document Reproduction Service No.211968)

Fry, P. S. (1992). *Fostering children's cognitive competence through mediated learning experiences: Frontiers and futures.* (ERIC Document Reproduction Service No.387209)

Kozulin, A. (2002). Sociocultural theory and the mediated learning experience. *School Psychology International, 23*(1), 7-35

Moore, A. (2001). *Teaching and learning-Pedagogy, curriculum, and culture.* London: Routledge & Falmer.

Presseisen, B. Z. & Kozulin, A. (1992). *Mediated learning-The contributions of Vygotsky and Feuerstein in theory and practice.* (ERIC Document Reproduction Service No.347202)

Seng, Seok-Hoon (1997). *Zone of proximal development and the world of the child.* (ERIC Document Reproduction Service No. 416957)

Venger L. A. (1988). The origin and development of cognitive abilities in preschool children. *International Journal of Behavioral Development, 11*(2),147-53.

自我導向學習——
新時代必備的能力

壹、前言

　　觀察現今學校裡教室的教學活動，大部分是偏向於強調事實、規則的獲得，以及行動順序的安排，課程內容的學習結果也多集中在低層次的行為目標上，例如知識、理解和應用的層次，這也就能解釋為什麼學生無法超越課本情境以及教科書的範圍，作獨立思考和探究的合理說明，這個原因主要在於學校無法教導學生認識自己的學習，鼓勵其作批判思考，甚至於去發現自己思考的型態及教材呈現的意義。而要達到這樣的學習目標，非藉由教導學生高程度的思考能力及問題解決的行為不可。

　　自我導向學習是種積極導引學生在學習的歷程中獲得高程度行為目標的教學取向，它能幫助學生建構對自己學習的了解及意義，以及發展推理、問題解決和批判思考的能力。除此之外，自我導向學習可以幫助教師在教學的過程中獲得以下幾種功效：(1)提供學習歷程中何時及如何使用心智策略的資訊；(2)從真實社會的問題情境中思索解決的方法，並明確地描述如何使用這些策略；(3)鼓勵學生積極地參與學科學習，並藉由超越所給予的資訊，重新建構自己的思考和理解的方式；(4)從漸進的複雜思考型態中，引導學生實際的練習、對話及討論，逐漸將學習的責任移轉至學生身上（Borich, 2000）。自我導向學習是學習者主動選擇有關的訊息，並運用學習者既有的知識來詮釋此一訊息的歷程，是一種在「最大反應機會區」中使用後設認知技能加以控制認知歷程的活動，這種理論將學習者的角色由被動者提升至主動的學習者。

　　自我導向學習是人類生存的本能與本質，是學校未來教學的趨

勢，既然這麼重要，這種能力就應該積極地被培養，並盡可能地發揮。因此如何促進自我導向學習的行為特質，是教學活動的一個重要的議題。

貳、自我導向學習的意義

　　自我導向學習是一種歷程，是一種個人特質，也可以說是一種學習型態。近年來，教改活動如火如荼地推展，極力地扭轉傳統上以教師為中心的教學現象，改以學生為主體的學習模式，強調教育活動應該注意學生內在情感，及自己獨特能力與特徵的培養發展，期待傳授給學生「能夠帶得走的能力」。因此，在課程教學理念上應以生活為中心，配合學生身心能力發展歷程；尊重個性發展，激發個人潛能；涵泳民主素養，尊重多元文化價值；培養科學知能，適應現代生活需要。如此一來，學習的主權與重心落在學習者自己手中，學生必須要肩負起學習的重責大任，每個人都需為自己安排合適的學習活動與進度，這樣才能達成教改的要求，與科技時代必備的學習技能。這樣的趨勢與觀點，更加地肯定自我導向學習的重要性。

　　自我導向學習的定義包含三方面：一是，將自我導向學習視為一種歷程，主要認為：自我導向學習者可以針對自己的學習，設定實際可行的目標，積極尋求可資運用的資源，選用適當的學習策略，並能針對自己的學習結果進行評鑑。

　　其次，是將自我導向學習的定義視為是一種人格特質、目標或結果，視自我導向學習是以學習者為中心，強調個人內在成長，自我導向學習者擁有自由與自尊，並為學習負責，他們有正向的價值

觀,強調內在狀態與感覺,內在成長、覺察、快樂及健康,需求的滿足,自我實現、被尊重、負責任、自我控制。

第三種定義是將自我導向學習視為一種學習的型態,認為學習型態是在學習情境中行動和思考的方式,此種學習方式讓學習者感到舒適,並且有能力運用它。

自我導向學習有別於傳統的學習理論,強調學習者在學習過程中積極、主動的學習風格,診斷自己的需求與特性,在「最大反應機會區」中擬定自己實際可行的學習目標,尋求學習可以運用的各項資源,選用並實施適當的學習策略,並配合結果進行評鑑的過程。因此,自我導向學習的目的,確切地說,最初為增進學習者在學習中自我引導的能力;接著要使轉換學習(transformational learning)成為自我導向學習的中心;最後要讓解放學習(emancipatory learning)及社會行動(social action)成為自我導向學習的一部分。

參、自我導向學習的理論及教學模式

關於自我導向學習理論的模式,除了可以歷程、個人心理特質,以及目標結果加以區分敘述外,尚可融入教學以及互動的學習過程加以討論。每種理論或模式都各有其背景及重點,學生可以選擇任何一種合適的模式或綜合若干模式來執行自己的自我導向學習。以下針對近來有關自我導向教學以及互動學習的過程模式,簡略地加以敘述說明,以了解其要義。

一、自我導向學習教學觀的模式

Pilling-Cormick(1997)提出自我導向學習歷程模式(self-direc-

ted learning process model）。此一模式在於提供策略給教育者以促進
學習歷程本身的轉換。當學習者計畫他們自己的學習時，他們要反
應出他們的需求及假設；若對於學習的假說改變了，學習歷程也必
須轉換。所以轉換學習與自我導向學習是交織在一起的，教育者可
以對這兩項都有所促進。依此一模式，自我導向學習是以不同的控
制情境下，學生與教育者間的互動為基礎。自我導向學習歷程模式
（如圖 4-1）包括三個要素：控制因素、教育者與學生間的互動，及
教育者與學生間互動的影響。

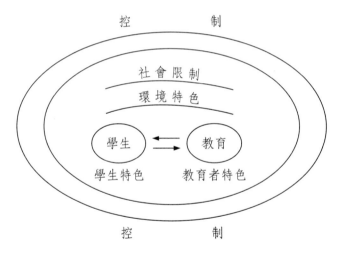

▶▶ 圖 4-1　Pilling-Cormick 的自我導向學習歷程模式

（資料來源：Pilling-Cormick, 1997, p.70）

　　在自我導向學習中，學生決定、調查並評鑑他們的需求。當考
慮需求時，學習者必須反省其學習歷程；若反省過程變得更具批判
性時，轉換學習就可能發生。為了成為更自我導向的人，學習者經

歷了轉換的發展過程，他們改變了原先對學習的思考方式。他們不再滿意於教師主導的程序，他們要對自己的發展負責。若學生修正了他們對於學習歷程的假設，此模式中的「學習」就包含了轉換學習而得以擴展，甚至學習者會對學習本身的假設、信念和各面向，都提供轉換的可能。

二、自我導向學習互動觀的模式

　　Garrison（1997）提出一個自我導向學習的多面向互動模式，此模式採用了合作建構的觀點，包括以下三個面向：自我管理（情緒控制）、自我監測（認知責任）及動機（進入及操作）三個層面。圖 4-2 說明此一模式，但由於它太新穎，尚未被任何研究所採用。

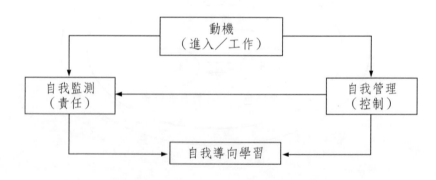

▶ 圖 4-2　Garrison 的自我導向學習模式

（資料來源：Merriam & Caffarella, 1999, p.302）

㈠自我管理

　　學習者控制並形塑情境條件，以利於學習目標之達成。關心學

習者在擁有持續溝通機會的情境中，對學習資料的使用。

㈡自我監測

指學習者能監控他們的認知及後設認知的歷程，包括能使用學習策略並能思慮他們的想法，也就是能配合反省及批判性思考，對自己所建構的意義負責。

㈢動機面向

影響人們參與自我導向學習的活動，並能持續參與。

三、自我導向學習過程與結果觀的模式

胡夢鯨針對 Brockett 和 Heimstra（1985）綜合相關理論及文獻所提出的個人責任取向模式存在的缺點，加以修改，提出自主學習循環模型，如圖 4-3 所示（胡夢鯨，1996）。

自主學習循環模型包括以下五個意義：

㈠自主學習

學生自主學習是此模型的核心，而自主學習概念包括了自主意識、自主決定和自主參與。

㈡正規自我導向學習

學生進入學校，由教師引導進行自我導向學習活動。依學習者的自主學習程度，教師扮演不同的角色，共分三個階段：教師中心、互動中心及學生中心。

㈢非正規自我導向學習

指學生在學校外各種教育機構中的學習而言,如:文化中心、圖書館及博物館等公、民營機構進行學習。有些有教師指導,有些則由學習者自我蒐集資料,完成學習活動。

㈣非正式自我導向學習

學生並不參與學校或機構的學習活動,沒有教師指導,完全由學習者負起學習責任,自主性也最高。例如:閱讀書報雜誌、參加旅遊休閒活動、參加藝文展演活動或參加班級讀書會活動。學習者要有高度自我導向學習動機與能力,並熟悉自我導向學習的方法,才可能收效。

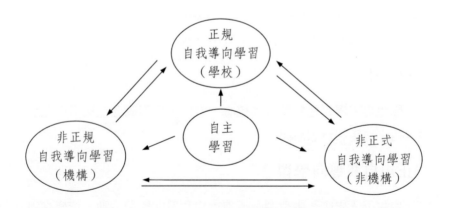

▶ 圖 4-3　胡夢鯨(1996)自我學習循環模型

(資料來源:胡夢鯨,1996,頁 217)

㈤自主學習的循環

此模式最重要的概念就是「循環」，包含三種意義：(1)任何一點均可作為學習起點（正規、非正規或非正式）；(2)是一項永續學習的長期歷程；(3)正規、非正規及非正式的自我導向學習，三者等量齊觀。

自主學習循環模型的重點在學習途徑，說明學生透過正規、非正規及非正式三種途徑，都能進行自我導向學習。學習途徑只是歷程取向中的一個面向，特別拿出來作為學習模式的焦點，在其他自我導向學習模式中，尚屬首創。另外，此模式強調「循環」，表示自我導向學習可以從任何一點開始，無終點；另外，正規、非正規及非正式三種途徑都是同等重要的；「可由學習者在不同的階段，根據不同的學習需求，選擇學習的方式或途徑，完成一個階段後，再進行另外一個階段，如此循環不已」（胡夢鯨，1996）。

肆、自我導向學習對教學上的啟示

自我導向學習是學習者承擔學習的責任，意謂承擔主要的決策角色，即對自己的決策負責，個人可以選擇如何回應情境，他們可以選擇受情境控制或控制情境。因此，自我導向學習不僅包括能自己設立學習目標、執行目標與評鑑目標等這些完美的學習技巧，並能在學習過程中展現熱愛學習、積極堅持學習、開放學習、有效率的學習等行為特質，更重要的是學習者能主動建構知識。自我導向學習的理論具有以下幾項顯著的啟示：

一、教學歷程中，需重視學生具有獨立的人格特質

自我導向學習重視學習者自行規畫與進行學習活動的能力，是在個體獨立作業的情況下，主動從診斷學習的需求、設定目標、確認所需能力與物質資源及評鑑學習結果的過程。因此，自我導向學習具有強烈的自我認同，在學習的過程中，重視學生參與的動機，能自我要求、自我增強、自我監控，充分地展現積極進取的態度。所以，在教學的歷程中，教師不僅要培養學生獨立創作的精神與能力，更要鼓勵學生不斷地發展和表現積極學習的態度。

二、重視學生經驗與專家經驗的融合

自我導向學習理論是種學習者自己掌握學習活動的歷程，理論與實踐的對話機會自然隨著學習者的學習活動而增加，要讓學習者成為一位具有學習控制的能力者，教學過程中，經驗的傳遞是很重要的環節。學習者具有豐富的經驗，可從經驗的累積中形塑有效的學習策略，若是能配合專家經驗的傳承與融合，有效的學習更易達成，而且這種新舊、生熟經驗的交流及轉化，更是日後學習有效的資源和基模。

三、學習活動的設計以工作或問題中心取向

自我導向學習將學習重點集中於工作或問題中心，因此，學習經驗是建構於完成工作或解決問題的學習計畫或探究單元。學習者的經驗是不斷擴散的，從工作與問題解決的歷程中，深化及精緻其認知策略。

四、評鑑及對話過程，提供學生學習最大反應機會區

　　自我導向學習強調學習者擁有學習的決定權，學習是種學習者經驗和專家經驗的融合過程。此種學習不受到場合、地點、時間及情境方面的限制，學習的進行可以依照預先設計的架構去執行。因而，教師應該提供最大的反應機會讓學習者依據實際的需要作抉擇，提供的內涵包括學習資源、學習材料、學習類型、學習方法等；另外，在師生對話及評鑑的過程中，教師的談話或題目內容，不僅要「回應」學生的反應，更應積極地鼓勵和誘導學生「發展」出更高一層的能力。

五、學習是教師與學生之間的夥伴關係建立

　　自我導向學習在自我監控的情況下，完成所有的學習活動。從需求的診斷、目標的擬定、資源的運用、策略的選擇到結果的評鑑，是在獨立作業的狀態下完成的。因而，學習者控制其學習活動的計畫與執行，並且需擔任評鑑的工作。而教師則需運用協助學習的技術，並且擔任教學與學習之間交易的經理者，經理的角色，在於注重學習者之間的交互作用與潛在能力的發揮，鼓勵學習者為自己的學習活動擔負責任。因此，教師必須具備愛心、耐心和親切的態度、開放的心胸，接受新經驗及改變等特質，來協助學習者的學習活動。

伍、促進自我導向學習的有效教學策略

　　Borich指出自我導向學習可以提供教師幾項獨特的教學功能：(1)提供在學習的歷程中，何時及如何使用心智策略的資訊；(2)針對

真實世界的問題，詳細描述如何思考使用這些策略，進而徹底解決；(3)鼓勵學生積極參與學科的學習，並且利用自己思考的方式以及先備知識，超越先前所給予的資訊限制；(4)在漸進式的複雜思考模式下，引導學生從實際的操作、對話以及討論的活動中，將學習的責任轉移至學生身上（Borich, 2000）。

　　所以，要實現自我導向學習的功能，教師一定要注意到如何提供以下四種自我導向學習必須的要素：(1)學習者在學習歷程中必備的心智策略；(2)提供的策略並不只是耳提面命式的逐步介紹，更應配合實際生活情境的需要；(3)學習者是被邀請變成學習的參與者，而非被動告知如何操作的聆聽者；(4)課程活動的發展，其重要的結果是由學習者提供的，而非教師。在學習的活動過程中，教師的角色變成監控、共同討論者，而非僅是資訊的提供者，其責任在於提升學生的學習興趣，促進其對問題的思考，因此，對於學生錯誤的答案就無須加以特意的關注。

　　除此之外，要讓學生從自我導向學習的歷程中真正的了解其意義並能加以運用，則有一些重要的因素值得注意。除了教材內涵的設計與個體學習態度等面向外，尚有幾項相關要點需提出討論並加以思索，如此才能促進有效的自我導向學習。

一、師生的對話互動面向

　　教室中師生的對話是自我導向學習的中心，因為從教室外帶進來的文化不同，使得教室中口語的交互作用也呈現出很大的差異。在許多教室裡，口語的表達是由教師掌控著，保留很少的機會讓學生發揮，有的話亦只是回應老師所詢問的事實和資訊的反應而已，所以說，傳統的教學狀況只提供少許的機會給予學生，讓他們對手

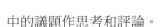

中的議題作思考和評論。

　　無論如何，自我導向學習在教室裡使用的對話策略是不同的，口語的對話不是只有順從教師的權威，教室裡的師生對話是有目的地將學習的責任逐漸轉移到學生身上，老師設置鷹架，建構對話的層次，隨著次數的增加，刺激學生獨立思考先前教師所提供的架構的挑戰。

　　鷹架的設計必須小心以學生的「最大反應機會區」作為考量，因此鷹架必須遵循以下原則：

- 教師可以嚴密地監控學習者的反應。
- 教師了解學習者現在的基礎能力程度（對作業的熟悉程度）。
- 教師了解學習者此時能夠達到的理解程度（過去的學習成就）。

　　要特別注意的是，需要將認知要求的鷹架建構在學習者身上，這樣作才能逐漸將學生從教科書的反應轉移到經由思考、補充及評論而深入地理解其意義。相互教學法所採用的團體討論和循環討論領導者的策略可以幫助達到自我導向學習的目標，但這種策略不是只有給予學生類似傳統討論談話的機會，最重要的是能要求學生呈現，以及思考其所學內容的過程，並且能清楚地實踐和覆誦這些心智策略：(1)引導學習者依序作業，以及(2)幫助教師調整流程及提升的程度、線索和在最大反應機會區內能夠暗示的問題。

二、教室中的社會支持面向

　　社會支持係指有關對學習環境態度、同儕學習及尋求幫助行為。良好的學習環境包括讀書場所的溫度、採光、通風、色彩、噪音等。

學習者能否為自己安排良好的學習環境十分重要，若能配合良好的學習環境，不僅學習意願高，且可促進學習效果。同儕學習是指同輩團體間相互切磋的情形，在自我導向學習歷程中之團體學習，常鼓勵成員運用同儕學習。自我導向學習係經驗分享的學習活動，在學習過程中，重視成員間的相互討論、相互鼓勵，透過對他人的認同，產生學習興趣，從而對學習成效有所助益。尋求幫助行為則指學習者尋求人力資源和非人力資源，良好的社會環境能刺激學習者求知的好奇心和欲望，能提供滿足求知欲的資源。其中包括人文環境與物質環境，能接納並認同學習者特殊的思想和行為。

三、動機與態度面向

　　動機是人類最複雜的一面，動機是指引起個體活動，維持已引起的活動，並促使該種活動朝向某一目標的一種內在歷程。學習動機包括學習興趣、主動參與。

㈠學習興趣

　　學習興趣是指學生對某學科教材和學習活動所表現全力以赴、精神專注的態度。興趣是學習的結果，個人在學習後，得到回饋或增強，使個人感到滿足或成就感，興趣就在其中產生。另外興趣是學習的原動力，可使個體自動自發、認真學習，因此興趣是維持長期努力，獲得成就的驅策力。在學習過程中，以下四點可以引起學習者的學習興趣：

　　1.使學習者認清學習目標。

　　2.使學習者享受到成功的滿足。

　　3.學習情境宜富變化。

4.培養多方面學習興趣。

㈡主動參與

主動參與學習活動是指個人自我涉入的程度。在學習過程中個人不作配角、旁觀者，對學習所遭遇到的困難能主動蒐集資訊或尋求師長、朋友解決。對學習計畫的訂定能熱切地參與，對計畫的執行能克服困境，使之順利進行。

通常主動參與者，在學習過程中，會熱烈地參與討論，對教師的講解會以點頭或搖頭方式表示贊同或反對，上課時能自動作筆記，一則表示自己處於主動的學習地位，再則可提高上課的興趣。主動參與者對課前預習、上課的專心及課後複習工作能按部就班實現；在某些單元或功課落後時，不用老師催促就會迎頭趕上，學習意願或學習動機強烈，遇到學習瓶頸能設法克服，不中途而廢。

四、認知學習策略面向

認知學習策略是思考的一般方法，可以橫跨不同的學科進而改善學習。通常學習者都是經由儲存有關的結果資料（所謂接收）（reception）、回憶與作業相關的先前知識（所謂效益）（availability），以及與結果的資料之間建構邏輯的連結（所謂的活化）（activation）等過程，才能達成這樣的目標。認知學習策略包括：記憶術、思考和組織、理解與監控策略、問題解決策略、計畫設計策略。記憶術與思考及組織策略在一些學習理論的書籍中有專文探討，本文不予詳述，其他者茲分別敘述如下：

㈠理解與監控策略

　　理解監控是學生在課程中藉著不斷檢核其進步情形，學習評鑑他們的理解的一種策略。老師可以為學生示範以下三種理解監控的技巧：

　　1. 調查課文內容，並對有關的內容作預測（making predictions）。

　　2. 對於已經閱讀過的內容中主要的概念提出問題。

　　3. 利用監控自己的理解過程去釐清不清楚的訊息，像是問自己：我了解我讀過的內容嗎？

　　理解監控的策略大致上都包含了以下幾種技巧：

- 設定目標：「我必須要學習哪些東西？」、「為何我要做這些？」
- 集中注意力：「我必須要完成什麼樣的作業？」
- 自我增強：「不錯！我做得不錯，還可繼續！」
- 處理問題：「對於這些我並不十分清楚，應該回頭再讀一次。」

㈡問題解決策略

　　認知學習策略主張學校課程的大部分學科領域應該環繞在日常實際生活的問題上。但是學校的課程常被分割為破碎的學科，學期終了的目標則在於傳遞學生一些技巧及辨識一些表格、事實，這樣的課程特別將學習者置放在被動的角色上，強迫其進行重複性無意義的學習。相對於傳統的取向，愈來愈多的教育人員致力於一種所

謂的「以問題為基礎」的學習。「以問題為基礎」的學習是以環繞
在鬆散的結構性問題而組織的課程，以便學生能夠利用幾個科目中
所學的知識及技巧來解決問題。從「問題為基礎」的學習活動中，
學生可以獲得許多的益處，但無論如何，學生必須了解如何去解決
問題。令人遺憾的是，很少老師會教導或要求學生學習這些問題解
決的認知策略。

　　有許多解決問題的策略系統可以教導給學習者，這些方法可以
歸納到所有的課程領域以及有標準答案或是開放性解答的任何問題
中使用，最有名的問題解決策略是所謂的IDEAL系統，它包含了五
個問題解決的階段：

1. 辨識問題（identify the problem）：學習者必須在解題之前了
   解所面對的問題是什麼。
2. 定義變項（define term）：檢查是否了解問題所敘述的意義。
3. 探索可以使用的策略（explore strategies）：蒐集解決問題可
   以使用的資訊和可以嘗試的策略。
4. 實行策略（act on the strategies）：從不同的策略中，找尋合
   適的解決方式。
5. 驗證效果（look at the effects）。

(三)計畫設計策略

　　教師若能建構以計畫設計的教學，提供學生學習的環境，是最
適合自我導向探究的學習。但是他們必須遵循以下的方式，才能確
保學習者可以成功地依賴其所能控制的因素，這些因素是計畫設計
的學習策略：(1)可以向學習者強調學習歷程的重要性，而非只是結
果而已；(2)可以幫助學生設定目標；(3)使用技術性的組合提升學生

彼此間的合作。

　　計畫設計基礎的學習廣泛地運用內在動機的理論去設計教室中的教學活動。這個理論主張內在動機並非是學習作業的特徵，而是學習者本身的一個態度，是老師的一項特殊責任，也就是老師必須要安排、歸納和適配的學習環境才能導引出學生的內在動機，這種環境也必須讓師生認知了解到環境中的每一項因素都扮演著非常重要的角色，是缺一不可的。

　　計畫設計的策略包含了兩項基本的要素：(1)必須環繞在可以提供組織及活潑化教室活動的一項中心議題或問題上，以及(2)可以提供成功回答問題或解決問題的步驟和結果上（Borich, 2000）。

　　良好的計畫設計的標準特徵有以下幾點：

- 具有廣泛的持久性（需要幾個星期才能完成）。
- 可以連結幾個學科（像是數學、閱讀、寫作技巧）。
- 包含教師的個別指導以及小組合作學習。
- 呈現出真實的世界以及真實的挑戰。
- 允許學習者選擇和控制。
- 在教室資源和時間的限制下，學生有能力可完成的。
- 可以產出具體的學習結果。

　　計畫設計基礎的學習了解到，老師是學生內在動機拼圖中的最後一塊圖片，老師的角色是支持者，當然是支持學生的興趣、努力，以及成就。因此老師要避免使用關於完成計畫必須使用的內在能力的暗示，並能協助學生集中注意力在計畫的完成和目標產生的歷程上，最後，也是最重要的是不斷地對學生作出鼓勵性的敘述。

陸、以提升自我導向的學習為目標

　　對於在多元化的教室環境裡，教師如何形塑對話的角色以提升自我導向學習的目標。在這個層面上，「教師中介」（teacher mediation）這個概念，可以重新擴展和聚焦，使學生的反應能達到更高層次的表現（Borich, 2000）。然而要讓學生達成自我導向學習的目標，仍需要讓學生具備良好學習及記憶、保留資訊的心智模式（mental modeling），因此也要加強認知策略的教導。這兩個層面的自我導向學習策略的實施，已經應用到多元文化社會交互作用的教室情境中，鼓勵學生在教師的引導下建構、詮釋、調整，以及擴展自己的意義。教師在「學生最大反應機會區」這個理念下，可以依據學生個人的經驗，在教室裡進行自我導向的教學。

　　從上述內容中，我們歸納出以下幾項策略，可以讓老師在教學實務上有所遵循，以實現學生自我導向學習的目標：

1. 安排具有挑戰性的問題情境（pose challenging problems）：問題的焦點必須集中在學生能夠對於問題的解決其重要性是什麼而作出決定。隨著探究活動的進行，要讓學習者變成積極參與，以及真正具有自我導向學習的能力，責任感和自我控制能力的培養是非常重要的。

2. 採取學生可以自由選擇並包含學生興趣的學習活動。藉由學生追求及探究自己喜歡的主題，可以幫助他們主動積極參與自己的學習計畫，建構及選擇自己的意義和解釋。

3. 在自我導向學習期間，多計畫小組活動方式的教學，這可使學習者從其他人身上獲得最有力的幫助，並且在相互激勵下，

可以創造新的及運用其他多樣化特殊的資訊，以擴展生活經驗和解題策略。

4.解決的問題需以實際生活的問題為主。讓學習者成為解決真實世界困境的探究者，這樣的作法將能促進他們在實務方面安置新穎的需求知識以及了解，以增加面對問題解決的挑戰。

5.在測驗的過程中，以學生能夠包容及熟悉的文化內容進行知識和理解的描述，藉著要求學習者解釋、分析、比較、假設、推論、探索的方式當成評鑑的活動，並能以學生自己的文字建構老師所教的內容意義當成調整教學指標的工具。

老師若能依此自我導向的模式進行教學，就能夠支持所有的學生參與教室裡的對話。自我導向學習最終的目標就在於能夠提供「最大反應機會區」讓學生反應，並激發大多數的學生盡可能地參與學習的歷程，以應付在多元詭辯的時代中，獨立自主的學習。所以，自我導向學習可以提供今後學生學習的需求，讓學生成為 e 世代追求知識的代言人。

參考書目

胡夢鯨（1996）。自我導向學習理論及其在成人基本教育上的意義，載於蔡培村主編，成人教學與教材研究。高雄：麗文文化，207-227。

Borich, G. D. (2000). *Effective teaching methods* (4th Edition). New Jersey: Prentice Hall Press.

Garrison, D. R. (1997). Self-directed learning: Toward a comprehensive model. *Adult Education Quarterly, 48*(1), 18-33.

Merriam, S. B. & Caffarella, R. S. (1999). *Learning in adulthood: A comprehensive guide.* San Francisco, CA: Jossey-Bass.

Pilling-Cormick, J. (1997). Transformative and self-directed learning in practice. In Cranton, P. (Ed.), *Transformative learning in action: Insights from practice.* San Francisco, CA: Jossey-Bass.

團體探究法——
在兩性教育議題上的設計

壹、前言

一、問題敘述

　　傳統的教育的目的除了在使受教育者獲得應有的知能外,另一個目的在發展個人的潛能,亦即發展個性,因此過去的教學較強調個別的學習,與個人的成就。隨著社會愈來愈複雜,每個人要能適應良好,必須嫻熟社會互動技巧,以適應日益繁雜的社會生活。尤其是目前的社會型態,靠單打獨鬥想要成功已非容易的事,因此目前的社會大都強調團體力量及團隊精神,以獲得最佳的成果,群性化的教育目標,在學校教學中乃日益受重視。

　　在群性化的教學目標中,合作學習是最能展現它特色的教學策略之一。合作學習的類型有很多種,較常被介紹的有:學生小組成就區分法(STAD)、協同學業競賽(TGT)、拼圖法(Jigsaw)、共同學習法(LT)、團體探究法(GI)、小組協力教學法(TAI)、協同合作法(Co-op Co-op)、合作統整閱讀寫作法(CIRC)等。國外有關合作學習的研究相當多,國內近年來對於合作學習之相關研究也逐漸增多,足見本主題已深受重視。國內目前以合作學習為研究主題的論文為數不少,但針對「團體探究法」作研究或設計者尚不多見,一般僅在討論合作學習的方式時作簡要介紹。

　　兩性教育的主題,近年來頗受學校教育單位重視,其與生命教育、生涯教育堪稱為學校教育的三大主軸,且兩性教育議題如果僅以講述方式,要灌輸學生正確的兩性關係與互動觀念,效果恐怕不易顯著,難以達成預期目標。因此有嘗試以合作學習中的「團體探

究法」來設計有關的課程，俾作為學校中進行兩性教育主題（單元）教學之參考。

二、研究目的

依據上述，本研究主要目的有三：

1. 介紹合作學習及團體探究的重要理念。
2. 整理國內外有關合作學習、「團體探究法」的相關研究文獻。
3. 參酌有關文獻設計適合進行「團體探究」方式之「兩性教育議題」，以供作學校教育參考。

貳、團體探究的理念與作法

團體探究是屬於合作學習的一種方式，因此在探討團體探究之前擬先扼要介紹合作學習的內涵，其次再針對有關「團體探究法」的定義、基本概念、哲學基礎、主要特性、歷程、實施步驟等作介紹，茲分別敘述如下：

一、合作學習的內涵

合作學習的內容相當豐富，國內已有專書作詳細介紹，此處僅就合作學習的意義、構成要素、特質與類型扼要介紹如下：

(一)合作學習的意義與構成要素

合作學習主要是利用小組成員之間的分工合作，共同利用資源，互相支援，去進行學習；並利用小組本位的評核及組間的比賽，製造團隊比賽的社會心理氣氛，以增進學習的成效。一方面使學習機

會更為平等，一方面也使學習動機更為強烈（林生傳，2000）。因此簡單地說，合作學習是要透過小組的合作，達到兩個目標：即教材內容的學習與社會技巧的學習。

合作學習的主要構成因素有三：一為，任務結構（task structure），指在班級體系裡面，吾人是利用各種學習活動來進行學習，因此，任務結構實即包括社會團體結構及工作結構；二為，酬賞結構（reward structure），一則指運用任何方式來增強學習行為的結果，另則指人際之間酬賞的互依性；三為，權威結構（authority structure），指在班級社會體系中，由何人負責，如何運用各種方式來控制學習活動或行為的進行（林生傳，2000）。

自從 Johnson 等人於七○年代開始訓練教師如何採用合作學習進行教學，並創立了「合作學習中心」以來，至今已累積為數可觀的研究成果。合作學習優於個別及競爭式學習的看法，在大量研究的佐證下已為不爭的事實。研究並支持善用合作學習能提升學生學習成就、增加使用高層次理解策略、具有較佳成就動機及內在動機、與同儕發展出較正面人際關係、能更重視研讀課程、有更高自尊、且有較佳的人際技巧等諸多好處（鄭夙珍，2002）。

㈡合作學習的特質

黃政傑和林佩璇（1996）歸納合作學習的共同特質有六項：(1)異質分組；(2)積極互賴（positive interdependence）；(3)面對面的助長式互動（face-to-face promotive interaction）；(4)個人績效責任（individual accountability）；(5)人際技巧；(6)團體歷程（group processing）。Johnson 等人認為只有在以下五項條件都符合的情形下，合作學習才有優於競爭或個人式學習的效果，這五項條件是：(1)小組

成員間有積極互賴的關係；(2)正向面對面互動；(3)小組中每個人對團體有義務與責任；(4)善用人際及小組合作技巧；(5)在團體歷程中小組成員能檢視及調整團體運作狀況來提高團體效能（鄭夙珍，2002）。

(三)合作學習的類型

合作學習的類型有很多，綜合有關文獻所述大致有下列幾種（林生傳，2000；黃政傑等，1996；林達森，2002；簡妙娟，1997；陳麗如，2002；Slavin, 1990；Ngeow, 1998；Jacobs, 1991）：

1. 「學生協同成就分陣學習」（或譯學生小組成就區分法）（student-teams-achievement divisions, STAD）。由 R. E. Slavin 所發展，是典型的合作學習。

2. 協同學業競賽（teams-games-tournament, TGT）。與 STAD 很近似，主要差異是以學藝競賽（games）代替考試。

3. 皆可熟（Jigsaw）教學，又譯「拼圖法」。由加州大學的 Elliot Aroson 所發展，是將教學內容分為數個小子題，學生分為每組約六人的異質性小組，每一組成員負責一子題，形成專家小組，最後回到各自的小組中，將所學教給其他成員。

4. 共同學習法（learning together, LT）。由 D. W. Johnson 和 R. T. Johnson 所發展，採異質分組，經由作業按學生角色指派、獎勵制度、合作技巧指導等來增進學生的合作學習。

5. 團體探究法（group investigation, GI）。由 Sholomo Sharan 等人所發展，係以小組方式進行主題研究，對於小組所要探究的主題有較大的自主空間。

6. 協同合作法（Co-op Co-op）。由 Kagan 所發展，主要在建構

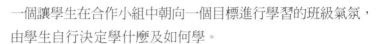

一個讓學生在合作小組中朝向一個目標進行學習的班級氣氛，由學生自行決定學什麼及如何學。

7. 合作統整閱讀寫作法（cooperative integrated reading and composition, CIRC）。主要是用於國小高年級，同時注意個人績效和團體目標；並結合同質教學小組及異質的工作小組，以統整學生讀、寫、說三方面的能力。

8. 小組協力教學法（team assisted instruction）又稱小組加速教學法（team accelerated instruction, TAI），由 Slavin 所發展，主要為三至六年級數學而設計。

二、團體探究的涵義

㈠定義

團體探究亦有譯為「分組探索教學」是一種認同民主歷程的教學模式，主要在師生共同安排下，為著手一項學習——通常是為研究一個問題或從事一項研究，組合成一個小組，所進行的學習活動歷程（林生傳，2000）。它是由 R. Sharan 等人於一九七六年所發展（黃政傑等，1996）。

㈡基本概念

Joyce、Weil 和 Calhoun（2000）認為團體探究有兩個基本概念：一個是探究（inquiry），另一個是知識；而按照 Herbert Thelen 的分析另加一個概念是學習群體的動力學（引自林生傳，2000）。底下分別扼要說明：

1.探究

探究是由遭遇問題刺激而來，團體探究的核心即建立在它探究的公式。探究有幾個要素要注意：第一個是事件，即待解決的問題；第二是學生必須要加入自我的知覺及對個人意義的渴望；第三是學生是雙重角色，既是參與者又是觀察者；第四是學生必須有方法的知覺，以便能蒐集資料；最後他們必須發展反省的能力、綜合能力。

2.知識

知識是從探究中產生的，知識的發展也是探究的目標。H. Thelen 認為知識是從過去的經驗到現在的經驗抽取出來的普遍性和原則性的應用。

3.學習群體（組）的動力學

團體動力的運用助長並促進探究活動的進行。

(三)團體探究的哲學基礎

團體探究模式一般認為應推 H. Thelen 為其創始者（林生傳，2000），然而此模式卻也受到許多位教育家思想之影響。首先是John Dewey，他一直致力於民主過程的發展模式而努力，他在一九一〇年寫了一本書叫《我們如何思考》（*How We Think*），從那時起，很多理論家幾乎都在處理反省思考的問題。另一位是 Heard Kilpatrick，他擔任進步主義發言人多年，強調社會問題的解決；另一位是 George Counts，他不只強調問題解決，還強調社會的重建；Boyd Bode 強調問題解決的一般智性過程；H. Hulfish 和 Philip G. Smith認為智力發展和社會技巧是解不開的關聯，且知識是建構的，由個人和群體不斷再建構，知識有個人的品質，而且對個人來說是獨特的。然而個人的知識品質會產生某些困難，尤其是當他要用來

建構一個社會。他們兩人主張個別差異是民主的力量，而且他們之間的協商是一種主要的民主活動。民主的社會需要我們一起工作以了解彼此的世界，並且發展一種使我們彼此學習的分享的觀點（Joyce, 2000: 42-43）。

　　大部分的教學模式假定：一個人特別地做了某些事，是為了可以從學習者獲得特定的結果。相反地，強調民主過程的模式，則假定任何教育經驗的結果，是完全無法預測的。民主模式的創用者推想，如果他們成功地說服學生去探究他們經驗的本質，以及發展他們自己看待世界的方式，那麼要去預測他們會如何面對所處的情境，以及如何解決特殊的困難將是不可能的。因此如果學生只被教導進行學科上的訓練，他們並不會因此能正確地知道別人對該學科的了解（Joyce, 2000: 43-44）。

㈣團體探究的主要特性

　　團體探究法的班級結構有四個主要特性（簡妙娟，1997）：

　　1. 將班級編組成「小組」，讓各小組選擇不同的研究主題。
　　2. 使用多樣的學習作業，由學生分工合作探究，增進小組的互相依賴。
　　3. 學生間進行主動、多項的溝通，除蒐集資料外，學習尚需運用主動學習技巧，與小組同學進行計畫、協調、評鑑、分析統整活動。
　　4. 教師必須採用間接的班級領導方式，與小組溝通並輔導小組探究。

㈤團體探究的歷程

一般團體探究教學之歷程遵循下列六個階段（林生傳，2000；Joyce et al., 2000）：

第一階段：學生遇到困難的情境。

第二階段：學生探試有關此情境的反應。

第三階段：學生確定研究的主題並予明白確定分析組織。

第四階段：獨立與小組研究。

第五階段：學生分析進步與過程。

第六階段：重新學習或再探索的行動。

㈥團體探究的實施步驟

在計畫和執行團體探究時，學生係透過六個連續不斷的階段而進步（Sharan et al., 1990; Slavin, 1990; Evans, 1991），這六個階段是：

階段一：確認要探究的主題並將學生組成研究小組。

階段二：計畫小組探究。

階段三：進行探究。

階段四：準備成果報告。

階段五：成果報告發表。

階段六：評估。

至於團體探究活動實際進行的步驟，林生傳（2000）提出下列十一個步驟，頗為完備：

1.提示問題或設計問題情境。

2.學生志願或指定分組。

3.學生確定問題所在。

4.學生把問題予以結構化、明確化（確定問題、目標、假設）。

5.學生以分工合作方式蒐集資料。

6.嘗試提出不同見解。

7.組內討論批判協調。

8.提出小組報告。

9.（向全班）綜合報告。

10.討論與批判。

11.結論與檢討。

另外，對於教師在運用團體探究教學的主要工作應包括（林生傳，2000：176-177）：

1.評量在前面學習中學生已完成分組探索學習的情形和經驗。

2.決定在本科目中實施團體探究教學的可能性。

3.指明在完成探索研究所需要必備的技巧。

4.對學生複習基本的程序。

5.協助學生認明所欲進行探討的問題。

6.輔導學生組成小組並選出召集人。

7.在進行小組研究計畫時提供資源。

8.判斷學生小組擬定的研究計畫是否可行。

9.視導學生小組活動進行情形並提供必要的協助。

10.對召集人提供必要協助俾能順利主持小組活動。

11.適時中止小組活動。

12.協助如何從發現中去獲得結論。

*13.*輔助如何發表其結論。

*14.*輔導如何評估其努力的成果。

參、相關文獻研究結果

　　國內有關團體探究的研究尚不多見，以「團體探究」為關鍵字查詢只有出現三篇，以「分組探索學習」查詢，僅得一篇。其他有提到團體探究名稱者，大部分都是附屬於合作學習裡面，僅對於團體探究方法的介紹（曹永松，2002；楊宏衍、段曉林，1998；陳麗如，2002；李珀，1999；簡妙娟，1997；于富雲，2001），僅有四篇針對「團體探究」為設計之教學法的研究：一是將團體探究用在國小自然科實驗課程上的運用（吳淑雯，1996）；一是將團體探究用在高中化學的行動研究（楊宏衍等，1998）；一是將小組探究教學結合網路學習成效探討（鄭夙珍，2002）；另有一篇是融合分組探索教學與合作教學，用於工藝科的群性化教學（李堅萍，1993）。

　　至於國外部分數量較多，以 "group investigation" 為關鍵字查詢，約有二百五十七篇，除了部分也是在合作學習中，對於團體探究法之介紹外，另有針對團體探究在課程上或不同科目上運用之討論，其主要研究為：有利用團體探究意圖建構一個以探究為基礎的課程（Huhtala, 1994）；有將團體探究用在科目的教學上如社會科（Sullivan, 1996; Shachar & Sharan, 1994）等。

　　以下將有關研究作扼要說明：

　　吳淑雯（1996）以國小六年級自然科實驗課程，實施團體探究教學發現：(1)在課程學習方面：小朋友對於自然科的學習興趣較高，上課情形較為活潑主動；(2)在資料蒐集方面：大多數小朋友已能主

動蒐集資料，並且利用圖書館等來尋找資料；(3)在研究態度上更為綿密；(4)他們相信自己的觀察和記錄，增添自信心；(5)培養群性的特質，分組活動中最能看出此表現。

鄭夙珍（2002）將團體探究法結合網路學習，發現學生上網互動的情形：(1)超越班級限制；(2)以鼓勵、俏皮話、幽默拉進彼此距離；(3)回答問題及發表想法的文章呈現深入觀點；(4)合作澄清主題及解決問題。

楊宏衍等（1998）利用行動研究對高中化學課程以合作學習方式（團體探究）重新加以規畫，進行探究後發現，因能顧及真實面，且教師於活動過程中會適時地把握機會，鼓勵同學投入參與，師生對施行此活動的信心大幅提升，使此種學習之課程內容被調整得最為圓融，讓教學活動變得令人期待及喜悅。當學生放寬心情輕鬆討論，自然增加積極互動機會即主動學習意願，則學習易由個人建構方式轉而形成社會建構局面，使學生對學科內容和學習過程能有深層體悟。

李堅萍（1993）融合分組探索教學與合作教學，用於工藝科的群性化教學，結果認為有四點價值：(1)社會化與群性化；(2)減輕教師負擔；(3)情義目標特別彰顯；(4)學習效果大幅提升。

Huhtala（1994）在一篇〈團體探究：建構一個以探究為基礎的課程〉（Group Investigation: Structuring an Inquiry-Based Curriculum）中發現，不論學生或老師對於學習單元都呈現積極正向的反應。

Sharan 等人（1990）指出在過去十二年來，他們作過一系列十個大規模的實驗，這些研究涵蓋很多班級和很多學生，各種年級和各種科目都有，大部分的這些研究需要好幾年的訓練和評估，為了避免短期的教室實驗效應，而無法應用到實際教室情境。其主要發

現：

1. 學業成就方面：有五個研究評估學生的成就，不論在初等或中等層級學生，來自團體探究班級的學生展現較高的學業成就水準。

2. 社會互動方面：資料上也清楚顯示，整班的教學（whole-class teaching）毫無疑問地會激發學生之間較多競爭，而團體探究法會提升合作，以及同學間的相互協助；甚至也會提升來自不同種族間的同學之互動。

3. 團體探究和教師方面：研究當中有一篇報告有關教師對於在三所中等學校實施教學改變方案的深度分析上，教師表現出參與該計畫更積極的態度，他們也知覺到他們的學校有較積極的氣氛，對於控制學生的行為也表現出較少的需求。

　　以上有關團體探究的研究大都發現此種教學策略具有正向的效果，而在相關科目的教學設計中，雖無有關兩性主題的設計，但其設計方式或步驟，亦可提供本文兩性教育主題之設計參考。

肆、兩性教育議題在團體探究上的設計

一、兩性教育的相關議題

　　本研究擬以研究者所授科目——「心理衛生」——為設計範圍，在課程中，有一個章節是談兩性教育，兩性（異性）的課題一直是青少年學生所感興趣的。尤其在與異性互動的過程中，容易會有一些困惑，而且對於正確兩性的交往，傳統說教式的課堂講課並不符

合學生真正之需求，也提不起他們的興趣。因此，擬嘗試以「團體探究」方式進行教學之設計，來提高學生的興趣，並能將兩性教育落實在學生經驗中。

　　根據研究者的教學經驗，學生對於兩性的議題，較感興趣的主題有：愛和喜歡的區別、如何認識異性、如何邀約異性、如何拒絕異性、對戀愛的憧憬、異性的心理在想什麼等。至於一般性教育或兩性教育的教科書裡出現的主題有：兩性生理、性別角色、青少年常見的性問題、預防性侵害、約會與戀愛、訂婚後雙方應做的準備、感情挫折的處理與預防、網路戀情、異性交往、擇偶與婚姻、認識兩性特質、性騷擾的迷思、正確的愛情觀、性傳染病等（行政院衛生署，1991，2000；教育部，1998；鄭玄藏，1996；吳武典，1990），都可提供作為兩性議題之探究，其中又以行政院衛生署（1991）編印之「高中職性教育手冊——金色年華」的內容與結構頗適合學生的需求。其內容為：

（一）**性別與角色認同**

　　*1.*性別偏見與刻板印象。

　　*2.*多元文化中的兩性相處。

（二）**交友**

　　*1.*追求異性與拒絕——情愛大告白。

　　*2.*專情對博愛——愛的誓約。

（三）**約會**

　　*1.*親密關係的發展——性行為。

　　*2.*自我保護——(1)如何避免非預期的性行為——禁忌的遊戲；(2)性侵害、約會強暴——滴血的心；(3)性傳染病——小心性傳病就在你身邊。

3. 失戀——分手的藝術。

4. 早婚早育——小媽媽的天空。

㈣避孕方法與墮胎

1. 如何避免懷孕——安全的性行為。

2. 男用保險套——男歡女愛有一套。

3. 口服避孕藥——操之在你的避孕良方。

4. 月經週期法（安全期）。

5. 性交中斷法與墮胎——不安全的選擇。

二、團體探究教學設計

㈠教師準備工作

1. 教師事先準備一些有關兩性教育、性教育、兩性關係的書籍或資料，置於班級教室內提供同學參考。

2. 教師事先準備一些探究的次主題（subtopic），如：最受異性歡迎的特質（魅力排行榜）、最不喜歡的異性特質、最不喜歡異性拒絕的方式、愛和喜歡有何區別、如何和異性相處、不喜歡的異性窮追不捨如何拒絕、如何避免婚前性行為、如何預防約會強暴、如何預防失戀、失戀後如何處理等等，可在學生思索有關次主題時，萬一學生所想的主題太少，或想不出來時提供參考。

3. 教師事先設計小組工作單，工作單的設計應包括：組別、研究主題名稱、團體成員名單、團體分配之角色，以及本小組想要發現什麼？我們有哪些資源？⋯⋯等之問題。表 5-1 為參考 Sharan 等人（1990）所設計之工作單格式：

▶▶ 表 5-1　團體探究工作單

兩性教育　第＿＿＿＿＿組　工作單
研究主題：   團體成員： ＿＿＿＿＿，＿＿＿＿＿，＿＿＿＿＿，＿＿＿＿＿，＿＿＿＿＿ 角色： 協調者：＿＿＿＿＿　　資料蒐集者：＿＿＿＿＿，＿＿＿＿＿ 指導委員會：＿＿＿＿＿　　記錄：＿＿＿＿＿ 我們想要發現什麼？   我們有哪些資源？

（資料來源：參考 Sharan et al., 1990, p.18）

(二)實施步驟

　　Sharan 等人（1990）為了使團體探究方法在合作學習中廣為運用，曾設計有完整的模式，而 Sullivan（1996）亦將團體探究應用在社會科的教學設計上，底下參考兩者的模式，嘗試以兩性教育為主題的團體探究方式，設計如下：

階段一：確認探究主題及組成學生研究小組

步驟一： 教師先對全班呈現一個較寬廣的主題。如，教師可以問：「我們可以從兩性教育的主題學到什麼？」此時學生通常不會表現他們知道什麼，而是他們想要知道什麼。某些學生可能會問一些和他們過去經驗有關的問題，對於他們不同的反應，老師應該加以鼓勵，應避免強加自己的建議或拒絕學生的問題。

步驟二： 學生準備選擇不同探究的次主題。老師將一般的主題寫在黑板上，並且問學生：既然你們已經看了這個主題的參考資料，為了要更加了解，你認為你想要探究什麼？選擇次主題是在合作計畫下完成，此時每個學生會提出他想探究的問題，老師在黑板寫下每一個建議。萬一每個團體成員都要表達想探究的想法而太吵雜，則可以請每個團體的記錄者寫下成員的想法。次主題的產生可透過簡短的班級討論，或在每個學生的問題寫下後，再到較大團體比較、淘汰，最後列出所有參與者共同有興趣之次主題。

步驟三： 老師為了使所有的建議對全班都有用，可以寫在黑板或者複製它們然後給每位學生一份複本。

步驟四： 澄清每個學生的問題並將其分類，這些分類就可以歸入各組的主題中，當作各分組探究的次主題。

步驟五： 次主題的標題列出來讓全班知道，每個學生加入團體，探究他自己選擇的次主題。原則上每個次主題不超過六人，如果某次主題選擇的人數太多，教師可以把它分成兩個或更多的團體，來探究該主題。

階段二：小組探究計畫

此階段主要在分配成員探究的主題，可以單獨或配對。另外成員必須決定如何進行及執行探究所需要的資料。此時老師須在各團體中巡迴，萬一有小組需要協助。透過討論團體成員交換觀點，澄清他們要探究的是什麼。

階段三：執行探究

此階段每個成員執行階段二所決定的任務，團體成員從不同來源蒐集資料、分析和評估，最後達成結論。此階段每節課開始教師必須先查看各組當天的計畫，然後各組各自展開探究。有的組會去圖書館，有的則去訪問某些人，有的看相關的影片或閱讀相關文章。

階段四：準備成果報告

本階段主要在從資料蒐集和澄清，轉換到探究重要結果的呈現。這是一個組織的階段，把各部分蒐集的資料統整成一個整體。發表方式可以用展示、模型、學習中心、書面報告、戲劇表演、導覽或幻燈片等。

階段五：成果報告發表

此階段所有的小組回到班級集合成一個社會單元（social unit），發表的順序張貼出來，每個小組知道發表的時間，每一小組報告完，其他的成員要針對看到的和聽到的作回應。

階段六：評估

團體探究使學生持續接受同儕和教師的評鑑，團體成員在他們工作的每個階段之討論，以及與老師的定期會談，使得學生對於他們主題之掌握狀況，始終是看得見的，老師對於學生的學業和社交活動，透過經常的對談與觀察，形成可信賴的評斷。

(三)注意事項

Sharan 等人（1990）對於團體探究提出幾點應注意的事項，說明如下：

1. 主題應該是多方面的，以便觸發學生各種反應。
2. 透過討論團體成員交換他們探究範圍的觀點，澄清他們所要調查的正確意義是什麼。
3. 在評價團體探究學習方面，教師應評價學生對於他們研究主題的高階思考。

另外為了使合作學習能成功，Sullivan（1996）認為教師和學生需要創造「短期目標」，以免學生失去方向和動機。對於目標的設定可以使用 Slavin 建議的方式，即教師引導學生採取能在三個星期時間限制內完成的六個短期目標，這六個目標是：(1)主動提問（active questioning）；(2)使用多重資源（using multiple resources）；(3)內容組織的知覺（awareness of text organization）；(4)應用研究階段（applying stages of research）；(5)參與對話（participating in a dialogue）；(6)呈現發現（presenting findings）。每個目標包含一些合作形式，作為團體成員在他們選定的次主題研究問題中彼此協助。

伍、結論

團體探究法是合作學習模式中的一種，此種方式的設計主要是透過學習群體（組）的動力，經由探究而獲得知識。目的在提供學生多樣化且廣泛的學習經驗，尤其是對於學生高層次思考能力（如

綜合、分析、評價能力）的培養，藉由提出問題、蒐集多種資源、分享資訊，以及討論與發現等過程，學生除獲得知識與養成探究習慣外，也培養民主與合作的精神。國外許多研究（Sharan et al., 1990; Leming, 1985; Huhtala, 1994）均發現其與傳統的班級教學，在許多方面得到較佳的效果。

至於為何團體探究這麼有效，Sharan 等人（1990）認為有幾點原因：首先，它比其他教學方法——甚至比其他的合作學習方法，讓學生儘量地自主地控制自己的學習，學生可以有機會去探究真正引發他們興趣的主題。其次，他們提出的問題也反應出他們不同的興趣、背景、價值，以及能力。這些差異是團體最大的資產，確保他們擁有一個寬廣的知識和技巧的範圍。第三，團體探究方法提供一個卓越的結構作為駕馭這些技巧和學生的個人興趣，當作豐碩的學術探究。

本文首先介紹團體探究的理念，先就合作學習的內涵和類型以及「團體探究法」的定義、基本概念、哲學基礎、主要特性、實施方式等作扼要介紹；其次探討國內外有關團體探究的研究概況；最後針對兩性教育實施團體探究一般的作法，作嘗試性的設計，目的是希望用不同的教學法在各種主題上，使教室之教學更多樣化，相信還有很多的議題適合用團體探究法來進行，此有待教育界的實務工作者多多的參與與嘗試。

參考書目

于富雲（2001）。從理論基礎探究合作教學的教學效益。教育資料與研究，*38*，22-28。

行政院衛生署（2000）。高中職性教育手冊——金色年華（試刊版）。行政院衛生署編印。

行政院衛生署（1991）。高中性教育教材教師手冊。行政院衛生署編印。

李珀（1999）。合作思考教學，輯於「國立高雄師範大學」主辦之「新世紀中小學課程改革與教學創新研討會」論文集，335-362。

李堅萍（1993）。「群性化教學」在工藝教學上的應用與價值。中學工藝教育，26（6），9-14。

林生傳（2000）。新教學理論與策略。台北：五南。

林達森（2002）。合作學習在九年一貫課程的應用。教育研究資訊，10（2），87-103。

吳武典（1990）。心理衛生。台北：空大。

吳淑雯（1996）。「合作學習法——團體探究」。竹市文教，14，48-55。

曹永松（2002）。合作學習教學方法與策略之探究。取自：http://www.knsh.com.tw/edupaper/paper05.asp

教育部（1998）。教育部高中兩性平等教育整合實驗計畫成果彙編。教育部編印。

陳麗如（2002）。合作學習實施成效之探究。教育社會學通訊，38，取自：http://mail.nhu.edu.tw/~edusoc/art/ar38.htm

黃政傑、林佩璇（1996）。合作學習。台北：五南。

楊宏衍、段曉林（1998）。高中化學教學的行動研究：合作學習。科學教育（彰化師大），8，87-100。

鄭玄藏主編（1996）。性教育手冊。教育部編印。

鄭夙珍（2002）。小組探究教學結合網路學習成效初探。教育資

與研究，*45*，111-136。

簡妙娟（1997）。合作學習在公民科教學之運用。*嘉市文教*，*49*，49-57。

Evans, R. (1991). *Group investigation.* (ERIC Document, EJ 450781)

Huhtala, J. (1994). *Group investigation: Structuring an inquiry-Based Curriculum.* (ERIC Document, ED 373050)

Jacobs, G. M. (1991). *Foundations of cooperative learning.* (ERIC Document, ED 351363)

Joyce, B., Weil, M. & Calhoun, E. (2000). *Models of teaching* (6th ed.). MA: Allyn & Bacon.

Ngeow, K. Y. (1998). *Enhancing student thinking through collaborative learning.* (ERIC Document, ED 422586)

Leming, J. S. (1985). *Cooperative Learning in social studies education: What does the research say?* (ERIC Document, ED 264162)

Shachar, H. & Sharan. (1994). Talking, Relating, and Achieving: Effects of Cooperative Learning and Whole-Class Instruction. *Cognition & Instruction, 12*(4), 313-354.

Sharan, Y. & Sharan, S. (1990). Group Investigation Expands Cooperative Learning. *Educational Leadership, 47*(4), 17-21.

Slavin, R. E. (1990). *Cooperative learning: Theory, research, and practice.* N.J.: Prentice Hall, Englewood Cliffs.

Sullivan, J. (1996). Implemeting a Cooperative Learning Research Model: How it Applies to Social Studies Unit. *Social Studies, 87*(5), 210-216.

多元智能觀的團體探究教學──
以小學五年級鄉土教學為例

壹、前言

　　西元一九〇五年，法國心理學家 A. Binet 與 T. Simon 發展出第一個智力測驗以來，語言、數學、空間推理三項智能內涵主宰世界智力觀將近百年，對人類的思想與教育有著廣大深遠的影響。這樣的現象直到一九八三年，才由美國哈佛大學教授 Gardner 提出多元智能理論打開新局。Gardner 指出，傳統的智力理論無法反應出現實生活中，人類智能活動的多樣性與複雜性，依照此種智力理論所編製的智力測驗，充其量只能預測學生在校的學習成就；然而，由於這種測驗工具只測量語文理解與邏輯能力，故實難以詮釋人類智能的完整面貌（莊安祺，1998；Gardner, 1983）。

　　Gardner（1983）還認為，界定某人是聰明或者愚笨，實在沒有太大的意義，重要的是指出這個人到底在哪些方面顯得很聰明。換句話說，智能不是用智力測驗的分數所能完整表達的，也不是集中在某一特定領域，其實人類的智能包含了諸多能力。Gardner 根據其研究結果提出了一套包含多種智能類型的智力理論，稱之為多元智能（multiple intelligences, MI）理論。

　　在教育上，我們希望每個學生都能夠得到適才適性的發展，也期盼每個學生在接受學校教育的同時能獲得社會群性的培養。在群性化的教學策略中，團體探究教學法的團體民主與互助合作精神是相當適合學校教育實施群性化教學的作法。重視每個人獨特智能光譜的多元智能教學觀，若與培養團隊合作的團體探究教學策略融合，相信能發展出一套兼具個別化與群性化的教學模式。

貳、多元智能理論

一、智能的定義

一九八三年，Gardner 提出多元智能理論時，他把智能界定為「個體在某種文化價值標準下，解決重要問題或創造產品的能力」（Gardner, 1983）。

十餘年後，Gardner將智能的定義修定為「智能是一種處理訊息的身心潛能（biopsychological potential），這種潛能在某種文化環境下，會被引發去解決問題或創造該文化重視的作品」。他進一步指出：智能是處理訊息的身心潛能，是肉眼看不到也無法計量的，這種潛能會不會展現出來，要看個體所在的社會文化重視的價值觀、文化提供的機會，個體在成長過程中受到家人、教師或其他重要關係人的影響下所做的選擇和決定（李心瑩，2000；Gardner, 1999）。

易言之，所謂的智能可以說是生物提供基本條件，文化提供發展機會。個人智能的展現，不僅需要具備這些身心發展潛能，也需要有機會把他這些潛能發展出來，才能表現在解決問題和創造生產上（Gardner, 1999）。

二、多元智能的標準

Gardner根據其研究結果，歸納出八種多元智能的檢驗標準（Gardner, 1999）：

(一)源自生物科學的標準

1. 根據腦部不同位置受傷時，個體某些能力喪失、其他能力則不受影響，所分離出來的潛能。
2. 追溯生物進化史，探討人類和其他動物共有的能力，發現某些在其他物種身上獨立運作的能力，在人類身上卻是結合為一體的。

(二)源自邏輯分析的標準

3. 在被歸類出來的單項智能上，可以明確辨識出一套核心作業系統，且其運作歷程與內涵不同於其他類型的智能。
4. 人類以符號系統使其能力在文化情境實現，從此一脈絡可以反向推演出符應某種符號系統的智能類型。

(三)源自發展心理學的標準

5. 以個體在某些領域，從生手到專家的發展歷程去推斷，為了達到社會文化認同的某項標準，個體所需具備的某項能力。
6. 從白痴專家（idiot savants）、天才兒童（prodigies）之類特殊人物的表現，探討哪些是可以分離出來的人類智能。

(四)源自傳統心理學的標準

7. 透過觀察實驗心理學的研究，可發現完成某一任務的能力，不一定可用來完成其他任務，據此推斷出不能轉換的獨特智能。
8. 檢視心理量學的統計分析結果，若是某兩種能力彼此之間相

關很低，即有可能是互不相同的智能。

三、多元智能的類別

根據前述的八項審核標準，Gardner建構的多元智能理論包含八種智能（李新民，2000；Gardner, 1983, 1993, 1999）：

(一)語文智能

語文智能（linguistic intelligence）指有效運用口語和文字作為思考工具與解決問題的能力。語文智能強的人喜歡文史類的課程，也喜愛閱讀、討論及寫作。因此，作家、記者、律師、演說家等是具備此種智能的代表人物。

(二)邏輯—數學智能

邏輯—數學智能（logical-mathematical intelligence）指能夠有效運用數字和科學邏輯作為思考工具與解決問題的能力。具備邏輯—數學智能優勢的人容易接受可被測量、分析、比較、歸類的事物，喜歡提出問題並執行實驗以尋求答案，擅長尋找事物的規律及邏輯順序。數學家、科學家、統計學家、會計人員等是此種智能的代表人物。

(三)視覺—空間智能

視覺—空間智能（spatial intelligence）指善於運用視覺心像及空間圖像，作為思考工具與解決問題的能力。此種智能強的人對線條、色彩、形狀、空間以及它們之間的關係感覺敏銳，擅長在腦海中構思視覺圖像，喜歡玩迷宮、拼圖之類的視覺遊戲。室內設計師、建

築師、攝影師、畫家等是視覺─空間智能的代表人物。

㈣肢體─動覺智能

肢體─動覺智能（bodily-kinesthetic intelligence）指善於以肢體語言與身體感覺，來作為思考工具與解決問題的能力。此項智能較強者其平衡、協調、敏捷、彈性能力優於常人，擅長運用肢體語言表達想法，喜歡動手縫紉、編織、雕刻或木工、運動、舞蹈等。運動員、演員、舞者、雕塑家、機械師等是肢體─動覺智能的代表人物。

㈤音樂智能

音樂智能（musical intelligence）是指善於利用音樂、節奏、旋律來思考與解決問題的能力。具備音樂智能優勢的人對節奏、音調、旋律或音色較敏感，喜愛歌唱、演奏或欣賞音樂。作曲家、演奏家、歌手、指揮家、調琴師等是特別需要音樂智能的職業。

㈥人際智能

人際智能（interpersonal intelligence）是指善於透過人際互動所得的回饋訊息來思考與解決問題的能力。人際關係智能強的人善於察言觀色，能敏銳覺察他人的情緒及感覺，對於需要聯繫、協調、組織、領導的工作較能勝任愉快，較不喜歡個人單打獨鬥性質的工作。公關人員、推銷員、政治人物、心理輔導人員等是此種智能代表人物。

㈦內省智能

　　內省智能（intrapersonal intelligence）是指以深入探討自我的認知與情緒，以思考與解決問題的能力。具備內省智能優勢的人有自知之明，能清楚意識到自己的內在情緒、意向、動機、欲望，並自律自主。心理輔導員、神職工作、哲學家等職業適合內省智能強的人擔任。

㈧自然觀察智能

　　自然觀察智能（natruralist intelligence）是指透過觀察、欣賞大自然事物來思考以及解決問題的能力。這種智能強的人對植物、動物、礦物、天文等有高度的興趣、敏銳的觀察與辨認的能力。農夫、自然生態保育者、天文學家、生物學家、地質學家等是幾種自然觀察智能強的代表人物。

　　在此，以表 6-1 來更進一步有系統地闡述多元智能的內涵。

四、多元智能的特色

　　以下進一步說明 Gardner 與相關學者對多元智能理論的重要觀點。

㈠智能來自遺傳和環境的共同組合

　　有別於先天論、環境論，Gardner認為智能並非完全由先天遺傳決定，亦不是全賴後天環境養成；他主張智能是來自一個人的遺傳血統和在某個特殊文化與時代背景下生活情況的共同組合（Gardner, 1999）。因此，生物學上的先天條件搭配後天文化價值環境的影響，

可造就一個人的智能發展。

➡ 表 6-1　多元智能內涵表

智能領域	神經系統	定義	行為特徵	合適的學習切入點	適合的生涯規畫
語文	左顳葉、額葉	有效運用口語和文字思考以解決問題的能力	喜好閱讀、寫作、說故事、文字遊戲，對語文、歷史課興趣濃厚	聽說讀寫、辯論、質疑	詩人、作家、記者、演說家、政治家、主持人
邏輯—數學	左頂葉、右半腦	有效運用數字和推理思考以解決問題的能力	喜歡尋找事物的規律及邏輯順序，擅長提出假設並執行實驗以尋求答案，喜愛數學、理化課程	測量、比較、歸類、分析事物	數學家、統計學、電腦工程師、股市分析師、會計師
視覺—空間	右半腦後區	有效運用視覺心像和空間圖像思考以解決問題的能力	熱愛閱讀圖表、地圖，喜愛畫圖，製作 3D 立體作品	視覺遊戲、構思設計空間矩陣、製圖	建築師、藝術家、室內裝潢、電腦立體動畫設計師
肢體—動覺	小腦、基底神經節、運動皮質	有效運用肢體動作產生事物表達思想的能力	平衡、協調、彈性能力優於常人，喜歡動手縫紉、編織、雕刻，並擅長於運用整個身體來表達想法	身體律動、運動競賽遊戲、動作劇	演員、運動家、舞者、機械師、技工
音樂	右顳葉	敏於察覺節奏、音調、音色、旋律，擅長利用音樂思考的能力	喜歡唱歌、捕捉聲音、回憶旋律、抓節奏	歌曲創作、音樂欣賞、樂器演奏	歌者、演奏家、音樂創作家

（下頁續）

（續上頁）

➡️ 表 6-1　多元智能內涵表

智能領域	神經系統	定義	行為特徵	合適的學習切入點	適合的生涯規畫
人際	額葉、顳葉（特別是右半球）、邊緣系統	有效運用人際互動所得回饋訊息來思考的能力	擅長察言觀色，愛好領導、組織、溝通協調以及自我行銷	分享、訪談、人際互動	推銷員、心理輔導人員、公關
內省	額葉、頂葉邊緣系統	善於深入探索自我，能夠自知、自律的能力	有自知之明，能夠為自己生活作有系統的規畫	自我反思、自主學習	心理輔導員、神職、哲學家
自然觀察	尚未完全確定	善於觀察、分辨、認識大自然的能力	擅長區辨自然萬物，喜歡觀察欣賞自然景象	自然情境、觀察調查研究	自然生態保育、農夫、獸醫、生物學家、地質學家、天文學家

（資料來源：改編自 Armstrong, 1994; Nicholson-Nelson, 1998; Gardner, 1999）

(二)每個人都具備多元智能

多元智能論是對人類認知豐富性的說明，八種智能代表八種不同的潛能，每個人都具有這些智能的潛能。少數人在大多數智能項目上都具有高水準的能力（資賦優異者），另外有少數人在大多數的智能項目上只有初級的能力，甚至有所障礙（智能低弱者），而大多數人則是處在這兩極端之間（陳瓊森，民 86；Gardner, 1993；Gardner, 1999）。大多數人都有此八項智能，只是每個人的優勢智

能和弱勢智能各不相同。

㈢每個人有各自獨特的智能組合

Gardner認為雖然每個人出生時都具有多元智能，但世界上沒有兩個人有完全相同的智能組合。各種智能以複雜的方式互相配合，影響個人的表現。當我們面對如何開展人力資源的挑戰時，應該考慮如何利用每個人天賦的獨特性（Gardner, 1999）。

㈣智能本身不具道德性

一般人們傾向於將智能與道德作相關聯想，但 Gardner 強調，任何一種智能無所謂道德不道德；智能本身是絕對無道德性的，任何一種智能都可以被用來作建設性或破壞性的用途。我們必須努力滋養智能和道德雙方，而且盡可能將二者結合成美德（Gardner, 1999）。

㈤多數人的智能都可以達到一般水準以上

八種智能代表八種潛能，這些潛能可經由個體參與相關的活動而被激發出來，而且大多數人的潛能可以發展到適當的水準（李平，1997；Armstrong, 1994）。假使某個人的智能沒有令人滿意的表現，未必就是天資不好的緣故。舉凡家人期望不高、未遇良師指導、缺乏學習資源或環境……等等都可能是原因。因此，在教育上若能建構一個高度支持的學習環境，提供多元的學習切入點，則每個人在此八項智能的發展，將能達到足以勝任一般生活問題解決的水準以上（Armstrong, 1994）。換言之，人類的智能可以透過適當的學習活動而被激發出來。

㈥智能通常以複雜的統合方式運作

在人類的生活中，沒有任何一項智能是可獨立存在的，除了極少數的專家或者是腦部受傷的人之外，智能總是相互作用的（Brualdi, 1996）。多元智能理論對於智能的分門別類，只是為了描述與解釋方便；在日常生活中，幾乎沒有一項活動是單一智能足以獨力完成的，通常是個體統合各項智能運作的結果。

㈦智能有多元的表現方式

我們若想對每一項智能設定聰明或者笨拙的標準都是困難的，因為每種智能都有千變萬化的呈現方式（Armstrong, 1994）。舉例而言，一個國語注音考試不及格的學生，卻可能在扮演布袋戲時滔滔不絕；一個體操技術練不好的學生，卻可能是網球運動的高手。人類的智能展現方式往往是豐富多元的，而不是傳統智力測驗結果所描述的那般片斷且狹隘。

㈧早期學習經驗影響個體智能發展

個體的智能發展是順利或者遲緩，取決於所謂的明朗化經驗和麻痺化經驗。明朗化經驗就是有利於智能發展的情境因素所形成的生活經驗，例如受到家庭高度肯定、遇到良師指導、身處一個高度支持的學習環境等正面的經驗。反之，所謂的麻痺化經驗，則是不利智能發展的生活經驗，例如家人強烈反對自己的興趣、遭到他人羞辱、知音難尋的苦悶等之類的負面經驗（Walters & Gardner, 1986）。因此，在智能發展過程中，家長或老師所提供的經驗與刺激，將大大影響其未來的智能發展。

參、多元智能的教學觀

　　Gardner 的多元智能理論提供了一個很好的參考架構，使老師據以規畫並檢視自己的課程設計、教學方法以及評量方式等，是否足以協助學生多元適性的學習與發展。以下從多元智能的觀點說明教學可以如何進行：

一、應用的觀點

　　將多元智能理論應用到教學實務時，Kagan 和 Kagan（1998）提出了三種觀點，一是教師的教學方式配合學生的學習方式；二是擴展學生所有的智能；三是讚賞學生的智能。

　　為使教師的教學方式配合學生的學習方式，教師需要採取多元的教學策略以配合學生的優勢智能，如果教師能因應課程特色與學生特性使用更多不同的教學策略，將更能吸引學生之注意，並提高其學習動機。

　　在擴展學生所有的智能方面，教師不僅要協助學生能運用自己的優勢智能來進行學習活動，也要注意強化學生弱勢的智能。

　　在讚賞學生智能方面，可教導學生藉由多元智能來了解自己和他人，並由此產生對多元事物及他人的尊重。

　　多元智能理論提供了人類智能的架構，讓教師可以根據此一架構設計教學活動，使教學設計裡包含各種不同智能類型的活動。如果教師能夠做到配合、擴展、讚賞學生的多元智能，實施多元適性的教學；那麼，多元智能的理論可說是具體可行的理念，並且豐富了教師的教學觀點。

二、應用的方式

落實多元智能理論於課程與教學中，Lazear（1999）認為有三種可行的應用方式：

(一)以智能本身為教學主題

為多元智能實施教學，每一項智能可以當作是一門科目來教學，例如：舞蹈、音樂、運動，也可設計為正式的學習科目，這些科目的教學必須配合各個智能的發展階段加以設計。

(二)以智能為手段去獲取知識

利用多元智能實施教學，每一項智能都可以當作是獲得知識的方法，例如運用音樂來學習數學概念、利用肢體運動來學習語文等。

(三)後設智能

即研討智能本身，教導學生認識他們自己的智能，如何了解自己的智能、如何強化它們，以及如何使用它們來進行學習。

Lazear（1999）亦提出多元智能教學階段的四階段模式，包括：喚醒、擴展、教學、遷移。

(一)喚醒階段

每一項智能都有五種感官知覺，一般說來，一個特定的智能可以用視覺、聽覺、味覺、觸覺、嗅覺、言語及與他人溝通等感官知覺基礎，以及直覺、後設認知與心靈頓悟等內在感覺，經由適當的

活動與練習來引發。我們可以運用各種技術和方法來喚醒智能。

㈡擴展階段

　　智能如同各項能力，一旦被引發之後，還要學習智能是如何運作的，為什麼會有這些能力和技巧，以及如何了解與運用不同的智能形式，這樣才可使智能獲得強化。

㈢教學階段

　　運用多元的方法來進行教學，以促進學生具有較多的智能；教師也必須幫助學生依其智能來達成學習的目的。

㈣遷移階段

　　讓學生運用多元智能解決日常生活中所遭遇的問題，以增進他們處理問題的能力（王為國，2000）。

三、強化教學的途徑

　　教師在教學中最常使用的教學方法，通常與這位教師的優勢智能有關，因此，教師有必要能夠察覺自己慣用的教學方式。教師可以使用教師反省量表（如表6-2），檢視自己的教學設計。若沒有作教學計畫，亦可於事後回憶教學活動並將其寫下，再針對教學活動加以分析，在教學過程中，有哪些智能是被教師忽略的、或者有哪些智能使用得太多了（王為國，2000；Nicholson-Nelson, 1998）。

　　反省的結果，若教學活動出現智能運用不均衡的現象時，教師可以使用以下幾種方式來改善：

▶▶ 表 6-2　教師反省量表

教師反省量表

　　本量表是用來幫助您反省自己的個人教學風格,在完成量表之後,請您再一次地檢視哪一項智能是您的優勢領域?

　　哪一項智能對您而言是一種挑戰?並請注意您教學時所忽視的智能。最後,您可和同事一起討論您的智能,並且問對方他對您的優勢智能有何看法。

*1.*我認為自己在哪些智能領域較強?
*2.*在教學時,我最常使用哪一種智能?
*3.*我最喜歡學生擁有哪一項智能?
*4.*在我的教學中,我最常忽略哪些智能領域?
*5.*我要怎樣才能將這些被忽視的智能領域,運用到我的教學活動?

(引自 Nicholson-Nelson, 1998)

㈠協同教學

　　發現其他教師的優勢智能,和這些教師一起設計教學活動,並運用這些教師的優勢智能來進行協同教學。

㈡專家協助

　　請周遭的專家來協助教學,例如:圖書館員、電腦老師或資源專家。

(三)校外人士

請校外的社區人士或專業人士，支援教師的教學。

(四)補強自己的弱勢智能

利用在職進修的時間，加強自己的弱勢智能。

(五)向同事求助

向具有相關專長的同事請求協助。

四、單一智能教學策略

若從各項智能的角度來看，亦有分屬於八種智能的單一智能教學策略，這些策略可以在課堂上靈活運用以啟發學生的多元智能，亦可作為團體探究中，各小組發表研究成果的途徑，故在此一一列舉主要幾種作法（李新民，2000）。

(一)語文智能教學策略

1.寫日記

寫日記是一種很好的語文智能教學策略，寫日記方式可以很自由，也可以很具體指定主題，例如，假如你是高山的原住民，請透過想像來記錄你的生活點滴（Armstrong, 1994）。

2.寫報告

把觀察、訪談，以及蒐集到的資料，加以組織用文字書寫敘述（Armstrong, 1994）。

3.出版

例如全班通力合作，提出作文、書法、閱讀心得等等作品加以編輯出版班刊（Armstrong, 1994）。

4.講故事

把一些教師所欲傳達的基本概念、或預期達成的教學目的，納入虛構的或根據真人實事改編的故事中，並設計學生聽講指南，要求學生仔細聆聽之後寫出摘要，以及更進一步的個人聯想或心得（Gardner, 1991; Campbell, Campbell & Dickinson, 1996）。基本上，故事只要老師願意創新，並全心全意努力傳達某個重要概念，通常都會讓學生留下深刻的印象，這也是引起學生學習動機的一個方式（Armstrong, 1994; Campbell et al., 1996）。

5.全語教學（whole language）

把教室布置得像報社或雜誌社，學生浸淫在文字世界中，不但有許多生活化的閱讀素材，像是報紙、雜誌、故事書乃至電腦網路文章，還可以製作屬於自己的故事書，並聆聽、欣賞、評析別人寫的故事（Gardner, 1991）。

6.腦力激盪

實施腦力激盪的基本原則是要學生盡情地秀出任何有關的想法與他人分享，且其他人不准制止或批評，把這些想法寫在黑板上，然後大家一起來找出所有想法的規律，或者討論如何分門別類。這種教學策略不但可給予有獨特想法的學生有表現的空間，也讓語言智能較弱的學生有觀摩學習的機會（Campbell et al., 1996）。

㈡邏輯─數學智能教學策略

1.分類與分等

老師提出某種具體的歸類衍生架構，如「氣候對文化的影響」：老師可以教學生由於中國南方及北方氣候不相同→影響植物的生長→影響農業及所見的景色→繼而影響米、麵文化，諸如此類來訓練學生邏輯思考（Campbell et al., 1996）。

2.邏輯推理

教師可教導學生利用歸納分析、推理、預測之類的技巧來分析真實或虛構的案例，例如卡通「柯南」，就是一個很好取材的資源（Campbell et al., 1996）。

3.蘇格拉底式問答

教師對學生發問時，為了增強學生批判思維的能力，可以利用蘇格拉底反詰法，就學生思考有缺陷處，呈現需要學生提出合理解釋來自我辯護的問題（Campbell et al., 1996）。

4.邏輯量化入門

透過能夠激發學生運用數量或者演繹推理的方式來讓學生接觸概念（Gardner, 1993）。例如，觀察候選得票數來理解選舉的意義，接觸有關民主政治的正反論點以理解民主政治。

5.科學思維

效法邏輯實證論的精神，要學生對每一項宣稱提出證據來解釋其假定的合理性。例如，假定臭氧層破洞會影響氣候，則學生可就此蒐集歷年來南極洲上臭氧層破洞的面積以及歷年來全球氣溫數據，兩相對照，探討是否臭氧層破洞愈大，地球氣溫愈高（Campbell et al., 1996）。

6. 創意應用題

在傳統的數學應用題中加入創意的故事般情節，例如，總統在台北時間凌晨兩點打電話給洛杉磯駐美辦事處負責人，他們談了兩個小時，請問他們結束對話時，洛杉磯的時間是幾點？（Armstrong, 1994; Campbell et al., 1996）。

(三)視覺─空間智能教學策略

1. 彩色記號

教學時可用不同顏色的粉筆書寫，教學生利用不同顏色來標示、註記等（Armstrong, 1994）。

2. 圖畫比喻

教學生用視覺圖像來表達想法，例如，告訴學生將身體中的主要器官用動物來表徵，請學生用畫圖來表示這些器官分別是什麼動物（Armstrong, 1994）。

3. 影像立體呈現

讓學生閉上眼睛「看」剛剛讀過、學過的東西，之後畫下他們的記憶心像，並談談他們的體驗（Armstrong, 1994; Campbell et al., 1996）。

4. 紙牌遊戲

將各種學習問題納入「大富翁」的遊戲中，學生沿著一定的路徑前進，他可能遇到「運氣」，要抽一張卡片，這張卡片可能出現這樣的問題「說出哥白尼的大發現，答對了前進五步，答錯了退後五步」（Campbell et al., 1996）。諸如此類的設計，來進行一種紙上的「闖關評量」以教導學生重要事實，或增強學生學習效果。

5.概念構圖

讓學生用圖形架構來表達他所理解的觀念間邏輯關係，或者前後順序。概念以圓圈或者方塊表徵，順序關係以箭頭表示。圓圈或方塊中置放概念的名詞，箭頭旁用動詞表示其間的關聯（Campbell et al., 1996）。

㈣肢體─動覺智能教學策略

1.實際操作

讓學生有機會透過操作實物或動手製作來學習。例如，自然科實驗或者美勞科的模型製作等（Armstrong, 1994）。

2.模擬動作

讓學生觀摩一個虛構的影集或實際參觀一個現實的場景，然後要求學生回來後模擬演出（Gardner, 1991; Campbell et al., 1996）。例如，讓學生看一段美國法院控方檢察官和辯方律師在陪審團面前呈現肢體語言的影集，然後要學生模擬動作，並解釋那個動作想要表達的想法。

3.肢體語言回答問題

這個方法是讓學生用他們的身體作為表達的媒介，來對學習刺激作出反應。例如，請學生舉一個手指表示聽懂一點點，舉五個手指表示全懂了（Armstrong, 1994）。

4.創意戲劇

教師先講一個包括各種角色的故事，然後學生回想這個教事的每一個角色，每一個場景。接著學生討論如何用「演」的方式來表達他們的理解，開始分配角色，設計佈景，布置舞台，決定後台串場的、檢場的人員。最後真的演出來，並在演完後進行評論（Campbell et al., 1996）。

5.冒險學習

布置各種虛擬的危險情境，要學生對危險情境作出適切的身體反應。就像打野外的叢林戰鬥遊戲般，這些情境充滿不可預測的懸疑感，讓學生深刻地學會危機處理能力（Campbell et al., 1996）。

㈤音樂智能教學策略

1.聆聽音樂

放一段有歷史背景，或有涵養的音樂讓學生聆聽。例如，放一段迪士尼卡通《風中奇緣》的主題曲，讓學生聆聽歌詞的款款訴情、節奏的隨波蕩漾、旋律的起承轉合等等。然後，讓學生說出這歌曲所要表達的理念想法為何（Armstrong, 1994）。

2.配樂

在教授一課課文之後，讓學生針對課文的發展，選擇背景音樂來襯托出文章中的起起伏伏以及高潮迭起（Armstrong, 1994）。

3.伴奏心情音樂

為某個課程或單元選擇合適的曲調，配合伴奏。例如當某一學生代表朗讀一段課文時，配合課文朗讀的段落，用直笛吹奏合適的曲目（Armstrong, 1994; Campbell et al., 1996）。

4.團體詩歌朗誦

把課文改編成可朗誦的詩篇或者短文，然後讓學生以口頭上的音調、節奏、音量變化來加以表達。可能的話還可以發展出像四聲合唱的分工模式，有高亢的朗誦者，有獨自的吟唱者，甚至有全體靜默的小節（Campbell et al., 1996）。

5. 歌曲創作

讓學生將自己所學的概念、事實透過歌曲、饒舌歌或吟唱的創作來表達他們的理解（Armstrong, 1994）。

㈥人際智能教學策略

1. 社區服務

讓學生加入社區志工團隊，或是社區服務性組織，學習如何去幫助需要幫助的人，或是為社區整體居民福祉提出貢獻（Campbell et al., 1996）。

2. 小組合作

讓不同智能專長學生組成一個小組，給小組一項任務，讓小組成員決定如何運用每個成員的強智能來多元化呈現學習任務的完工（Armstrong, 1994; Campbell et al., 1996）。

3. 同伴分享

「找離你最近的人，向他訴說你的心得，並傾聽他的反應」。這是最簡單的配對學習策略（Armstrong, 1994）。

4. 圓桌會議

效法古代騎士圓桌武士的會議，讓學生在此種學習氣氛中去感受團體的榮譽感，發展出班級價值觀與規範，並形成眾人的共同心理契約（Campbell et al., 1996）。

5. 城鄉交流

讓城市學生拜訪偏遠地區學校學生，認識他們的環境，學習他們的語言，並來一場城鄉少年高峰會議、討論如何締盟結拜為姐妹學校（Campbell et al., 1996）。

㈦內省智能教學策略

1. 自我監控

透過反省自己怎樣學習的,學生開始了解自己的學習風格、學習態度、學習策略,進而能夠更高一層去學習自我管理學習(Campbell et al., 1996)。

2. 情緒調整

創造讓學生歡笑、感覺憤怒、表達強烈意見、對某個議題激動或感覺到其他各種情緒的時刻,可以讓學生認知各種情緒,並練習如何適當地表達情緒、如何捕捉他人的情緒、如何從他人的情緒反應中認識自己等等(Campbell et al., 1996)。

3. 靜思期

提供一個肅靜的情境,例如靜坐,可提供學生自我反省的好環境,但是偶爾放一些背景「思考」音樂,也有助於學生的自我反省(Armstrong, 1994)。

4. 自我挑戰

提供學生設定自我目標的機會,讓學生學習抉擇何種奮鬥目標會有點難又不會太難,以便他的學習生活能夠充滿不斷破紀錄的快感(Campbell et al., 1996)。

5. 優點轟炸

像優點轟炸這類循環讚美的輔導技術可用來提升學生的心理狀態,但是對於不喜歡在眾人面前接受讚美的學生而言,教師可透過作業批改時提供的文字性回饋訊息,或在個別晤談時積極傾聽,來提升學生的自尊與自信(Campbell et al., 1996)。

㈧自然觀察智能教學策略

1. 運用工具觀察

提供學生一個觀察文件，文件上呈現的可能是比較對照表，也可能是分類架構圖，然後要求學生利用這個觀察工具，精密記錄他所觀察到的結果於圖表中，並不斷地反覆觀察、前後對照，相互比較，以確定圖表中各種陳述語句擺在最適當的位置（郭俊賢、陳淑惠譯，2000）。

2. 改善觀察力

要求學生對一些習以為常的事物作近距離的觀察，讓學生面對一極為平常場景時，故意聚焦於背景等等方式，來提升學生觀察的警覺性並強化其視覺經驗（郭俊賢、陳淑惠譯，1999）。

3. 多感官的品味

讓學生運用視覺、嗅覺、味覺、聽覺、觸覺等多重感官來品味某一具體事物，然後要求學生用不同的形容詞來表達他們的感受（郭俊賢、陳淑惠譯，2000）。

4. 知覺體驗

透過矇住眼睛，練習用其他感官「看」世界的遊戲，像是「矇眼散步」兩兩一對，一個矇眼，一個領路，可以提升學生知覺的敏銳度（郭俊賢、陳淑惠譯，2000）。

5. 預測活動

讓學生練習根據較早觀察結果來預測後續的發展，例如，在自然課的豆子發芽單元裡，根據前兩週測量的結果，預測第三週以後的豆芽成長情形（郭俊賢、陳淑惠譯，2000）。

五、多元評量

在教學評量方面，Gardner（1991, 1993）一向推崇以在情境脈絡中進行的評量替代紙筆測驗，以及整合教學與評量的教學方案，如光譜方案。但 Gardner 本人並未提出具體可行的多元智能評量架構。

多元智能的評量通常要把握住以下幾個要點：其一，拋棄孤立、瞬間的評量方式，改成隨著學生成長進行長期而連續的評量；其二，擺脫過往那種一個分數代表一切學習成果的武斷，改成強調多角度的評量模式；其三，評量的重點功能之一在於適時提供回饋訊息給教師和學生，以便教師修正教學策略，學生調整學習方式；其四，為了糾正以往學生到考試時才臨時抱佛腳的學習方式，應多加注重那些以前被認為「非正式」的評量；其五，在多元智能教學中，學生不但是學習的主體，能主動參與學習，也是一個主動的自我評量者（李新民，2000；Armstrong, 1994; Campbell et al., 1996）。

多管道的學習評量主張既然人們會以不同方式來學習、記憶、表徵和運用知識，就不應以單一的評量方式來評估學生的成就。而是提供多元的選項，來讓學生展現特定學習成果，以發揮所長，以歷史課程為例，應用多元智能的多管道評量方式如下（江文慈，1998）：

㈠語文智能

運用說故事來解釋歷史事件；評論歷史事件寫成報告。

㈡邏輯─數學智能

　　歸納歷史人物的貢獻；分析整個歷史故事事件的因果關係，並對未來作預測。

㈢視覺─空間智能

　　用漫畫方式來呈現歷史事件；從建築物、服飾來說明當時的歷史背景。

㈣肢體─動覺智能

　　用戲劇演出當時的歷史事件；設計遊戲來了解歷史事件。

㈤音樂智能

　　連結現代歌曲與歷史事件；創作環繞歷史事件的歌曲或節奏歌。

㈥人際智能

　　分組討論某歷史人物的行為；分組進行團體研究。

㈦內省智能

　　反省個人目前的生活與當時的差異；想想如果自己是某個歷史人物，會怎麼做？

㈧自然觀察智能

　　參觀展出歷史事件古文物的歷史館，體驗觀察這些文化製品的意義。

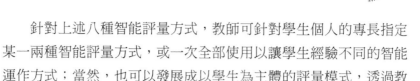

　　針對上述八種智能評量方式，教師可針對學生個人的專長指定某一兩種智能評量方式，或一次全部使用以讓學生經驗不同的智能運作方式；當然，也可以發展成以學生為主體的評量模式，透過教師和學生簽約的方式，由學生選擇最能代表他學習成果的評量方式（Armstrong, 1994）。

肆、團體探究教學

　　團體探究是一種認同民主歷程的群性化教學模式，這種教學模式企圖將民主歷程的方式與動力關係應用到教學之中，作為從事學術性探討的依據。團體探究教學始自於一種刺激情境，對於這種刺激情境每個人所知覺的、所認知的、所感覺的各有不同。因此，使每個人平等地參與一個問題的探討與研究，各就其所見盡其所能去奉獻、去參與，不僅使問題容易獲得解決，而且使自由平等的理念能夠落實，民主社會能夠漸趨理想（林生傳，2000）。

一、基本原理

　　團體探究教學是在師生共同安排下，為著手一項學習——通常是為研究一個問題或從事一項研究，組合成一個小組，所進行的學習活動歷程。學生透過團體過程，確定目標，安排步驟，蒐集資料，分析發現，獲得結論，然得提供全體分享（Joyce, Weil & Calhoun, 2000）。

　　按照 Thelen 的分析，支持團體探究的教學策略，有三個基本的概念：(1)探究（inquiry）；(2)知識（knowledge）；(3)學習群體／小組的動力學（dynamics）。探究是對問題的挑戰，窮根究底，以了

解其真象,並思索解決的途徑;知識是探究活動的結果;團體動力的運用則助長並促進探究活動的進行(林生傳,2000;Thelen, 1960)。

總之,團體探究的教學基本原理,誠如 Kenneth Rehage 說,在於一個基本的理念;學習目標的完成需要小組內個人的合作行動,合作行動是否能發生預期的效果,需要參與個人的技巧,這些技巧只能在團體探究學習中真正歷鍊才能獲得(引自林生傳,2000)。

二、教學設計

一般探索教學之歷程遵循下列六個階段(林生傳,2000;Joyce et al., 2000)。

第一階段:學生遇到困擾的情境。

第二階段:學生探試有關此情境的反應。

第三階段:學生確定研究的主題並予明白確定、分析、組織。

第四階段:獨立與小組研究。

第五階段:學生分析進步與過程。

第六階段:重新學習或再探索的行動。

團體探究活動實際進行的步驟如下(林生傳,2000):

1. 提示問題或設計問題情境。

2. 學生自願或指定分組。

3. 學生確定問題所在。

4. 學生把問題予以結構化、明確化(確定問題、目標、假設)。

5. 學生以分工合作方式蒐集資料。

6. 嘗試提出不同見解。

7. 組內討論階段：學生遇到困擾的情境。

8. 提小組報告。

9.（向全班）綜合報告。

10. 討論與批判。

11. 結論與檢討。

教師在運用團體探究教學時，主要工作包括（林生傳，2000）：

1. 評量在前面學習中學生已完成團體探究學習的情形和經驗。

2. 決定在本科目中實施團體探究教學的可能性。

3. 指明在完成探索研究所需要必備的技巧。

4. 對學生複習基本的程序。

5. 協助學生認明所欲進行探討的問題。

6. 輔導學生組成小組並選出召集人。

7. 在進行小組研究計畫時提供資源。

8. 判斷學生小組擬訂的研究計畫是否可行。

9. 視導學生小活動進行情形並提供必要的協助。

10. 對召集人提供必要協助俾能順利主持小組活動。

11. 適時中止小組活動。

12. 協助如何從發現中去獲得結論。

13. 輔助如何發表其結論。

14. 輔導如何評估其努力的成果。

三、預期效果

一個團體探究的教學活動，可能收到的預期效果，有下列諸項（林生傳，2000；Joyce et al., 2000）：對所有參與者均能予以尊重；

接納於多元主義（pluralism）；每位學習者被視為自立獨立的學習者；奉獻於合作的研究工作（commiment to social inquiry）；人際之間維持溫暖的關係；能夠形成建構的知識觀點（constructionist view of knowledge）；有效的團體過程與管理；並能遵守探討活動的紀律。

伍、多元智能團體探究教學設計實例

　　研究者於國小從事五年級鄉土教學，服務的學校與台東縣太麻里鄉大溪國小為城鄉交流的姐妹校。為迎接姐妹校互訪學習活動，讓來訪之大溪國小學生更加認識我們的家鄉——高雄市，擬以「認識高雄港」為主題，在研究者任教班級實施「多元智能團體探究教學」，讓學生經由團體探究進行討論、調查、蒐集資料、整合共識等學習活動，以多樣的管道認識高雄港，並將研究結果以多元智能的豐富面貌呈現給來訪者，以促進姐妹校之間的互相了解與學習。

　　多元智能理論提醒我們，在每人普遍具備八種智能、但各人各有其優勢智能的前提之下，我們的課程架構可設計提供學生多元的學習切入點，讓學生以其優勢智能選擇學習管道，進入核心學習內容，以造成因材施教的適性教育理想。研究者希望這個鄉土教學單元能讓學生嘗試以他們擅長或感興趣的智能作為學習管道。因此，打破團體探究教學異質性分組的傳統作法，改以多元智能的各個智能領域作為分組依據，包括：語文組、邏輯—數學組、視覺—空間組、肢體—動覺組、音樂組、人際組、自然觀察組等七種智能組別；至於內省智能的學習則放在本教學單元結束前，統一進行學習心得回顧與分享時實施。學生依其興趣或專長選擇探究組別，在團體探

究活動結束後，以該組代表的智能領域作為表現管道，向全班呈現
該組研究成果。

　　如此，兼具個別化與群性化考量的「多元智能團體探究教學」
於焉產生，茲將此教學設計說明如後：

一、教學單元

1. 教學單元：國小鄉土教學「認識高雄港」。

2. 教學目標

(1)了解高雄港的地理位置、物理環境和人文特質。

(2)學習以優勢智能管道介紹高雄港。

(3)專注小組合作學習活動並發展互助的人際關係。

3. 教學對象：國小五年級學生。

4. 設計者：方朝郁。

5. 教學者：方朝郁、實習老師。

二、教學前準備

1. 教學會議

(1)與班級導師、科任老師、實習老師開會，介紹本單元教學
設計理念與作法。

(2)請導師提供該班學生個人優勢智能屬性，並加以記錄，作
為學生分組參考。

(3)請實習老師擔任助教，協助教學過程與觀察記錄。

(4)再與助教開一次會，確認教學步驟與注意事項。

2. 準備教材

(1)高雄港的大幅相片、畫作、文章、歌曲錄音帶等。

(2)學習成果呈現方式簽約單。

(3)學生多元智能教室觀察記錄。

三、教學步驟

【第一節】

*1.*引起動機（2 分鐘）

(1)播放音樂《快樂啊！港都》

(2)教師提問：「這首歌，讓你想到什麼地方？」「高雄有港口嗎？」「她叫什麼名字？」

*2.*提示問題情境（2 分鐘）

(1)「下個月我們的姐妹校台東縣大溪國小來訪，為了讓他們更加認識我們的家鄉——高雄，我們班負責介紹高雄港。」

(2)「我們可以用什麼方式介紹高雄港呢？」

（配合學生的回答，展示高雄港的相片、畫作、文章……等。）

*3.*介紹多元智能（6 分鐘）

(1)簡單舉例說明一般人具備八項智能。

(2)「想一想，你最感興趣或你的專長是哪個智能領域？」

*4.*確認學習任務與方法（5 分鐘）

(1)學習任務：「認識高雄港」。

(2)學習方法：團體探究（簡要說明其理念與學習歷程）。

*5.*進行分組（5 分鐘）

(1)教師宣布指定分組的名單（事前依學生興趣與專長的智能領域分組，七個智能領域共七組，每組四至六人）。

(2)各組選出召集人。

*6.*討論研究計畫（10 分鐘）

(1)學習成果呈現的方式。

(2)蒐集資料的方法。

(3)分派各人工作。

7.教師審核計畫（10 分鐘）

　　各組召集人報告學習成果呈現簽約單及小組研究計畫，教師提供可行性評估與行動建議。

※第 6 項與第 7 項的時間應統合運用，教師與助教在小組討論時隨機進行輔導或協助，先完成學習成果簽約單的小組在審核後可以繼續後續動作。

【第二節】

8.團體探究（40 分鐘）

(1)學生進行獨立與小組研究，教師視導小組活動進行，隨時提供必要的協助。

(2)各組彙整研究結果，決定研究結果的表現方式。

【第三節】

9.成果發表（35 分鐘，每組 5 分鐘）

(1)各組以多元智能表現途徑，向全班提出成果發表。

(2)教師給予各組立即口頭回饋。

10.討論與回饋

(1)學生回顧本單元自己的學習收穫和心得。

(2)教師總結回饋並指導學生為城鄉交流互訪活動時的成果發表作準備。

(3)宣布作業：個人學習心得報告，於下週鄉土教學課以前交給老師，用書面以外方式報告者自行利用下課時間到辦公室找老師（教師給予每個學生個別記錄與回饋）。

四、教學注意事項

㈠分組應有合理考量的彈性

　　教學前與級任、科任老師的教學會議中,將學生依其興趣或專長作各種智能的分組,或許不是每種智能的人數都足以能自成一組,或許有的智能組別人數較多,這時教學者可彈性處理。這個教學模式的精神在於幫助學生以其優勢智能管道學習,並非一定要強將全班分成七種智能組別;此外,小組人數可有其彈性,教學者可將人數過多的一組分成兩組,人數不足的組可考慮將原編在他組,但也具備此組織能優勢的學生改編到這一組來。

㈡採用多元評量方式

　　教學者與助教在實施本教學模式的過程中,應採用多元評量方式,包括:課堂觀察記錄、學生的作品檔案、學生學習心得報告、教師針對小組成果發表的總結性評量……等。

㈢協助團體歷程

　　傳統的教學歷程中,學生是在班級中接受集體式的教學並作各自的學業努力,他們長年來已習慣這種學習方式。本教學模式讓學生透過小團體歷程學習,教學者應在教學進行過程中隨機提醒團體的民主程序與合作精神,並在學生進行團體探究的歷程中適時給予輔導與協助。

㈣鼓勵嘗試多元智能

　　在本教學設計單元中，分組乃依據各個學生的優勢智能；然而，這只是這個單元的作法。在同一科目的其他單元設計，若能考慮應用多元智能作為學生的學習管道，則分組的依據應作多元衡量，例如採開發潛能的理念，讓每個學生經歷各種智能學習管道，亦不失為多元智能觀的一種教學應用。

陸、結論

　　在教育改革風起雲湧的時代潮流下，教育相關人員無不亟思各項改革之道。回歸教育現場可知，教學創新提供學生更多元適性的學習管道以發展其潛能，應是實現教育改革理想的必經之路。融合重視個人智能特性的多元智能教學觀，與培養團隊合作的團體探究教學，所形成的多元智能團體探究教學模式，相信能作為兼具個別化與群性化，值得教育工作者參考的教學模式。

➤ 附表　鄉土教學學習成果呈現方式簽約單（改編自葉嘉青，2002）

為了表現本組對高雄港的了解，我們想：

_____寫一份報告

_____作一個文圖並茂的小品文

_____編輯一個剪貼薄

_____做一個模型

_____作一個生動的示範表演

（下頁續）

（續上頁）

_____創作一個小組計畫

_____作一個統計圖表

_____發展一個互動式電腦顯示

_____堅持寫一篇日記

_____記錄採訪

_____設計一張海報

_____根據一個題目，創作一個唱片分類目錄

_____作一場演講

_____發展一個模擬

_____創作一系列素描／圖表

_____作一個實驗

_____參加一個辯論或討論

_____畫一張思維圖

_____製作一個錄影帶

_____發展一個音樂劇

_____創作一首圍繞著某個主題的饒舌歌或歌曲

_____教給其他人

_____設計一個舞蹈

_____發展一個上面沒有列出的項目：_____

簡單描述我們打算做什麼：

學生簽名：_____　日期：_____

教師簽名：_____　日期：_____

參考書目

王為國（2000）。國民小學應用多元智能理論的歷程分析與評估之研究。國立政治大學教育研究所碩士論文。未出版。

江文慈（1998）。一個新評量理念的探討：多元智力取向的評量。[online]. Available:http//www.nioerar.edu.tw/new/no4/4-1.htm#1-2

李心瑩（譯）（2000）。再建多元智慧。台北：遠流。

李平譯（1997）。經營多元智慧。台北：遠流。

李新民（2000）。學校本位經營推動多元智慧教學的研究—以高雄市獅甲國小為例。國立高雄師範大學教育研究所博士論文。未出版。

林生傳（2000）。新教學理論與策略。台北：五南。

郭俊賢、陳淑惠（譯）（2000）。多元智慧的教與學。台北：遠流。

陳瓊森譯（1997）。MI-開啟多元智能新世紀。台北：信誼。

莊安祺譯（1998）。7 種 IQ。台北：時報。

葉嘉青譯（2002）。因材施教：多元智慧之光譜計畫的經驗。台北：心理。

Armstrong, T. (1994). *Multiple interlligences in classroom.* Alexandria, VA: Association for Supervision and Curriculum Development.

Bruadi, A. C. (1998). *Multiple intelligences: Gardner's theory.* (Eric No. ED410226)

Campbell, L., Campbell, B., & Dickinson, D. (1996). *Teaching and learning through multiple intelligences.* Boston: Allyn & Bacon.

Gardner, H. (1983). *Frame of mind:The theory of multiple intelligences.*

New York: Basic Books.

Gardner, H. (1991). *The unschooled mind: How children think and how schools should teach.* New York: Basic Books.

Gardner, H. (1993). *Multiple intelligences: The theory in practice.* New York: Basic Books.

Gardner, H. (1999). *Intellgences reframed: Multiple intelligences for the 21ˢᵗ century.* New York: Basic Books.

Joyce, B., Weil, M. & Calhoun, E. (2000). *Models of teaching* (6ᵗʰ ed.). Needham Heights, MA: Allyn & Bacon.

Kagan, S. & Kagan, M. (1998). *Multiple intellgences: The complete MI Book.* CA: Cooperative Learning Kagan.

Lazear, D. (1999). *Eight ways of teaching (3ʳᵈ ed).* IRI/Skylight.

Nicholson-Nelson, K. (1998). *Developing students' multiple intellgences.* MO: Scholastic Professional Book.

Thelen, H. (1960). *Education and the human quest.* NY: Harper and Row.

Walters, J. & Gardner, H. (1986). The Crystallizing Experience: Discovery of an Intellectual Gift. In R. Sternberg and J. Davidson. (ED.) *Conceptions of Giftedness.* New York: Cambridge University Press.

全語文教學──對高中英文
閱讀教學上的啟示

壹、前言

　　Whole language 有各種不同的中文翻譯，本文採用花蓮師院英語教學系教授曾月紅博士的翻譯——全語文。根據 Harste（1993）的說法，全語文教學源起可溯及於一九六七年 Ken Goodman 所發表的一篇有關閱讀研究的文章〈閱讀：一場心理語言猜謎遊戲〉（Reading：A psycholinguistic guessing game）。在美國，Goodman 及其妻女（Yetta Goodman & Debra Goodman）對全語文的推展不遺餘力，並曾於一九九六年來台主持全語文教學工作坊（workshop）。在推展之下，使用全語文教學的教師及其支持團體不斷增加，於一九八九年成立全語文教學年會，每年聚會一次，藉由發表報告中，互換教學心得。Goodman（1992）曾言：「在美國教育史上，『全語文』是唯一由教師領導的改革運動。」而全語文教學目前除了美國外，也遍及加拿大、澳洲及紐西蘭等地（引自曾月紅，1998a）。

貳、全語文的閱讀教學理論

　　傳統的結構語言學把語文肢解成語音、語意、語法，又在每一項中再次分割成小部分，並且在教學時只教語文中一小部分。而全語文閱讀教學與傳統的英外語閱讀教學到底有何差異？現就分述如下：

一、英外語的閱讀教學

　　傳統的英外語教學老師將語文教學視為一系列知識和技巧的學

習,而學生則是被動的接受者。教學過程中包括主題、大綱、教材、活動內容、作業等,一切的過程都在老師的事先安排計畫之下,按部就班進行,其過程呈現往往出現片片斷斷,強調的是規則、技巧與練習,無法作有系統的規畫。

而在閱讀教學上,一般讀者在閱讀的時候常會運用兩種處理資訊的系統來解讀文章,分別是「由上而下模式」(top-down mode)、「由下而上模式」(bottom-up mode)。「由上而下模式」指的是讀者大部分是利用自己的背景知識來理解文章。「由下而上模式」指的是讀者大部分是依賴語言知識來解讀文意(林清山譯,1997)。

而全語文閱讀教學法的產生,是對 Bottom-up 閱讀模式的一種反彈(任秀媚譯,1996;Goodman, 1992)。它重視從整體(whole)到部分(part)、功用(function)先於形式(form),強調學生在教室參與的是具有整體性(wholeness)、一貫性(integrity),且具有意義的閱讀活動。閱讀教材應配合學生的興趣及需要,並結合其他學科,使學生能藉著閱讀活動培養語文能力且學習各科知識,達到閱讀的真實目的(Froese, 1996)。

二、Goodman 模式的閱讀教學

「若是一個字都不認識的話,怎麼可能會讀?」這是傳統的神話,全語文有關的研究中卻否定這種看法。全語文創始者 Goodman 打破傳統認為閱讀過程是在認字(Dobson & Nucich, 1991)的閱讀觀念。

(一) Goodman 的閱讀差異(reading miscue)研究

Goodman 所作的研究是語文的整體,並且把語文放在情境中研

究。他不但把語文放在情境中來研究，並且研究完整語文（包含語音、語意、語法）運用的情形。

1.意義

miscue是指出聲閱讀時觀察到的反應（OR）和預期反應（ER）不一致的地方，差異可以顯示出讀者為了要理解文章所作的嘗試，同時也透露出讀者不及與所長之處。Goodman認為使用miscue比傳統所說的錯誤或過失來得適合。而且這樣的差異是理解文章過程中的一部分。

2.起始

閱讀差異的研究起始於一九六七年，他提出閱讀是一個心理語言的猜謎遊戲（reading as a psycholinguistic guessing game）。

3.方法

Goodman使用閱讀差異分析的研究方法深入了解兒童閱讀的過程，或兒童認知文字的過程。他讓兒童朗讀故事，若朗讀的字與書中的文字有所不同時，他就寫下兒童朗讀的字，而口語朗讀的字若與書中的字面有差異時，就稱為閱讀差異（Goodman, 1982a）。

4.主要概念

Goodman和他的妻子於一九七二年發展了閱讀差異大全（reading miscue inventory），書中關於全語文的閱讀差異研究重點主要是在閱讀的建構性歷程（constructive process）和閱讀中的猜測兩方面（洪月女譯，1998）。

- 閱讀是建構性歷程：認為每個讀者都是運用自己的價值觀、理解力和經驗來建構自己的意義，而讀同一篇文章的兩個讀者永遠不會建構出相同的意義。而且任何一位讀者的意義都不會與作者的完全一致。

- 閱讀中的猜測:「你看的不等於你讀的!」進行閱讀時用的是大腦,而不是眼睛。且閱讀不僅只是連續性地辨認單字而已,讀者在使用文章中的線索去理解文章時,他們「猜測」文章接下來寫什麼,作預測並下推論;因此有效的閱讀(effective reading)並非精確地辨認單字,而是了解意義。

　　換句話說,Goodman 認為閱讀是一個語文與思考交互作用的過程,有效的閱讀並不是準確的認識及記住各個字和字母,閱讀者也不是按照每個字母或逐字閱讀,閱讀者是選擇少量而有用的線索,用這種線索去猜測印刷文字的意義(Goodman, 1982a)。

　　Goodman 認為傳統閱讀教學對「正確性」的要求是不對的。傳統的觀念認為「正確性」是閱讀的必備條件,但是 Goodman 卻認為一直惦記正確性的讀者往往不是最好的讀者,因為小心的駕駛員往往無法作出有效的決定(曾月紅,2001b)。

㈡全語文的閱讀教學策略

　　歸納國內外學者對全語文的閱讀教學方面的文獻,整理出下列三種閱讀教學策略(曾月紅,2001b;Chen, 2001;Dobson & Nucich, 1991;Goodman, 1982b):

1. 閱讀前策略(pre-reading strategies)
包括背景知識和字彙發展。

- 背景知識的部分:Smith(1985)早期的研究指出,只有在學習者能把新的學習目標和先備知識作連結,學習才可以有意義。先備知識在閱讀過程中占有愈來愈重要的角色。
- 字彙發展部分:有兩個針對字彙發展的觀念。一為,學生周

遭的豐富語言，一般認為把字彙的意義放入高度脈絡化的情境中，而不是當成新單字來學習，對學生而言較容易熟悉這些字彙。二為，關於直接教學，建議對單字教學採用直接教學法，可以觸發或發展背景知識。

2.引導式閱讀策略（guided strategies）

　　包括團體回音閱讀（group echoic reading）、放聲閱讀（reading aloud）、無聲閱讀（silent reading）、組塊故事（chunking stories）、說些話（say something）。

- 團體回音閱讀：老師帶領全班一起大聲讀出內容，這種活動可以減低學生學習焦慮，因為錯誤可以掩蓋而且還能維持基本的理解。

- 放聲閱讀：慎選文章長度約一百五十字左右，加以計時和重複練習將可促進閱讀速率、正確性和理解程度。重複練習閱讀的優點是可以產生自動化，學生能不刻意注意就能認得，而把注意力集中在理解上。

- 無聲閱讀：程度好的學生可以進行無聲閱讀，透過快速無聲閱讀，學生可以進行大量的練習，並沉浸在背景知識與脈絡的字彙中。

- 組塊故事：使學生在容易控制和理解的文章中進行閱讀。提問可以有效用來完成故事的組塊。對於閱讀過程中一切預測將可加強學生一個觀念——重要的不是讀那些字，而是與想法的互動。

- 說些話：讓學生對訊息有反應且把訊息與所知作聯想。當學生閱讀時，有機會討論他們目前了解的，可以讓學生知道別人是如何理解書寫的語言。

3.閱讀後策略（post-reading strategies）

包括憶述故事（retelling the story）、人物日誌（character journal）。

- 憶述故事：可作為學生自行製造故事內容的方法，口頭述說提供學生機會去和其他人協商故事內容。透過此過程，新的訊息可以融入現有的背景知識中。
- 人物日誌：基於角色扮演和戲劇化的理論產生，閱讀故事後，學生可選擇一中心人物並以其觀點寫日誌。學生討論整個情節和分析角色特徵。

參、對高中英語閱讀教學的啟示

Ediger（1998）指出，全語文適合能以理想閱讀速率進行有效且良好閱讀的學生。熟練的讀者不需要刻意去辨識不認識的單字，他們能很快速閱讀，以至於不必費力就能達到自動化閱讀過程。然而，緩慢的讀者則在此方面有困難，也就是他們會在可預測的文章中停下來辨識不熟悉的字。雖然全語文的提倡者澄清過一點：緩慢的學習者將從全語文教學法中穫利，但是對速度慢的閱讀者而言，這可能是個別化的情況。

於是，筆者認為全語文教學在國內英語教學上的應用，國高中生也能適用。因為就閱讀教學上，國高中生的準備度（背景知識）較幼稚園或小學生來得好與豐富，也就是說，若以一本完全為英語書寫閱讀教材為例，在進行全語文閱讀教學時，國高中生由於已擁有基本的字彙及文法能力，所以較能主動建構文章意義，並接受全語文教師的閱讀教學技巧訓練。以下筆者針對全語文對高中英語閱

讀教學的啟示，就教師角色、教材選擇和設計、教學活動及策略、
閱讀的多元評量和教室布置等方面加以說明。

一、對教師角色的啟示

　　傳統而言，中學的外語教學大部分都把焦點放在語言和文法的
正確上，強調的是機械式的語言操作練習，結果往往讓學生失去學
習目標語的興趣和動機，目前大多數的中學教師都已察覺到這樣的
教學方向，同時他們也很清楚中學提供外語課程的任務——聽、說、
讀、寫四項語言技巧的提升（Carrasquillo & Hedley, 1993: 23）。

　　而國內的高中英語教學也不例外，在升學壓力下，學生的讀寫
能力由不斷重複的練習與背誦中獲得提升，而聽與說的能力則只能
在課文朗讀、聽力測驗和活動設計中有機會加以訓練。而且這些學
習活動的進行都是由教師主導，在有限的時間內，學生無法自由建
構文章的意義，而是由教師帶領學生逐字逐段翻譯進行教學，學生
無法進行自我修正、預測內容、自我驗證猜測等的有效能閱讀。

　　既然全語文教學是美國教育史上唯一一次由教師領導的改革活
動，就如同 Goodman 所言，「教師們必須與教育行政當局抗衡，不
再作考試和教科書的奴隸，不再承擔教學以外的雜物，不再被教師
手冊和繁瑣細碎的行為目標牽著鼻子走，不再被動與依賴……」
（任秀媚譯，1996: 53；Goodman, 1992）。中學教師在全語文英語
課程中的角色，應該如上述擺脫傳統角色任務，由主導者轉變為中
介者，設計的學習情境必須能讓學生自動自發去解決問題或尋得知
識，教師不帶領也不控制學生的學習方法、速度或內容。中介者，
介入學生學習愈少愈好，因為教師的經常介入往往會削弱學生的自
信、壓抑其創造力、不准其冒險犯錯等，這就違背了全語文所強調

的原則：在完整的情境中，尊重學習者為一個完整的個體、學習語言的整體。全語文保有對語言、學習者及教師的尊重。

二、對教材選擇的啟示

Carrasquillo 和 Hedley（1993）曾就全語文教室的讀寫教材特色以圖 7-1 來表示。

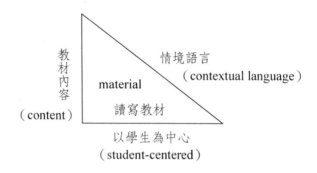

▶ 圖 7-1　全語文的讀寫教材特色

（引自 Carrasquillo & Hedley, 1993, p.9）

全語文的教材選擇必須以教材內容、情境語言和是否是以學生為中心三方面來考量。Goodman 認為由於兒童文學與成人文學的界線不很清楚（曾月紅，2001b），因此在國內高中生於英文課外閱讀教材的選擇上，以筆者在高中英語教學上的經驗，認為除了考量上述三個大方向外，也可遵守以下四個策略（Carrasquillo & Hedley, 1993: 11-13）：

㈠無字圖畫書

無文字的圖畫書可以讓學生成為故事的作者，在以圖片為基礎進行討論後，學生個人或小組可以在插圖旁寫下故事。

㈡可預測性圖書

學生會依據先前所具備的知識，來闡述故事的意義，預測的功能在閱讀理解中扮演著重要的角色。所以不妨選用可預測性的圖書，如《三隻小豬》（*Three Little Pig*）、《醜小鴨》（*The Ugly Duckling*）等，這種可預測的故事對於學生在猜測和記憶情節都較容易，學生可以較容易獲得成就感與信心。且於閱讀結束後還可以憶述故事，建立自我改正的閱讀策略。

㈢大書（big book）的使用

大書基本上是一般圖書的放大版本。大書的使用較適合幼兒的閱讀教學，可以補償他們缺乏的「膝上閱讀經驗」。學生在聆聽這些預測性的故事時，也可看到文字。大書的使用較不適合高中生，但可藉由電腦資訊多媒體的轉化，在語言教室中讓師生同時觀看大幅投影，並閱讀相同的文字內容，當學生看到一些文字有關線索去猜測字意或文意時，預測的閱讀策略也可得到發展。

㈣各類文學作品

全語文教室有各類的文學作品。如英文短文、戲劇、歌曲和小說，都是讓學生練習閱讀的好工具，文學以各種形式出現在學生生活中。讓學生有閱讀文學作品的動機，主要可以藉著提供學生以自

己的角度去理解文學世界的機會，並得到感動，同時可以自由分享閱讀（shared reading），並在團體討論中培養學生文學欣賞的能力。

三、對教學活動的啟示

Harst、Woodward 和 Burke（1984）把全語文的教學設計稱為教學參與活動（engagement），而不是教學活動（activities），認為教學參與活動是只邀請學習者投入實際的語文使用情境，而教學活動則是讓小孩很忙碌。曾月紅（2001b）則具體指出兩種最大的不同在於，前者有理論基礎，而後者則僅著重於活動，而沒有深厚的理論基礎。

一般的教案設計（lesson plan）著重於列出教學活動和其步驟，但若將課程設計理論轉換為實際的教案則是有困難的。把教學和課程理論落實於實際的教學參與活動，這對全語教學者雖是個挑戰，但由於它能結合理論與實務，因此也是全語文教學的一大特色（曾月紅，2001b）。曾月紅（2001b）整理Burke（1996）提出理論轉換為實際的教案設計方法，並畫成下表7-1：

➡ 表7-1　全語文轉換為實際教案設計表

title	
理念 （concept）	
教材和資源 （materials resources）	
步驟 （procedures）	
疑問 （questions）	

（資料來源：曾月紅，2001b: 202）

　　曾月紅（2001b）認為除了 Burke（1996）所提出的三個轉換步驟：理念、教材和資源、實際步驟外，還要加上疑問一項。在具體寫出課程設計的理念後，可以讓教學者在設計過程更清楚地察覺自己的理念是什麼，然後透過列舉教學資源和教材的過程隨時反思、監控決定的歷程，若真遇到問題也可以列舉於疑問欄，這樣的簡單表格可以用於每堂課，也可用於整學期的課程教學。

　　而高中生的英語課外閱讀課程，除了在教材內容的選擇上可以提高難度外，其餘的閱讀教學策略都可以加以應用，以筆者平時的英語閱讀為例子，則可畫出下列表 7-2 作為參考。

四、對評量的啟示

　　一般人都會質疑全語文教學要如何來評量學生，因為全語文沒有單字、文法的評量，更沒有進度和結果，也沒有標準答案和考試。因此要如何來得知學生進步了沒有？學到了什麼？

　　Patricia（1993）提出幾個在全語文教室中，自然評量學生讀寫能力發展的原則：

1. 評量是個從學生進入教室後的第一天到離開為止的不斷進行過程。
2. 評量的目的是要計畫、修正課程，及教學流程，以便使其適合每個學生。
3. 教師是研究者，觀察學生來決定他們的語言策略、興趣、觀念和文化，以及聽說讀寫能力的發展。
4. 兩個最有力的工具：學生實作成果的觀察與分析。
5. 自然評量不是無計畫、隨性的，它是有系統且有文獻支持的。
6. 既然語言的功能繁多，評量也必須因地制宜。

簡單地說，全語文教學的評量異於傳統的評量方式，因為全語文主張學習是語文整體的學習而不是分割，且要尊重學習者的整體表現，所以無法作量化的評量。同時，評量的目的，如上述原則，也不是要將學生分等級，只是要幫助老師在課程與教學上作改進。至於自然評量法要老師對學生實作成果進行觀察與分析，Patricia（1993）也有提供幾個策略：

➡ 表 7-2　高中生全語文英語閱讀教學轉換為實際教案範例

title	*The Old Man and the Sea*
理念 （concept）	1.英語文學習是整體的，學生以自己的先備知識去理解 　文章，並建構屬於自己的意義。 2.聽說讀寫四種技巧可同時發展。 3.必須尊重每個學生的詮釋。 4.錯誤是必然的過程，無須責罵。 5.猜測可促進學生對文章進行理解。
教材和資源 （materials resources）	1.有關海明威的網頁介紹。 2.有關《老人與海》的錄影帶。 3.原著小說。
步驟 （procedures）	1.分組進行。 2.引起動機或喚起舊經驗。 3.進行分組閱讀原文章節，可採多種閱讀方式。 4.猜測作者的背景與創作的動機。 5.摘要故事、憶述故事、人物日誌。 6.錄影帶欣賞與分享。
疑問 （questions）	

㈠蒐集資料

　　觀察者必須先省思下列步驟：觀察與褓姆（kidwatch）、何時開始觀察？怎樣的文字事件應該觀察？所有觀察的形式雷同嗎？每個學生該觀察幾次？多久？

㈡實作分析

　　可用寫下實例、口語閱讀、故事憶述等方式進行。

㈢文件化（documenting）學生的讀寫能力發展

　　可使用日誌、檢核表、等級量表、軼事記錄、口語差異閱讀（miscue）分析、故事憶述記錄等，都可以用表格來進行。

　　這些方法在高中英語閱讀教學中也可使用。總之，觀察學生的發表情形、分享心得與討論等，都是很好的全語文自然評量法。

五、對教室布置的啟示

　　全語文教室沒有一特定的樣子，跟一般的教室沒有明顯的不同。然而，全語文強調語言的學習必須在完整的情境中，學習者受到尊重之下來進行，所以可以觀察到學生與老師都高度參與，而且學生在被鼓勵冒險、容忍錯誤中建構自己的學習經驗，所以氣氛顯得自在（Goodman, 1986）。

　　以全語文的閱讀教學來看，高中的語言教室也可依照Lukasevich（1990）所提出的圖書閱讀中心、寫作出版中心和視聽中心等三個部分：

㈠圖書閱讀中心

在現行的高中教室中，雖礙於學生人數與空間上的限制，仍可以布置出小小圖書閱讀中心，書架上除了可以擺放各式英外語書籍外，字典、英文報、週刊、雜誌等都是很好的閱讀教材，教師可隨時更換內容。圖書中心必須光線明亮。教師也可布置地毯和坐墊營造舒適的讀書環境。

㈡寫作出版中心

在英語閱讀教學過程中，除了與學生討論、分享心得外，也可以讓學生寫人物日誌或摘要故事內容，以便得知學生的閱讀理解能力與狀況。所以在空間容許的範圍內，也可有專區來收放學生閱讀心得作品，除了分享外也是另一種的閱讀觀摩。

㈢視聽中心

高中可直接利用語言教室來進行視聽教學。學生可使用錄音機錄下自己閱讀的內容，透過耳機反覆聆聽複誦，同時可利用多媒體設備，如單槍投影機或實物投影機，將文章內容投影到大型布幕上與同學老師一起進行類似大書的閱讀，鼓勵學生針對文字或圖片對文章內容進行預測。

參考書目

王秋月（2001）。Phonics Instruction v.s. Whole Language Approach in Teaching Reading，菁莪，*13*（1），36-42。

任秀媚（譯）。Goodman, S. Ken. (1992). Teacher as learner: whole language teachers. In Goodman. Ken & Bird, Lois Brides & Goodman, Yetta M. (Eds.). The Whole Language Catalog. Santa Rosa,CA.: American School Publisher. 全語文教學學術研討會手冊。主辦單位：台灣省國民教師研習會，民國八十五年元月八日至九日。

林清山（譯）（1997）。教育心理學——認知取向。台北：遠流。

洪月女（譯）。Goodman, S. Ken. (1967/1998). 談閱讀（*On Reading*）台北：心理。

沈添鉦（1991）。簡介全語言的語文教學，教師之友，*32*（4），27-32。

曾月紅（1998a）。從兩大學派探討全語文教學。教育研究資訊，*6*，76-90。

曾月紅（1998b）。全語文教學研討會。科學發展月刊，*26*（3），320-322。

曾月紅（2001a）。全語文教學的班級經營——以英語文教學為例。教育研究資訊，*9*（2），80-106。

曾月紅（2001b）。兒童英語文教學——全語文觀點。台北：五南。

Burke, C. (1996). *Whole language: Inquiring Voices.* Otario, Canada: Scholastic-TAB publications Ltd.

Chen, Yueh-Miao (2001). The Whole Language Approach to Teaching Reading. *The National Chi Nan University Journal, 5*(1), 161-180.

Carrasquillo, A. & Hedley, C. (1993). *Whole language and the bilingual learner.* Norwood, NJ: Ablex Publishing Co.

Dobson, C. & Nucich, H. (1991). *Whole language: Practical ideas.* Canada, Ontario: Pippin Publishing Limited.

Froese, V. (1996). *Whole language-practice and theory.* Boston, MA: Allyn & Bacon.

Ediger, M. (1998). Which word recognition techniques should be taught? *Reading Improvement, 33*(2), 73-79.

Goodman, S. K. (1982a). *Reading: A psycholinguistic guessing game.* Language: The selected writing of Keeneth S. Goodman. Frederich V. Gollasch (Ed.). Boston: Routledge & Kegan Paul.

Goodman, S. K. (1982b). The Reading Process: Theory and Practice. In Frederich V. Gollasch (Ed.). *Language and literacy: The selected writing of Keeneth S. Goodman.* Vol.1. (p.19-31). Boston: Routledge & Kegan Paul.

Goodman, S. K. (1986). *What's whole in whole language?* Portsmouth, New Hampshire: Heinemann Educational Books.

Goodman, S. K. (1998). *In defense of good teaching: What teachers need to know about the "Reading Wars".* York, Me.: Stenhouse Publishers.

Harst, J., Woodward, V.A., & Burke, C. L. (1984). *Language stories and literacy lesson.* Portsmouth, NH: Heinemann Publishing.

Harste, J. (1993). *Language stories and literacy lesson.* Portsmouth, NH: Heinemann Publishing.

Lukasevich., A. (1990). Organizing Whole Language Classrooms. *Whole language: Practice and theory.* Victor Froese Ed. Prentice-Hall Canada Inc., Scarborough, Ontario.

Patricia, A. A. (1993). Natural Assessment in Whole Language Classroom. In Carrasquillo, A. & Hedley, C. (Ed.). *Whole language and the bilingual learner.* Norwood, NJ: Ablex Publishing Co.

Smith, F. (1985). *Reading without nonsense* (2nd ed.). New York: Teachers College Press.

全語文教學取向——
在寫作教學的應用

壹、前言

　　傳統寫作課堂上的情景是：由教師訂出作文題目，學生則依教師指示，在規定時間內完成限定字數的文章。語文程度好的學生可以文思泉湧，順利完成教師指定的任務；語文程度較差的學生則是皺眉苦思，下筆困難，甚或敷衍了事。久而久之，學生不僅失去寫作興趣也害怕寫作，語文程度自然難以提升；而教師則頻頻搖頭歎息，抱怨作文難教，學生語文程度低落。究其原因，傳統寫作教學著重在知識和技巧的傳授，視學生為被動的接受者，從字組成詞，再組成語、句、段落，最後再連段為篇，每個步驟的教學都是獨立的。這種將作文視為學科的教學方式，讓學生視寫作為正式學科評量，難免心生畏懼，缺乏學習動機。

　　為突破傳統寫作教學的困境，國內有關寫作教學方法的研究遂應運而生，從認知取向寫作教學、過程導向教學、小組討論教學、創造性寫作思考教學，到新近的全語文教學、多元智能作文教學等，皆試圖打破傳統的寫作教學方式，企圖擴展寫作教學的廣度和內涵。而全語文教學的興起，除了學者的推動之外，學校教師對支離破碎、枯燥乏味的語文技巧訓練的教學方式感到厭倦，企圖改變教學現狀，亦是全語文受人注目的原因。

　　不同於傳統的語文教學，全語文教學的觀點是：學習是主動的，孩童在與周遭環境接觸及與他人互動過程中，會主動建構語文知識，而語文能力就在這種自然、真實的溝通中開展（Goodman, 1986）。透過這種方式建構的語文知識是整體而非分割的。因此，根據全語文的觀點，語文的學習應該是有意義的學習，有實際目的的學習，

是互動的。據此，寫作教學也應讓學生在真實、有意義、有目的的情況下統整地學習。讓學生在喜歡學、願意學的前提下，由整體語文的訓練，再到個別語文能力的加強。

　　以全語文為教育哲學觀點所進行的教學改革運動，除在美國掀起一股熱潮外，全語文的理念也逐漸為加拿大、紐西蘭、香港等國家所接受，進行以全語文為基礎的閱讀與寫作的語文教學改革。以國內而言，現在正大力推行九年一貫課程，強調「統整」的概念，而全語文的「全」正代表整體的、全面的語文學習，以此來設計語文的相關學習活動，或許是另一種教學方式的嘗試。因此，本文擬從探討全語文的教學概念開始，進一步探究全語文的寫作教學，並試圖建構全語文取向的寫作教學，作為寫作教學的另一種選擇。

貳、全語文教學概述

　　全語文是什麼？全語文教學與其他傳統教學又有何相異之處？為進一步了解全語文，以下擬針對全語文的內涵、理念和特色敘述於後。

一、何謂全語文

　　whole language 的中文譯名相當分歧，有「完整語文教育」、「整體語文教育」、「整體語言教育」、「全語文教學」、「全語言教學」、「全語教學」等，但不論名稱為何，其本質不會因此而有所不同（李連珠譯，1998）。由於本文內容著重在語文領域的寫作教學探討，因而將 whole language 以「全語文」稱之。

　　欲對「全語文」界定其定義是相當困難的，因為全語文的提倡

者將它視為一種教育哲學觀點，一種關於學生如何學習的信念或態度。強調每個人每天都在從事認知與學習，它是對語文、學習、課程、教學和教師的重新思考，並非一種明確的語文教學法（李連珠譯，1998；De Carlo, 1995）。其主要假定是：透過實際應用的主動建構模式，是思考及支持讀寫學習的最佳模式（Shaw, 1989: 7）。

全語文將語言視為人類在真實、溝通情境下的整體。Goodman（1986）認為全語文的「全」應該是：(1)在完整的語文和社會情境中，尊重學生為一完整個體，學習整體的語文；(2)全語文的學習是在真實語文事件所涵蓋的意義，而非語文本身；(3)鼓勵學生用自己的方式學習、冒險；(4)在全語文的教室中，各種形式的口頭或書面語文表現都是被允許且鼓勵的。由此看來，全語文的「全」指的是完整真實的情境、完整的學習個體，以及完整的語文學習。

全語文的教學是以學生為中心，以建構主義為基礎的語文教育理念。強調教育者應該尊重學生的好奇心、創意、興趣、生活經驗以及自學語文的能力，所以全語文的學習應在自然、真實和完整的語文環境中進行，以溝通和意義作為語文學習的重點，透過使用語文培養學生的聽、說、讀、寫能力。其教材以文學作品和真實生活素材為主，在合作學習中著重交互激盪的意義建構歷程，提供學生兼顧知情意的統整學習經驗（趙涵華，1994；沈添鉦，1996；黃繼仁，1997）。

二、全語文的理論基礎

Froese（1990a）認為教師在從事語文教學過程中，主要受到來自語言學（linguistics）、心理學（psychology）和教育學（pedagogy）影響。因為語言學者提供如何教授學習者理想的語文的解釋和

規則；心理學者提供真實語文學習者如何表現的訊息；教育學者則提供實踐語文教學的方法。全語文的教學理念即根據語言學的學習原理、心理學的研究報告和教育學的研究成果而建立的。

(一)語言學習理論

　　全語文的理念基礎是從閱讀的學習開始。閱讀是一複雜的歷程，需要讀者將語文知識應用到讀物中，辨認讀物的意義、句子和篇章結構，並解讀作者所欲傳達的意念。心理語言學者視閱讀為語言和學習行為間的互動，因而可以提供理解全語文的主要理論基礎。因為孩童的經驗和語言基礎將可以幫助他們理解讀物中的意義。易言之，孩童將帶著本身的語言、知識和經驗進入閱讀的世界，經驗成為發展學習新訊息的工具。語言心理學理論認為，閱讀在我們經驗和語言的範圍內才是有意義的，由明確的字詞和句子構成的文本只提供讀者建構訊息的刺激（Lipa, Harlin & Lonberger, 1991: 9-11）。

　　社會語言學者認為，小孩即學習者，除非他是在一個有意義的社會語言情境中，否則他無法和作者、成人或其他小孩互動。說話、遊戲和角色扮演是社會情境，可以讓小孩練習各種形式的溝通。全語文教師了解朗讀讀物、傾聽等活動，皆可提供同儕在教室的社會情境中作文和分享想法的修正。這些活動都需要學生因不同目的而運用語言，如質疑、評論、解釋或澄清。這些情境也提供語言溝通和閱讀發展的環境（Ibid）。

　　Froese（1990a）則認為，思考和語言是全語文課程中不可分離的基礎。孩童透過和環境中他人的意義交換，學習如何運用語言。語言的學習是社會歷程的一部分，當孩童學習更多的語言，並開始運用時，就會發展出後設語言的覺知（metalinguistic awareness）。

因此，語言學概念足以支持全語文教學的主要原因為：語言是在真實的情境中用來溝通的，在正式教導前，它是功能性的，而且早已被用來學習我們的世界。

(二)心理學基礎

　　發展和認知心理學家認為，每個小孩在質和量方面的發展速度是獨特的，不僅在成長類型，甚至是在學習興趣和能力，以及與他人互動的方式上。全語文教師了解這些成長的差異，並依此設計教學順序使學生的學習得以最大化（Ibid）。此外，Piaget認為個體在主動建構知識過程中產生認知失衡狀態時，會透過「同化」和「調適」的內在系統適應外在環境，以求得平衡。這種觀念應用在全語文教學，則強調學習過程的錯誤是被允許的。

　　從社會建構論的角度來看，Vygotsky（1962）認為言談的作用主要在於溝通及與社會接觸，概念是在社會互動中獲得，之後才內化成為個人認知系統的一部分（引自沈添鉦，1996: 28-29）。這個論點足以支持全語文主張語言的最佳方式，是在真實環境使用、與人溝通才有意義。此外，社會建構論提出近側發展區（zone of proximal development）的概念也被全語文提倡者所接受，主張透過教師和同儕的適時協助，可進一步促進學生的學習潛能。

(三)教育學基礎

　　和語言學與心理學一樣，教育學研究對有效語言學習策略的發展也是有所貢獻。例如團體歷程、選擇適當教材、寫作過程、閱讀即意義建構過程、課程組織，以及觀察和評量工具等，皆來自教育學的相關探究（Froese, 1990a: 7）。在全語文教室中，可應用合作學

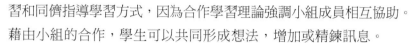

習和同儕指導學習方式，因為合作學習理論強調小組成員相互協助。藉由小組的合作，學生可以共同形成想法，增加或精鍊訊息。

　　許多同儕合作的活動都可以讓學生選擇自己參與的程度，他們專家程度和知識程度的差異，可以協助小組成員學習和了解新訊息，並對自己的獨特貢獻感到自信。學生在小組的投入程度可以激發他們的想像和創造，因為他們認為學習是有意義的、持續的。合作學習小組也提供運用已了解的語言分享訊息、澄清觀念和回答問題的機會。因此，創造利於合作學習社會情境是必須的（Lipa, Harlin & Lonberger, 1991: 11-12）。

三、全語文教學的特色

　　雖然全語文沒有一套明確的教學方法，應用其觀點於實際教學情境時，有其各種不同的教學面貌。但是，植基於全語文理念的教學仍具有某些相同的特色：

㈠教學方面

　　兼顧社會互動和自我學習是全語文教學活動的特色之一。因此，在全語文教室中，學生擁有學習自主權，教師不必為學生選擇全部的閱讀書籍、寫作主題，糾正學生不合標準的創作形式等活動。學生可以選擇自己感興趣的閱讀和寫作內容，同時也必須對自己的學習負責任；另一方面，學生也可和教師或同儕在互動中討論和分享作品。在教學活動中，教師需要鼓勵學生參與，引導學生負起學習責任，鼓勵學生大膽探索、冒險，提出適當的挑戰讓學生超越現有成就水準（沈添鉦、黃秀文，1998；Graham & Harris, 1994a）。而全語文教師在教學過程中也接受學生的錯誤，因為錯誤是學生邁向

成長的必然現象。

㈡課程方面

全語文課程的特色是「統整」與「真實」，當語文是完整的、真實的、相關的，它是比較有意義且利於學生學習的。全語文的統整性表現在聽、說、讀、寫的統整上，因為語文學習是整體的、不可分割的，各種語文知識是相輔相成的。Goodman（1986）視統整為全語文課程的重要特性，因為語言的發展和學習是透過語言的統整學習。藝術、音樂、戲劇、舞蹈被視為另類的溝通形式，也可被統整到語文和傳統學科中。所以在全語文教室中，學生的學習和教師的教學都是由整體到部分的。

而全語文的教學通常會以主題單元建構課程，選擇某一主題為中心，進行跨學科的教學活動，特定主題提供全班探索、使用語文解決問題、蒐集資料等。這種主題取向的課程可以幫助學生統整不同學科的知識，並由某一學科促進另一學科的學習（洪慧娟，2001；Lukasevich, 1990）。

㈢教師角色

Goodman（1986）曾言：「沒有全語文教師，就沒有全語文教室。」全語文教師在教學過程中，必須扮演多重角色，他可能是學生的觀察者、學習的解放者、教學創新者、分享者、研究者、啟發者、協助者等等。

由於全語文教學將學習的重心關注在學生自主的學習，因此教師在學生學習過程中，所扮演的只是引導啟發的角色，亦即，教師是一位中介者（mediator）。教師在全語文的教學環境中，必須讓學

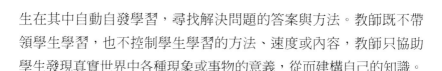

生在其中自動自發學習，尋找解決問題的答案與方法。教師既不帶領學生學習，也不控制學生學習的方法、速度或內容，教師只協助學生發現真實世界中各種現象或事物的意義，從而建構自己的知識。

　　雖然全語文強調以學生為中心，但教師在教學上仍是高度投入的。在全語文的教學中，教師扮演協助者和鼓勵者的角色，根據學生的能力、興趣及經驗設計學習活動與教學流程。此外，全語文教師會努力營造一個豐富的、支持性的語文環境，引發學生探索的興趣；尊重學生自創觀點，注意學生個別需求和興趣，並適時提供協助（沈添鉦、黃秀文，1998）。

㈣學習環境

　　全語文的學習活動是自發的，因此全語文教室的安排必須是能促進學生學習和創發性的情境。強調與生活連結、真實的、豐富有變化的語文環境，提供學生各種文學作品、圖書、雜誌、參考書籍等，把學習落實在學生的整個生活中（沈添鉦，1991；李連珠譯，1998；曾月紅，1998；Weaver, 1990）。因此，全語文教室可安排不同的學習中心，如閱讀、寫作、美術、視聽等與語文有關者，以及其他學科如數學、科學、社會等學習中心，讓學生依自己需求選擇適當的學習角落，或是進行小組討論。綜言之，在物理環境方面，全語文教室不僅重視資源豐富，能激發學生的讀寫意願，樂於學習；在氣氛方面，全語文教師應該營造一個沒有壓力、支持性的精神環境，鼓勵學生主動學習，和書籍、老師與同學互動。

㈤家長參與

　　雖然學生語文和思考的發展與家庭背景和社會關係甚大，但全

語文教師不應將學生的語文學習問題歸咎於家庭環境。而不同背景的家長對學生的語文學習態度和要求也不同，因此，全語文教師應該積極地邀請家長成為全語文的家長；透過親師溝通、家長座談會、討論會等，向家長說明全語文的觀念。當家長接受更廣泛的讀寫學習觀點時，他們才能逐漸成為教育過程的參與者、支持者、分享者（De Carlo, 1995; Snyder, 1990）。

㈥評量

全語文教師相信評量的目的主要在於讓學習者了解自己的學習狀況；之後，再讓家長明白。因此，全語文教師對學生能力和學習狀況必須謹慎處理（De Carlo, 1995）。在全語文教室中，學生語文學習的評量主要是根據平日的表現和創作的作品，非完全根據測驗分數。易言之，全語文重視的是學生參與語文學習過程的評量，教師透過觀察、與學生個別談話，以及學生作品來了解學生的表現情形。此外，全語文也強調自我的評鑑、師生討論和同儕評鑑等，期能幫助學生自我評量、自我反省和成長。

參、以全語文為基礎的寫作教學

一、課程的設計

將全語文落實於教學的，以Harste、Woodward和Burke（1984）根據全語文理論所提出的創作圈（authoring circle）方案較著名。創作圈的特點是在脈絡中探究文章，在語文事件中與他人運用各種溝通互動系統進行意義的磋商，並進行試驗以求獲得最佳的結果和深

究文章的意義（引自黃繼仁，1997）。在圖 8-1 的創作圈課程中，學生帶著本身的生活經驗來學習。學生的讀寫不受打斷，而且能透過與他人的討論學習和讀者探究意義，對個人創作進行反省和修改，然後編輯、出版。這個創作圈的理論認為，學習的過程是個人自我省思、與人分享成果、自我修正，然後公開發表的歷程。

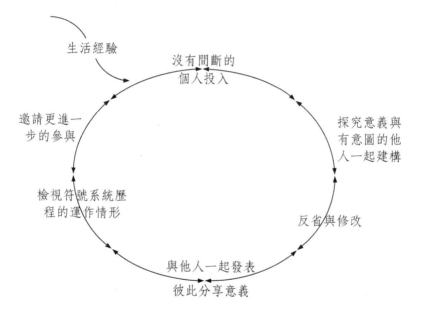

➡ 圖 8-1　創作圈的課程設計

（資料來源：Harste, Short & Burke, 1988, p.33；引自黃繼仁，1997）

二、全語文寫作教學特色

過去二十年來，寫作教學從強調結果模式轉變為關注寫作歷程的模式。後者將寫作視為一種發展的過程，認為學生在豐富的語文

環境中，主動參與寫作時可提升其寫作能力，因而發展出各種寫作活動（Geist & Boydston, 2002）。而全語文寫作教學統整許多過程取向的寫作教學原則，強調在社會情境下，溝通的、真實的寫作目的。由教師提供各種寫作機會和支持性的學習環境，鼓勵學生冒險和負責，並激發師生間、同儕間的溝通和對話（Graham & Harris, 1994a; Goodman, 1992）。因此，以全語文為基礎的寫作教學應該是溝通模式的，強調互動式的寫作歷程。

此外，Hairston（1982）認為全語文寫作教學和傳統寫作教學的差異，在於全語文寫作具有下列幾項特色（引自 Butler, 1990: 93）：

1. 重視寫作過程；教師在寫作過程中介入學生的學習，給予適當的指導。
2. 教導學生創新和發現的能力；教師協助學生構思內容和發現寫作目的。
3. 以修辭學為基礎的，想像讀者、目的和場合。
4. 根據學生傳達意念的完成度和讀者需求的符合度評量書面作品。
5. 將寫作視為循環過程而非直線過程，構思、創作和修改是重疊的。
6. 寫作是全面的，包含直覺的、感性和理性的能力。
7. 強調寫作目的在於學習和發展溝通能力。
8. 寫作形式多元化，包含表達的、敘述的等。
9. 根據其他學科知識，如認知心理學和語言學。
10. 視寫作為可分析和描述的創造活動；寫作是可以教的。
11. 植基於語言學研究和寫作過程的研究。
12. 強調教師也必須是創作者。

　　由上述可知，全語文寫作視語文為發現和溝通的工具，因此在全語文教室中，學生的表達和意念澄清的需求應該受到重視。學生透過寫作而學習，而非學習寫作。在全語文寫作的教學過程中，教師應提供學生分享作品的機會，透過口頭或書面方式向小組、全班同學、父母等呈現自己的創作。另一方面，教師本身也應該是個創作者，藉此向學生說明所有作家，即使是老師，皆會面臨不斷尋找明確表達意念的字詞的困境；並向學生示範專家是如何創作的。

三、全語文寫作教學活動

　　由於以全語文理念為基礎的寫作並不強調基本技能的學習，因此在一個全語文教室中，教師應該提供學生各種真實寫作的機會，讓學生學習用自己的語文知識表達自己的意念。Butler（1990）建議，全語文教師可透過下列幾種方式讓學生自然用寫作表達個人的想法，並練習寫作技巧：

㈠札記（journals）

　　記錄個人的經驗、感覺和想法的筆記本；師生間的對話札記；記錄學生對課程和活動感想的學習札記等。

㈡個人的溝通

　　給老師、校長、同儕、學校人員、父母的備忘錄（memos）。

㈢書信

　　給名人、英雄、罪犯、政治人物、運動員、明星、製作人和廣告商等。

㈣故事和詩

個人、團體或全班出版的故事集或詩集。

㈤班刊

家庭、學校和社區的新聞；運動消息的報導；著名人物的訪問；專欄；全版的廣告；照片說明和標題撰寫；給編輯的信；星座命理；讀者意見等。

㈥文學雜誌

讀物摘要、班級或學校有名作家速描、新書預告等。

㈦個人作品集（casebook）

同一主題不同作者的作品集，如班級小說、主題旅遊或科學研究計畫等。

不論是何種形式的全語文寫作，在一個全語文教室中，學生學習寫作是為了運用寫作傳情達意。因此，透過不同的寫作教學將可幫助學生提升表達能力，了解語文作品的各種形式，並發展自己使用語文的能力。

肆、建構全語文取向的寫作教學模式

由上述可知，以全語文為基礎的寫作教學活動相當多，倘能建立一種寫作教學模式，將有助於全語文教學的實踐。因此，以下擬

根據全語文的觀點，設計以全語文為基礎且融合過程導向寫作教學的「全語文取向的寫作教學模式」。

一、教學模式的建立

全語文取向的寫作教學是一個全面建立語文與學生整體學習及其生活關係的教學模式。亦即，語文的學習不只是技能的訓練，應該與學生的生活情境和學習活動緊密結合，使其成為有意義的學習。由此建構出來的教學模式（如圖 8-2 所示），學生能透過傾聽同儕和教師的意見（聽）、表達自己的看法並和同儕討論（說）、閱讀相關書籍或資料（讀），創作出屬於自己的作品（寫）。

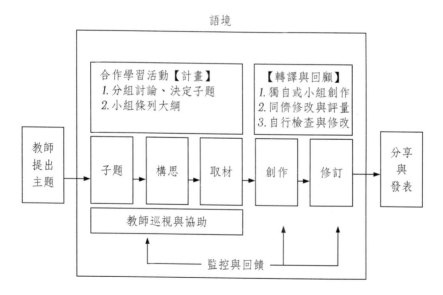

▶ 圖 8-2　全語文取向的寫作教學模式

在此寫作教學模式中，教師應先提供一個語文資源豐富、真實的寫作情境，再根據學生的生活經驗和興趣，選擇適當的主題並簡要說明。之後再配合小組的合作學習模式，共同討論和決定子題，並構思文章結構和大綱。在決定寫作內容和草擬大綱後，依個人目的進行獨立或小組創作，再進行相互修改和發表。期望在豐富的語文環境下，運用個人具備的語文知識，藉由教師的協助和同儕的合作學習，建構個人的知識，表達個人的意念。

二、教學過程

從寫作教學模式來看，全語文寫作可分為不同的寫作階段，茲將各階段的主要教學和學習活動說明如下：

㈠決定子題

在寫作教學的第一階段，教師先提出一個主題，再透過小組討論、聯想或師生問答的方式，引導學生選擇自己或小組感興趣的子題。由於所選擇的是自己感興趣的題目，擁有創作的自由度，學生不再怕寫作。「子題」可以提供學生的寫作題材，引發學生聯想，刺激思考，發掘寫作素材。另一方面，無論師生，都可從眾多的「子題」裡找到題目範圍內可供使用的詞語，學生看到同儕提供的「子題」，可以聯想更多的詞語。舉例而言，當教師選擇「我」為創作主題時，學生可能討論或聯想到「我的家庭」、「我的個性」、「同學眼中的我」、「自我介紹」等子題。

㈡構思與取材

寫作的構思是短暫的，是指學生選定題目開始，直至在紙上寫

上第一個字為止，大腦思維運作的過程。在這階段，教師應引導學生提取過去已有的經驗開始聯想或進行小組活動，初步把聯想到的材料略記下來（如寫字詞、符號、繪圖等），並篩選資料。

　　而取材的目的是透過「構思」取得寫作應用的資料，然後從長期記憶尋找素材，再訂定文章的目的和主旨，草擬大綱，以便完成寫作。在這個階段，學生可以用文字（列大綱、分類）、觀察、研究、思想圖像化（如文章結構圖、心靈構圖），或透過小組的聯想、腦力激盪等方式提取寫作題材（De Carlo, 1995）。倘若學生出現提取題材的困難，教師應了解其困難處，並提供適當的協助。

㈢創作

　　這個階段是學生正式提筆開始寫作，教師可依學生的需求，讓學生選擇個別或小組創作，並允許學生運用不同的方式來表達（如詩、小說、散文、漫畫、故事等）。因為全語文取向的寫作教學沒有規定的形式，也沒有指定的文體和字數限制。此外，在學生創作過程中，遇到不懂的字詞或不知如何表達意念時，為避免寫作思路中斷，教師應鼓勵學生用其他方式（如圖畫、漫畫、同音字、符號）暫時代替，教師稍後再處理（謝錫金、關之英、鄧薇先、薛鳳鳴，1995；引自《新全語文》，無日期）

㈣回顧

　　在寫作過程中，「回顧」事實上包括「檢查」及「修改」。「回顧」是指作者在寫作的過程裡不停地翻閱文章已寫的部分，看看是否有跟原意相違背的地方，或者透過「回顧」前文來刺激寫作思維，決定是否需要修正文章內容。當學生自行寫作或共同創作完成作品

時，可先經由文章檢核表進行內容檢查，再透過個人或小組的自評和互評，相互修改與訂正，使作品更趨完善。最後，再由教師進行整體的評改。

㈤分享與發表

　　全語文取向的寫作教學的基本精神是：有真實的寫作對象，學生才有寫作的興趣。因此，教師應幫助學生建立讀者群，學生的作品除讓教師閱讀外，還可以給同班、同年級、同校同學、家長、社區裡的讀者閱讀。有真實的讀者群和真實的寫作目的，學生才會更認真寫作（Ibid）。因此，在文章完成後的分享或發表階段，學生可透過朗讀、出版、公開展示、班刊等方式呈現，並邀請家長、同學、朋友共同參與和回饋。同學間也可藉由相互觀摩，培養鑑賞能力。

伍、全語文取向的寫作教學策略與原則

　　全語文取向的寫作教學的實踐，除了建立教學模式和流程外，尚需發展實際的策略以利實行。因此，以下擬針對全語文取向寫作教學的各個教學步驟，提供幾種具體可行的教學策略，以及實施過程中應注意的原則。

一、教學策略

㈠寫作前的準備

　　寫作是自發性活動，就像說話或討論般自然。因此，全語文教師應該提供學生自然、真實的、豐富的寫作環境。在寫作教學前，

教師應根據主題提供文學圖書、雜誌、書報、學生作品等豐富的寫作材料和參考書籍，使學生能獨立創作。最常見的方式是教師根據學生需求建立不同的寫作中心（如閱讀中心、寫作中心、出版中心、視聽中心）、寫作角或寫作桌，方便學生尋找資源、協助或討論（Bulter, 1990）。

(二)構思與取材

文章的構想直接影響寫作的內容，如何激發學生的寫作構想，選取適當的寫作題材，是計畫寫作的第一步，其可行的策略有：

1. 寫作討論會

全語文取向寫作教學的重心就是各種形式的寫作討論會（conference）。一般而言，討論會的舉行首先是師生之間的，並聚焦在特定的作品上。其目的是幫助學生產生想法、組織觀念、確認寫作的對象，或是計畫作品如何呈現等。此外，師生間的討論也可以提供教師監控學生特定寫作任務的進步情形，並評量學生寫作能力的發展（Ibid）。

師生間的討論會可以是正式的，教師透過教室中的寫作中心，以提問問題形式（如你最想寫的部分是什麼？最感困擾的地方是哪裡？），針對各小組成員的個別寫作計畫，進行討論，解決特定的問題。

2. 同儕討論會

在教師和個別學生的討論會中，教師扮演共同創作者角色。而學生也可透過同儕討論會的形式，發展扮演這種角色的能力。在寫作計畫階段，教師可將學生四至五人進行異質性分組，讓每位學生針對其他同學草稿提出回應、建議和想法。在討論過程中，雖然同

儕可以提供意見和想法，但每個學生最後還是擁有寫作的自主權和決定權（Ibid）。

3.聯想法

　　最簡單的構思與取材方式就是自由聯想，即針對寫作題目或與題目有關的詞作天馬行空的聯想，最後再根據寫作主題，選擇可用的材料加以組織。這種方式可以全班或小組形式進行。

　　舉例而言，題目為「春」，根據春的自由聯想為：由春天想到鳥語花香、萬象更新、春雨綿綿、欣欣向榮、風和日麗、天氣暖和、色彩繽紛、春遊、春假等。另一種聯想方式是由 A 聯想到 B，再由 B 聯想到 C……以此類推。例如：由春天聯想到櫻花→阿里山→日出→希望→活力→計畫……。

4.腦力激盪法

　　腦力激盪法是集合眾人想像力，擬定問題解決的過程。教師可以全班或小組形式進行，在限定時間內，讓學生將所欲解決的問題，如寫作的主旨、材料、綱要、形式等，透過全班或小組成員的集思廣益，激發學生更多、更好的構想。在進行過程中，應該有人負責記錄，之後再分類整理；對於提出意見的同學，無論好壞，皆不可加以嘲笑。

5.思想圖像化

　　思想圖像化的策略是將知識結構圖像化的過程，包含有概念構圖（concept mapping）、群聚法（clustering）和心智構圖（mindmapping）三種（王萬清，1999）。茲將三種策略簡述如下：

⑴概念構圖

　　概念構圖是將高層次概念寫在白紙的上方，再向下發展次級概念，其形式為：

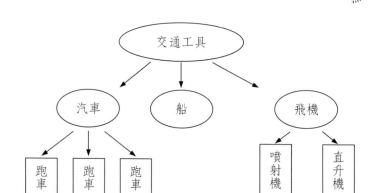

➡ 圖8-3　「交通工具」的概念構圖

(2)**群聚法**

　　群聚法是將主題寫在白紙的中間，再向各方面發展子題、次子題，其形式為：

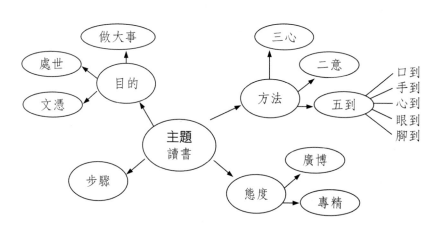

➡ 圖8-4　「讀書」的群聚圖

(3)心智構圖

心智構圖是在發展知識的結構過程中，加入簡單的圖畫，使圖形的訊息、語文的訊息交互出現，活化知識結構。例如主題為「自助旅行」，先在紙的中央畫一個代表的圖案，由此向外放射擴展，在線上寫下關鍵詞或意念，再由此關鍵詞聯想到其他關鍵詞，依此推衍。最後再將與主題無關部分刪除，再整合與組織關鍵詞的關係。其形式如圖 8-5 所示：

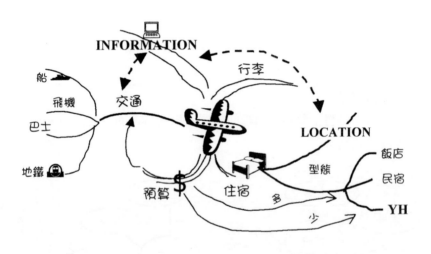

➡ 圖 8-5 「自助旅行」的心智構圖

(三)評量方式

全語文取向寫作教學的評量方式是多元化的，包含過程評量和結果評量、學生自評、同儕互評和教師評量等。

1. 檔案評量

在全語文教室中，寫作是一件有意義的活動，因此，學生應該保存自己的作品；教師則運用學生累積一段時日的作品，進行形成性評量，評估學生進步的情形。在學生學習檔案中，可以包含構思、修改的草稿、大綱或意見、不同形式的創作和出版作品，以及個人反省札記等，這些檔案資料皆足以顯示學生的學習情形（Bulter, 1990; Lipa, Harlin & Lonberger, 1991）。檔案的建立和分類對寫作的本質而言是有價值的，保存學生的作品可以永久記錄學生寫作能力的成長、累積寫作的表現技巧，學生也可從出版的作品中獲得成就感，增加他們寫作的動機和興趣。

2. 學生自評

在寫作教學的過程中，教師應鼓勵學生進行自我評鑑，其方式有兩種：其一是，透過修改檢核表（如表 8-1），讓學生針對寫作內

➡️ 表 8-1　文章修改檢核表

項目	完成請打✔
1. 標點符號是否正確？	☐
2. 有無錯別字？	☐
3. 找出語意不清的句子。	☐
4. 找出與題意無關的內容。	☐
5. 找出可以刪除的內容。	☐
6. 有什麼內容可以增加？	☐
7. 文章段落安排是否適當？	☐
8. 那一句可以改寫？	☐

（修改自王萬清，1999：155）

容進行自我修改；其二是，在學生完成作品後，讓學生填寫自我評鑑表（如表 8-2）。學生的自評目的在藉由自我檢核和反省，培養監控文章的後設認知能力。

➡ 表 8-2　自我評鑑表

姓名：	評分：10 9 8 7 6 5 4 3 2 1
請根據自己完成的作品，具體描述下列問題： • 我覺得我比上次進步的地方是： • 我覺得這次要改進的地方是： • 我給自己的評語是：	

3.同儕互評

　　同儕互評的精神在於透過同儕間的相互評改、討論等活動，讓學生共同反省，從中獲益。所以教師可鼓勵學生相互批改文章，給予同學意見，並培養自我評改的能力。在寫作過程中，同儕互評可分為兩個階段：第一階段是在構思取材完成初稿之後，由同儕依教師指導，互相評改；第二階段是學生經反省、接受同儕回饋，重新修正文章後，互相評改、寫評語或評分。

　　不過，同儕評改方式易受學生能力限制，而流於表面、空泛的評論，無法提升學生寫作能力。因此，教師可以設計適當的評量表（如表 8-3、表 8-4），幫助學生進行具體的同儕互評。這種同儕互評方式宜採取小組形式，評分方式則視情況採用分數、等級或其他符號代替。

➡ 表 8-3　同儕互評表⑴

• 請將你的作品給同學看，並請他們給你具體的評語。		
評量者	評語	評分
		10　9　8　7　6　5　4　3　2　1
		10　9　8　7　6　5　4　3　2　1
		10　9　8　7　6　5　4　3　2　1

（資料來源：修改自 Froese, 1990b；張新仁，1992）

➡ 表 8-4　同儕互評表⑵

姓名：　　　　　　　　　　　　　　　　評量者：
請根據同學的作品，具體描述下列問題：
• 我覺得他寫得最好的地方是：
• 我覺得他最需改進的地方是：
• 摘錄最好的詞語或句子：
• 找出錯誤的地方：
• 得分：10　9　8　7　6　5　4　3　2　1

（資料來源：修改自 Froese, 1990b；張新仁，1992）

4.教師評量

　　教師評改時，可以不批改分數，而以鼓勵的其他形式代表寫作表現的高低（如符號、圖形）。教師也不一定要寫評語，但對文章內容一定要回應，錯別字、語法病句、標點符號、文章結構等形式上的錯誤也應挑出，並協助學生進行修改（謝錫金、關之英、鄧薇先、薛鳳鳴，1995；引自《新全語文寫作教學法》，無日期）。教師除針對個別學生的文章內容進行特定部分的詳細評改之外，假如

時間充裕（或視作品類型而定），亦可輔以分析式的檢核表，進行文章的整體評量（holistic scoring）。這種分析式的檢核表可以提供教師關於學生作品的內容、組織、用字、結構等方面的訊息，易於診斷，給予學生明確的指導。表 8-5 是筆者根據我國學者張新仁（1992）所修訂的評定量表，以及國外學者Froese（1990b）編訂的五點評定量表所修改而成的全語文評定量表，作為評定學生作品的依據。

二、注意事項

全語文取向的寫作教學在進行過程中，尚需注意下列幾項原則：

1. 教師應隨時監控學生學習狀況，讓每個學生皆能專注於寫作或討論，避免學生趁小組討論、師生討論機會混水摸魚。
2. 容許學生的個別差異，多鼓勵程度低、信心不足學生創作。
3. 告知學生討論時應尊重他人意見和選擇，自由學習並不等於隨意批評。
4. 教師應扮演協助者的角色，刺激學生創作靈感，幫助學生解決寫作上的困難，引導學生學習，並協助合作學習。
5. 莫養成學生長期依賴他人協助的態度，而缺乏獨立創作精神；莫養成學生怠惰感，長期以符號、圖畫等代替文字。

陸、結論

Graham 和 Harris（1994b）回顧十四篇有關全語文寫作教學成效的研究文獻指出，全語文寫作教學和能力導向寫作教學之間，對於學生寫作能力的提升沒有顯著的差異。唯一的差異是學生對寫作態

➡️ 表 8-5 全語文評定量表

項目	再加油 1	2	3	4	非常棒 5	得分
● 文字修辭方面						
1. 標點適當	( )	( )	( )	( )	( )	
2. 用字正確	( )	( )	( )	( )	( )	
3. 文句通順	( )	( )	( )	( )	( )	
4. 善用修辭	( )	( )	( )	( )	( )	____
● 思想內容方面						
1. 取材適切	( )	( )	( )	( )	( )	
2. 具有創意	( )	( )	( )	( )	( )	
3. 切合題旨	( )	( )	( )	( )	( )	
4. 內容豐富	( )	( )	( )	( )	( )	____
● 組織結構方面						
1. 段落分明	( )	( )	( )	( )	( )	
2. 段旨清楚	( )	( )	( )	( )	( )	
3. 架構完整	( )	( )	( )	( )	( )	
4. 句意銜接	( )	( )	( )	( )	( )	____

評分者簽名：　　　　　　　　　　　　　　　　總分：

*教師可視情況將個人認為較重要項目加重計分。

（資料來源：修改自 Froese, 1990b；張新仁，1992）

度的不同，接受全語文寫作教學的學生將寫作視為以意義為基礎的；而接受傳統寫作教學的學生則以技能的觀點視之。以全語文為基礎的寫作教學成效無異於傳統寫作教學成效，卻改變了學生對學習寫作的觀感、動機和投入度（Morrow, 1992）。但 Mather（1992）則提

出質疑：全語文教師無法幫助學生適當地學習閱讀和寫作。面臨學習問題的學生需要更廣博的、結構的和講述清晰的教學方式，以學習寫作的技巧和過程。Varble（1990）探討全語文教學對學生寫作品質的影響，研究結果顯示，經過一年的全語文教學後，小學六年級學生的寫作品質並無改進，但小學二年級學生的寫作品質則有顯著進步。

　　雖然全語文寫作教學的成效，並未顯著優於傳統寫作教學，也無定論；但是接受全語文教學的學生，其寫作興趣和動機傾向高於傳統寫作教學的學生。無論相關研究結果為何，全語文只是代表語文教學領域上的一種新觀念，倡導自然的、有意義的語文教學；反對語文技巧的過度訓練，強調語文不可分割性和學生的學習興趣與經驗。這種不同於傳統語文學習的理念，鼓勵學生從事創作，能激發語文程度低落且缺乏創作意欲學生的寫作興趣和動機。

　　另一方面，雖然 Goodman（1986）指出，全語文是對教室中師生關係和語文學習的觀點，而非一套有明確步驟的教學方法。沈添鉦（1996）也認為，企圖建立「標準」的全語文教學法，事實上也違反全語文以學生為中心的彈性教學原則。但既然全語文只是一種教學的觀點、態度和理念，其在教學場域的實踐本應呈現多樣的型態。因此，本文提出的全語文取向的寫作教學模式，是從不同的角度，嘗試新的寫作教學方式。在實施過程中，教師可透過個人的省思、與他人的討論而加以修正。這種全語文取向的寫作教學模式，或許有其不完善之處，例如學生寫作能力和技巧的運用無法立竿見影，學生自我評鑑和相互評鑑能力也有待提升。本文只期望能在傳統寫作教學中融入新的寫作教學觀念，擴展學生的創作空間，提升學生日益低落的寫作興趣。

參考書目

王萬清（1999）。多元智能創造思考教學。高雄：復文。

李連珠（譯）（1998）。Goodman, K.S.（1986/1998）著。全語言的「全」，全在那裡？台北：信誼。

沈添鉦（1991）。簡介「全語言」的語文教學。教師之友，32（4），27-32。

沈添鉦（1996）。試從行為主義、建構主義與社會建構主義三個觀點評析全語教學。教師之友，37（5），24-32。

沈添鉦、黃秀文（1998）。全語教學在小學實施的難題與策略。國立嘉義師範學院國民教育研究學報，4，35-67。

洪慧娟（2001）。幼兒說故事內容及結構之分析研究──以一個全語言幼稚園為例。國立台灣師範大學家政教育研究所碩士論文。

張新仁（1992）。寫作教學研究──認知心理學取向。高雄：復文。

曾月紅（1998）。從兩大學派探討全語文教學理論。教育研究資訊，6（1），76-90。

黃繼仁（1997）。美國小學全語言教學之研究。國立台灣師範大學教育研究所碩士論文。

新全語文（無日期）。2002 年 11 月 20 日，取自中文教育網：http://www.chineseedu.hku.hk/edu/whole_theory.html

新全語文寫作教學法（無日期）。2002 年 11 月 20 日，取自中文教育網：http://www.chineseedu.hku.hk/edu/sec_writing5.html

趙涵華（1994）。整體語言教育──理論、研究、特質及問題。台北市立師範學院學報，25，389-402。

Butler, S. (1990). The writing connection. In V. Froese (Eds.), *Whole language: practice and theory.* (pp.87-121). Scarborough, Ont.: Prentice-Hall Canada.

De Carlo, J. E. (1995). *Perspectives in whole language.* Boston: Allyn and Bacon.

Froese, V. (1990a). Introduction to whole-language and learning. In V. Froese (Eds.), *Whole language: Practice and theory.* (pp.1-13). Scarborough, Ont.: Prentice-Hall Canada.

Froese, V. (1990b). Assessment: Form and function. In V. Froese (Eds.), *Whole language: Practice and theory.* (pp.243-267). Scarborough, Ont. : Prentice-Hall Canada.

Geist, E. A. & Boydston, R. C. (2002). The effect of using written retelling as a teaching strategy on students performance on the TOWL-2. *Journal of Instructional Psychology, 29*(2), 108-133.

Goodman, K. S. (1986). *What's whole in whole language.* Portsmouth, N. H.: Heinemann Educational Books Inc..

Goodman, K. S. (1992). I didn't found whole language. *The Reading Teacher, 46*(3), 188-199.

Graham, S. & Harris, K. (1994a). Implications of constructivism for teaching writing to students with special needs. *The Journal of Special Education, 28*(3), 275-289.

Graham, S. & Harris, K. (1994b). The effects of whole language on children's writing : A review of literature. *Educational Psychologist, 29*(4), 187-192.

Hayes, J. R. & Flower, L. S. (1980). Identifying the organization of writing processes. In L.W. Gregg & E. R. Steinberg (Eds.), *Cognitive processes in writing.* Hillsdale, N.J.: Lawrence Erlbaum.

Lipa, S. E., Harlin, R. & Lonberger, R. (1991). *The whole language journey.* Markham, Ontario: Pippin Publishing Ltd.

Lukasevich, A (1990). Organizing whole-language classroom. In V. Froese (Eds.), *Whole language: practice and theory* (pp.185-215). Scarborough, Ont.: Prentice-Hall Canada.

Mather, N. (1992). Whole language reading instruction for students with learning disabilities: Caught in the cross fire. *Learning Disabilities Research and Practice, 7,* 87-95.

Morrow, L. M. (1992). The impact of a literature-based program on literacy achievement use of literature and attitude of children from minority backgrounds. *Reading Research Quarterly, 27,* 250-275.

Shaw, S. B. (1989). *An exploratory study of guided imagery as a curricular strategy in a whole language classroom.* Unpublished doctoral dissertation, University of South Carolina.

Snyder, G. (1990). Parents, teacher, children and whole language. In V. Froese (Eds.), *Whole language: Practice and theory* (pp.217-241). Scarborough, Ont.: Prentice-Hall Canada.

Varble, M. E. (1990). Analysis of writing samples of students taught by teachers using whole language and traditional approach. *Journal of Educational Research, 83,* 245-251.

Weaver, C. (1990). *Understanding whole language: From principle to practice.* Portsmouth, NH: Heinemann; Toronto, Canada: Irwin Publishing.

網路教學對國民中小學
之應用與衝擊

壹、前言

　　這幾年來，隨著寬頻技術的突破、網際網路的風起雲湧，台灣上網人口呈倍數成長，截至二〇〇二年十二月止，上網人數已達八百五十九萬人[1]。顯示網路社會已逐漸在台灣成形，上網漸漸成為人們日常生活的一部分。因此，社會上各行各業皆極力尋求與資訊網路結合，以因應網路社會的來臨。面對這波趨勢，在教育上亦開始運用資訊科技開發學習教材、改善學習環境、擴展學習資源，並成為現代國家的重要教育政策之一（Russell, 2000; U.S. Department of Education, 2002; DfES, 2001）。

　　美國傳播大師麥克魯漢（M. McLuhan）的名言：「媒介即訊息」（the medium is the message），說明了媒介本身的重要性，亦道出媒介將改變我們的閱讀習慣、學習方式及溝通方式。從歷史的角度來看，文字的發明造就了書寫時代的來臨，人們訊息的傳遞不再只靠口耳相傳，人們開始以文字思考事情、溝通事情及記載事情，因此文字改變了人們溝通的方式，並影響了整個社會文化——從聽覺世界的文明變成以視覺為主的文明。如今隨著網路的出現，人們在現實生活中的一些行為如購物、訂票、查資料等，已漸漸為網路所取代，人們逐漸習慣網上閱讀、網上做事及網上思考。Microsoft公司副總裁 D. Brass 曾預言：在二〇一八年，電子書將完全取代紙本書成為市場上主要讀本（引自翟本瑞，2000：246）。姑且不論此預言是否會成真，從目前的發展趨勢，網路學習已衝擊到傳統學校

---

1 依據資策會網站統計。http://www.find.org.tw/usage.asp，2003 年 4 月 6 日。

的教學方式。

　　有鑑於資訊社會的來臨、網際網路的日漸普及，行政院已於一九九四年六月成立了推動「國家資訊通信基本建設計畫」（National Information Infrastructure, NII）專責機構，開始規畫國家未來的資訊藍圖。教育部亦配合NII計畫，緊鑼密鼓地展開各項資訊教育計畫。在「TANet 到中小學」的計畫中，建置了中小學的電腦教室並實現了中小學生連線上網的夢想。此項計畫的完成不僅使中小學成為網際網路的一員，亦使中小學實施網路教學成為可能。

　　本文首先探討網際網路及中小學的資訊教育發展，接著介紹網路教學的特性及模式，並分析目前網路教學在國民中小學的應用情形，最後反省網路對教學的影響。

貳、Internet 的興起與我國的資訊教育政策

　　連上 Internet，在搜尋引擎上（國內如 openfind 或 yahoo 等），輸入「網路教學」關鍵字，將發現有相當多的網路教學網站已林立在虛擬的世界裡。網路上這本以超連結（hyper-link）寫成的大書將是教學上最大的資源。底下分別探討 Internet 的發展與我國資訊教育的政策發展。

　　網際網路雖是一九七〇年代的產物，但當初設立的目的原是為了國防安全的考量，後來造成如此蓬勃發展是大家始料未及的。一九八〇年代IBM個人電腦的普及，使網路從軍事用途進入家庭的日常用途裡，但真正促成網路時代的來臨有二個重要的電腦事件出現（Porter, 1997）：首先是一九九一年，CERN（歐洲量子物理實驗

室）的 Tim Berners-Lee 開發出 HTML 語言格式，促成全球資訊網
（world wide web, WWW）的誕生，使原本網路上單調的文字溝通方
式（BBS、GOPHER）轉變成多采多姿、圖文並茂的網站出現；其
次是一九九五年，微軟推出「windows 95」圖形介面的作業系統及
瀏覽器，使上網成為一件簡單的事情。到最近二○○○年，寬頻技
術的突破，上網的速度加快，促成網路社會的來臨。這些科技的發
展皆為線上學習奠下良好的發展環境。

　　在網路的社會中，培養每個國民具備基本的資訊素養已為各國
教育發展的重點。行政院早於一九九四年六月開始規畫「國家資訊
通信基本建設計畫」（NII），建構國家資訊高速公路，並積極推廣
電腦與高速網路的各項應用及培育相關人才（教育部，1999a）。NII
的推動除了普及全民資訊教育，更希望落實資訊教育向下扎根的目
標。於是教育部配合NII計畫，緊鑼密鼓地展開各項資訊教育計畫，
如「遠距教學」、「遠距圖書」、「E-MAIL 到中小學」、「TANet
到中小學」等。在「TANet 到中小學」的計畫中，以「擴大內需方
案」的實施規模最大，所花經費亦最為龐大（總共花費六十四億七
千二百三十萬元），已於一九九九年六月建置完成（教育部，
1999a）。這項計畫的完成，使得中小學擁有自己的電腦教室，並透
過 ADSL（asymmetric digital subscriber line，非同步數位用戶專線）
連上網際網路，並開始把網路的資源應用在教學上。

　　在課程改革方面，為因應國際社會趨勢、社會對教育改革的期
待，針對中小學設計的「九年一貫課程」已如火如荼地展開，其中
「資訊教育」亦列入課程的六大重要議題之一。資訊教育的目標旨
在培養學生資訊擷取、應用與分析的能力，更要養成學生創造思考、
問題解決、溝通合作，與終身學習的能力，以發展健全的國民。依

據九年一貫課程的精神，資訊教育將融入各學習領域，以培養學生的十大能力，各學習領域應使用電腦為輔助學習之工具，以擴展各領域的學習並提升學生研究的能力[2]。教育部亦公布了「國民中小學教師資訊基本素養短期指標」（教育部，1999b），加強培訓教師，期使教師具備基本的資訊素養，將電腦及網路融入平常教學中。

此外，教育部已於二○○一年六月完成「中小學資訊教育總藍圖」草案規畫。此藍圖以全國的高中職、國中和國小的師生為主要對象，以老師為起始點，然後藉由老師帶動學生、學生影響家長，進而提升全民運用資訊的能力與學習素養，期望打造「資訊隨手得，主動學習樂；合作創新意，知識伴終生」的願景（教育部，2001）。由此可知，資訊教育的列車已起動，這是一條必行的軌道。以下介紹網路教學的特性與應用模式，以揭開網路教學的面紗。

參、網路教學的特性與應用模式

一、網路教學的特性

隨著科技的進步，電腦早已成為重要教學輔助工具。利用電腦本身的特性早已發展出各種電腦輔助教學（Computer-Assisted Instruction, CAI）軟體，電腦輔助教學在模擬訓練方面早已成為一種有效的教學模式（Joyce & Weil, 1986）；且許多實證研究亦指出，CAI對

---

2 教育部九年一貫網站。〈資訊教育〉。（http://teach.eje.edu.tw/data/890930 九年一貫綱要／六大議題綱要內容／六大議題—資訊教育.htm），2002 年 1 月 6 日。

於個人的學習、課後的補救教學及提高學習動機等方面，的確有其效用存在（引自林生傳，1988：230-234）。儘管CAI軟體在個別化學習、特殊情境模擬上有其特長，但它仍存在著一些限制。例如，CAI仍屬單人單機的教學環境，對於人格教育、合作學習的效果不佳；其次，線性的教學環境無法針對學生的個別差異給予適當的回饋（王偉仲等，1999；林生傳，1988：234）。此外，CAI軟體教材編製不易，且屬封閉式（close-looped）系統，對於教學內容的更新常緩不濟急。

　　一般而言，網路教學是指藉由電腦及網際網路的特性所實施的教學活動。此教學除了運用既有的電腦輔助教學外，並運用網路無遠弗屆的特質，進行線上的合作學習。網路上豐富的資源屬開放性，且具有互動性（電子郵件、聊天室、即時通、討論區及留言板），並透過全球資訊網（WWW）結合文字、聲音、動畫、影像等多媒體，將可改善傳統CAI的限制，塑造新的教學方式。一般而言，若與傳統教學比較，網路教學的特色如下（皮世明，2000；洪明洲，1999）：

(一)合作式學習

　　相對於合作式學習（cooperative learning）的概念是孤立式學習，傳統的電腦輔助教學殆半都是孤立式的學習。孤立學習的缺點有二：首先是缺乏學習同伴，容易喪失學習興趣與動機。其次，在面對較艱深的課程內容，缺乏即時討論的機會與對象，使學習過程因遇到障礙而停頓。透過全球資訊網恰可彌補此兩項缺失。

㈡個別化的彈性學習

　　全球資訊網的學習方式相當符合適時學習的特性。利用網路連結的特性，使用者可以在彈性時間與彈性空間中自由學習，按照自己的程度、知識背景來進行學習。

㈢社會化學習

　　網路讓人與人更接近，藉由類似討論區或留言板的設立，讓不同文化背景、不同年齡、不同種族的人，在不需要面對面表達自己身分的條件下，能夠在一起討論，暢談自己的看法。藉由此種同步及非同步的討論來更進一步思考問題，看看別人是怎麼想的，為什麼會這樣。

㈣情境模擬

　　情境模擬的學習目的除了節省因實習所耗費的材料、降低實習時不當操作的事故之外，練習在真實情境中作出正確的反應與判斷也是相當重要的。利用全球資訊網為平台的情境模擬系統目前被應用在理化實驗，學習者可以透過網路，使用瀏覽器來進行模擬或真實的實驗。例如，Josefson 和 Casey（2000）曾在班級上利用 World Wide Web讓學生模擬美國國會的運作過程。學生分組扮演國會的不同角色（利益團體、參眾議員、白宮政府官員等），模擬立法《瀕臨絕種動物法案》（Endangered Species Act），並利用已建置好的各部會網站互傳訊息，以充分掌握彼此之間的互動，此網路模擬實驗證實能引起學生的學習興趣。類似此種藉由網路來模擬複雜的現實生活的教學目前正快速發展著。

(五)量化的教學紀錄與分析模式

在超媒體網路的學習環境中，每個學生的所有學習行為，比如：學習單元名稱、學習時間、學習路徑、討論內容等等，都能夠被完整地記錄下來。透過這些紀錄，學習者可以反省自身的學習策略和學習狀態；教學者可以利用這些資料來調整教材的內容，讓學生的學習更加有效。

目前網路教學的實施方式，針對不同的族群與不同的內容，在實行上也採用不同的方式，而最常見的模式包括同步網路教學與非同步網路教學兩種（洪明洲，1999；林奇賢，1997；壽大衛，2001）。同步網路教學（synchronous course delivery）強調的是一種即時的資訊傳輸，意即所有參與學習的人員（包括傳送者與接收者）必須在同一時間透過傳輸系統產生互動。例如：虛擬教室的線上即時討論、視訊會議。而非同步網路教學（asynchronous course delivery）則將學習內容長時間放置在教學網站上，使用者不受時間與地點的限制，隨時可上網學習獲取新知，這也是目前網路教學中最常採用的教學方式。國內空中大學的教學方式已從最早的函授方式到電視教學，再至最近的網路教學。目前各大學所實施的遠距教學大多是透過「非同步網路教學」的方式來實施。網路教學的價值在於充分地發揮學習無國界（learning anywhere）與學習無時限（learning any time）的優勢。在以網路作為媒介的狀況下，Web 的另一端，可能在世界的任何角落，學習者可以不受時空的限制，在任何提供網路資源的環境中，均能透過網路進行學習，破除地理位置的區隔。這也將是二十一世紀教育的主流模式——以學生需求為中心，強調個人化、自主式的學習方式。

二、網路教學的應用模式

　　網路教學可說是把電腦輔助教學網路化的教學方式，因此在介紹網路教學前，有必要了解電腦輔助教學的應用模式。Alessi 和 Trollip（1985）曾指出有效教學的過程應涵蓋四個過程：(1)教師呈現教材內容；(2)教師引導與學生學習；(3)學習者思索與練習；(4)學習成效的評估。此四個過程大致可用電腦輔助教學的方式來達成。一般而言，電腦輔助教學的應用模式有以下幾種（林生傳，1988；陳忠志，1996）：

㈠個別指導式（tutorial mode）

　　由系統扮演教師的角色，將教學內容呈現在畫面上供學生學習，使其達成學習的目標。此種模式的長處是可依照學生的能力反應，將教學內容作網狀的組織安排，學生學習時可依其個別的能力選擇合適的學習流程與速度，達到個別化教學的效果。

㈡模擬教學模式（simulation mode）

　　模擬式 CAI 是提供學習者一個似真性的學習情境，在此情境中，學習者可收到親自經歷一自然現象或社會現象的重現效果，親臨其境的效果不但可引發高度的學習動機，而且學生可與系統所呈現的情境發生互動，彷彿置身於真實的世界中。模擬式 CAI 的優點在於讓學習者對沒有辦法接觸或看得到的現象，可以從電腦上獲得了解。在電腦上作模擬教學以取代學生在真實情境中的學習活動，具有三方面的優點：安全性、經濟性及有效性。就安全性而言，例如，科學上有些易發生爆炸或毒性高的實驗，無法讓學生親自操作，

便可在電腦上複製這類實驗現象並達到相同的學習效果。在經濟性方面，假設學生看到某一現象或經歷某一社會過程，需要花費龐大經費，則改採模擬式 CAI 教學便可節省一大筆人力、物力。就有效性而言，若真實的現象或過程持續的時間極為短暫（如炸彈爆炸畫面，稍縱即逝）或者變化緩慢，持續很久（如生態演進，無暇久等），這些現象都是模擬式 CAI 極佳的題材。

(三)練習模式（drill mode）

　　強化學生所學的知識或技能需要透過練習的歷程，教學若缺少練習便無法完成教學歷程的迴圈，因此練習是教學歷程中不可或缺的一環。任何形式之練習，其目的皆是要達到自發階段，使所獲得之知識或技能能隨心所欲地用到日常生活之所需。在實際的教學情境裡，教師常利用各種方式讓學生進行練習，如學習語文時的口誦、學習數學時的作業練習等等，均是課堂教學裡常見的練習例子。惟在傳統大班級的教學型態下，教師所利用的練習方式難以顧及不同能力水準的學生，有鑒於此，利用媒體來輔助練習是一種值得採行的方式。

(四)測驗模式（test mode）

　　測驗是教學歷程中的重要階段，其目的是要評估學生的學習成效。測驗式 CAI 是指學生坐在電腦面前的上機考試，與傳統的考試方式比較，測驗式 CAI 有下列優點：首先，可建立題庫，從許多題目中，依所需的方式，選取供學生作答的試題，因此每一位學生的試題可以不盡相同，即使試題相同，試題出現次序或題目中的數據也可以不同，這樣的處理可降低考生違規的機會；其次，電腦測驗

時間一結束，學生每題作答的正確與否或測驗的成績馬上便顯示在螢幕上，學生可獲得立即性的回饋；再者，電腦測驗中，每一題目呈現的模式可靈活採用，利用電腦多樣化的功能可提升試題評量的靈活性與有效性。最後，電腦測驗結果可即時轉成資料檔案，儲存在電腦輔助記憶體中，教師或行政人員要處理資料時，可隨時透過電腦叫出檔案，並加以修改、統計、查詢及列印，提高工作效率。

(五)遊戲模式（game mode）

遊戲式 CAI 其目的一方面是要提供學習情境以幫助學生學習或熟悉技能，另一方面要提供具娛樂性、挑戰性的遊戲，以提高學生的動機，讓學生在遊戲中達到學習的成效。遊戲式 CAI 的設計，是將學習的內容融入其中。目前遊戲式 CAI 有漸趨流行之勢，原因是它很能引起學生學習動機及注意力，且透過遊戲可傳達大量的資訊，諸如：事實、原理、解題技能及決策技能等。

網路教學在電腦輔助教學的既有基礎下，增加了網路上的合作式學習特性。基本上網際網路在教學上的應用，皮世明（2000）依應用的程度分為三個階段：

(一)第一個階段是將網際網路視為教學資源

亦即將學校的教具資源擴展到網際網路上。學校的教師可分組或針對特定主題，透過全球資訊網的溝通橋樑，使用搜索引擎，進行教學資料的蒐集彙編，以補學校現成教學資源之不足。在這一個階段，最好由各學科教師（如語文科、數學科、自然科、社會科、藝能科）廣泛性地蒐集各學科教材，有系統地分類，然後由電腦學

科或具有資訊管理專長的教師負責製作教材資源網站，統一使用網路資源的介面，以方便全校師生教學參考之用。

㈡第二個階段是將網際網路形成教學活動的一環

　　這個階段主要是運用網路作為教學活動的一部分，例如以電子郵件作為師生與同儕之間，訊息的傳遞、分組的討論、資料彙整以及作業的交送。然後透過網路新聞論壇，將學習的內容擴展至全球，與對特定內容有興趣者一起研究討論。在此階段特別鼓勵合作學習，老師經由在教室內的分組及特定學習主題的安排，要求各小組進行合作專案學習。小組的成員於進行資料交換時，電子郵件副本需傳送至老師電子信箱，以掌握各小組合作進度的時程；同時老師也提供即時疑難問題諮詢，使學生的學習立體化，對教與學都發揮極大的效果。

㈢第三階段是網際網路課程的開發與學習

　　這個階段正如同一般的電腦輔助教學軟體，差別是此課程可經由網際網路瀏覽、參與討論，突破學習上空間及時間的限制，真正發揮網際網路與教學應用的精神所在。目前網路上有許多虛擬教室以及網路實驗教材可供連線使用。

　　目前國外各式各樣的「網路大學」、「虛擬大學」早已成形立，並已有多種課程在網路開課 [3]。最近，美國麻省理工學院雄心勃勃

---

[3] 教育部已整理國外遠距教學相關網站。（http://www.edu.tw/moecc/rs/disl/foreign.html），2002 年 1 月 2 日。

推出一項名為「開放課程網」（Open Course Ware）的十年計畫，不但要讓校內兩千多門課程悉數上網，且不收分文免費對外開放。這項斥資一億美元的上網計畫，獲得校內多數教授鼎力支持，慷慨提供教材註解、討論題組、授課大綱、書目、考題、模擬題、教學錄影帶等。此「開放課程網」最大的受益對象應是無法延攬全球一流人才的海外大學和學術機構，藉由上網參考麻省理工名師的教學素材與研究報告，提升教學與研究品質（中時電子報，2000）。

　　國內教育部亦已於一九九九年四月三十日公布「專科以上學校開辦遠距教學作業要點」，並開放承認遠距教學學分（教育部，1999c）。目前國內已有多所大學透過網路教學，開始實施遠距教學學分班。雖然，透過遠距教學所獲得的學分，最多只能占其學位總學分的三分之一，但在我國的教育體制上，已經是一大突破。

　　因此，依上述皮世明的分法，目前大專院校所進行的遠距教學已屬第三階段的應用，完全透過網路進行授課與學習；目前中小學所進行的資訊融入各科教學，強調的是第一階段及第二階段的應用，保持著傳統教學的模式進行，並在教學中運用網路、電腦輔助教學軟體協助教學的進行。隨著九年一貫課程的逐年實施及教育部的「中小學資訊教育總藍圖」公布，使中小學的資訊融入教學正積極在進行中，以下將分析網路教學在中小學的應用情形及成效。

肆、網路教學在中小學的應用情形與成效

一、中小學的網路教學資源

「上網找資料」已成為目前流行的名詞。網際網路上的資源雖然豐富，但使用過網際網路來找資料的人，皆有找不到所需要資料的經驗，雖然可在搜尋引擎輸入關鍵字尋找相關資料，但搜尋結果常是一大堆資料或是不適切的資訊。因此如何結合網路上的資源，提供老師教學之用，便成為當務之急。在教育部的推動下，目前針對中小學網路教學資源網站已陸續建置完成，歸納整理如下：

㈠教育部學習加油網站

此網站由教育部與國立台灣師範大學電算中心共同建置而成。其目的是為整合中小學學科教材與數位化資源，免費提供全國師生共享教學資源及教學與學習的經驗交流園地。此網站內容包括了學科教材、鄉土教材及融入教學三大部分（網址：http://content.edu.tw/index）。

㈡亞卓市網站

亞卓市（亞洲卓越城市之意）是一個以教育為宗旨的網路虛擬城市。由中央研究院院長李遠哲擔任榮譽市長，中央大學、清華大學、陽明大學、花蓮師範學院四所國立大學所合作創辦，並獲得國科會及教育部在研究及推廣的經費補助。透過網路，亞卓市將整合

各種資源，包括學校、老師、學生及各界人士，協助辦理各種教育活動。此網站包含了夫子館、全民學校、兒童閱讀。在這裡放置了來至各地的優良線上課程。截至二○○二年二月共有三百七十九門網路課程，修課學生達三萬九千零三十七人。只要個人有專長，將製作好的教學課程上傳，皆可透過此網站呈現在全世界人的面前（網址：http://www.educities.edu.tw/）。

㈢思摩特教育網站

　　思摩特網站是由高雄市政府教育局及國立中山大學合作開發的專業教學網站。「SCTNet」意指「Smart, Creative Teachers」，即期望能藉由此網站的架設，建立教育專業學習社群，讓中小學教師成為活潑而富有創意的專業教師。網站上提供教材、試題、教學活動設計的上載分享、教育論壇（education forum）、電子佈告欄（electronic bulletin board）、專業工作坊（special interest group, SIG）、即時討論（chat room）、電子郵件等方式，讓教師們可以分享彼此在教育專業領域上的知識、經驗、心得與想法，達到資源共享的目的（網址：http://sctnet.edu.tw/index.htm）。

㈣ Loxa 教育網站

　　由高雄縣教育網路中心與政揚企業有限公司合作開發的Loxa網站，其成立的宗旨是：(1)減輕中小學校網管負擔；(2)提供學生學習資源；(3)支援教師教學管及校務行政工作。Loxa 提供的服務項目有：提供學校師生的 E-MAIL 信箱、個人的百寶箱、聯誼會（家庭聯絡簿）、夫子工坊（包括教師網路作業設計與網路成績管理等等功能）（網址：http://www.loxa.com.tw/）。

　　網站具連結及打破時空障礙的特性，因此可以把學習的資源串連在一起，並透過互動的設計讓大家可以彼此分享成果。上述四個網站共同的特色即是利用網路的特性，將全省中小學已開發完成的線上課程利用超連結結合在此網站上，提供師生相當方便的教學與學習資源。對於偏遠地區學校，網站的建置的確打破地理上的限制，有助於縮小城鄉的差距。此外，在網路教學中，教師不再只是扮演監督者角色，而是必須要積極參與線上活動，才能有良好成效。至於目前中小學網路教學的成效如何，底下將加以分析。

二、目前中小學網路教學的現況與學習成效

　　在「基礎資訊教育建設」擴大內需後，資訊教育往下紮根是目前及未來既定的政策。最近針對中小學實施網路教學的相關研究，如雨後春筍般地浮現。洪朝富、黃喬好等（1999）針對國小一年級數學科，設計一套學習分析系統，讓學生在上網站學習時，可以透過專家系統診斷學生的學習狀態，以利教師了解學生的學習狀況。換言之，即是利用 WWW 的設計，提供一個適性教學環境，讓教師在系統內建立多元教材，由系統提供適合學生程度的教材來學習。在學習過程中，系統可以依據學生的學習能力，選出不同的教學方式和學習測驗，並藉由每階段的學習測驗來了解目前學生的學習能力，循序漸進提高學生的學習程度，以達成適合不同學生的教學系統（洪朝富、符戀應等，1999）。

　　其次，中小學實施網路教學的成效如何？根據國內近幾年電腦網路融入中小學教學的實證研究中，大致顯示了應用科技於教學的確有助於學生的學習成效及學習動機的提升（林菁，2001；吳聯科，2002；黃淑敏，2001；張建邦，2000；張宏明，2001；張宗文，

2002；潘文福，2001）。但誠如翟本瑞（2001）在〈資訊社會中教育模式變遷之研究〉一文指出：

> 目前為止，大部分關於網路教學對學習成效的影響所進行的實驗與調查，都希望能夠得出網路教學在學習成效上優於（至少不亞於）傳統教學的結論，以至於在問題設定及研究取向上，都以片面的考評成績當作比較參考點，忽略了整體教育所包含的各個不同層面意義。網路教學的具體實施也只是過去這幾年的事，尚無長期觀察與追蹤的資料可分析，也難以真正評估與傳統教學的優缺點（p.224）。

　　目前有關網路教學的學習成效研究，大多沿用傳統的問卷、測驗等量化評估，其是否適當值得進一步觀察。這個新興領域的評估需要更多元的研究方法及更多的樣本來驗證。

　　若以民國八十七年「擴大內需」作為中小學實施網路教學的開始，與大專院校比起來，網路對中小學而言仍算是起步階段，需要持續關注。目前中小學雖已有電腦教室及上網的環境，但吳鐵雄等（1998）針對十五所已具備網際網路設施的中小學校採用採用實地訪談與觀察，以及問卷調查的方式來蒐集資料。經資料分析之後，發現教師在資訊教學上大多讓學生在網際網路上做消遣性的漫遊或資料搜尋練習，無多大的輔助教學意義，且存在著以下六大問題：⑴網路頻寬不足；⑵教職員的資訊應用能力不足；⑶學校的資訊設備配置不當；⑷線上學習資源貧乏；⑸升學主義作梗；以及⑹資訊設備和系統無專責人員規畫與管理。

　　蕭惠君（1999）、劉曉約（2001）的實證研究結果亦發現類似

的結果：國中小學應用網路協助教學的情形並不理想，目前利用網路協助教學的問題大致有：硬體及經費問題、目前國民中小學缺乏資訊專業人才、教師應用電腦網路的意願不高、缺乏應用網路協助教學的環境、網路教學資源質與量皆不足，甚至成為駭客入侵恣意破壞的溫床等。可見網路教學雖是未來的趨勢，但目前中小學教師的資訊素養及資訊環境仍有很大的改善空間。

伍、結論

　　一九九八年六月完成的「擴大內需」方案，使中小學的資訊教育活絡起來。從國際的趨勢及相關研究顯示網路教學是未來的教學主流，但身為教師除了加強本身的資訊素養外，亦應體認到網路應用在教學上可能帶來的一些負面影響。目前台灣網咖文化即是一例，當政府、學校鼓勵中小學生上網，可以想見學生從學校電腦教學中學會上網的技巧與樂趣時，網咖自然成為青少年大顯身手的好場所。但由於教師忽略或未能適時教導相關網路倫理及法律規定，加上政府未能作好相關配套措施，網咖演變成是一個令教師及家長恐慌、警察臨檢的「不良場所」。向陽公益基金會（2001）在二○○一年五月對全國各級中學生作了大規模調查，有關〈e 世代青少年網咖經驗調查報告〉，抽取一百二十九所國中、高中職共九千九百三十五名在學學生，回收九千三百零五份問卷。調查發現，51%的在學生去過網咖，有沉迷傾向的（指每週去三次以上）占 7.2%，以比例推估約有十三萬人沉迷於網咖之中。青少年在網咖主要從事的活動以「玩線上遊戲」最多占 64.6%，其次是「上網聊天」占 56.2%及「找資料」占 45.4%。此外，這次調查亦發現青少年在網咖從事一

些令人擔心的偏差行為，例如看色情網站（占 7.7%）、援助交際（4.8%）、玩賭博遊戲（4.5%）及買興奮劑（3.4%）。此調查顯示出網咖對時下青少年的魅力，亦凸顯出「網路成癮症」及「網路犯罪」等失序現象逐漸入侵現實世界，這是教育上值得注意的問題。

我們樂見教育部所公布的「中小學資訊教育總藍圖」中，已正視網路文化可能產生的各種問題，以推動生命關懷為本的資訊教育為主，養成正面的學習態度，同時建立學生的校園資訊倫理及對網路著作權與智慧財產權的正確觀念，讓學生均具有科技時代的人文情懷與網路倫理，這些亦是世界各國資訊教育努力的大方向（教育部，2001）。

可以預見未來網路在中小學教學上將扮演重要的角色。在網路的世界中，學生將學會利用網路進行各項學習及繳交作業，亦可能不經意地接觸一些色情、暴力等不當資訊，這些資訊可能會影響到人格發展尚未健全的青少年，因此教師在進行網路教學時，須注意網路可能帶來的問題，及如何輔導學生正確認識網路的本質，使網路學習的負面影響降到最低，讓網路的世界真正成為美麗的新世界。

參 考 書 目

向陽公益基金會（2001）。e 世代青少年網咖經驗調查報告。2002年 1 月 5 日，取自 http://members.tripod.com/i_can_tw/New/9005/90052701.htm

中時電子報（2000）。麻省理工學院課程上網全公開，4 月 5 日。2002 年 1 月 20 日，取自 http://news.sina.com.tw/newsCenter/global/chinatimes/2001/ 0405/3095951.html

王偉仲等（1999）。網路多媒體適性回饋系統與概念建構圖。2002年
　　1月6日，取自 http://acbe.tku.edu.tw/iccai8/18/18.htm

皮世明（2000）。資訊科技在華文教育之應用。2002年1月10日，
　　取自 http://140.135.112.34/多媒體教學㈠.htm

吳聯科（2002）。網際網路上國語文學習系統之建置與成效研究。
　　臺南師範學院資訊教育研究所碩士論文，未出版。

吳鐵雄、林奇賢、邱瓊慧、孫光天、朱國光、趙美蘭（1998）。電
　　腦網路在台灣中小學教育上之應用研究。2002年1月20日，
　　取自 http://linbo.ntntc.edu.tw/

林生傳（1988）。新教學理論與策略──自由開放社會中的個別化
　　教學與後個別化教學。台北：五南。

林奇賢（1997）。全球資訊網輔助學習系統──網際網路與國小教
　　育。資訊與教育，58，2-11。2002年1月10日，取自 http://linbo.
　　ntntc.edu.tw/document/wwwaided.htm

林菁（2001）。資訊素養融入國小國語科全語教學之研究。資訊素
　　養與終身學習社會國際研討會（逢甲大學主辦）。

洪明洲（1999）。網路教學。台北：華彩軟體。

洪朝富、符懋應等（1999）。在 World Wide Web 上的適性教學環境
　　架構。2002年1月2日，取自 http://acbe.tku.edu.tw/iccai8/35/35.
　　htm

洪朝富、黃喬妤等（1999）。WEB 上的適性教學～以國小一年級的
　　數學為例。2002 年 1 月 12 日，取自 http://acbe.tku.edu.tw/
　　iccai8/38/38.htm

張宏明（2001）。高雄市國小教師對資訊融入學科教學的實施企圖
　　研究。國立高雄師範大學工業科技教育學系碩士論文，未出版。

張宗文（2002）。國小學生全球資訊網學習成效之研究。台中師範學院國民教育研究所碩士論文，未出版。

張建邦（2000）。應用網路資源於國中生活科技科教學之研究。國立台灣師範大學工業教育研究所碩士論文，未出版。

教育部（1999a）。*TANet 簡介*。2002 年 1 月 2 日，取自 http://www.edu.tw/tanet/introduction.html

教育部（1999b）。國民中小學教師資訊基本素養短期指標。2002 年 1 月 9 日，取自 http://www.edu.tw:81/information/expand/index.doc

教育部（1999c）。專科以上學校開辦遠距教學作業要點。2002 年 1 月 10 日，取自 http://www.edu.tw/moecc/rs/disl/uc/88049238.html

教育部（2001）。中小學資訊教育總藍圖。2002 年 1 月 20 日，取自 http://www2.edu.tw/moecc/information/itpolicy/itprojects/itmasterplan.htm

陳忠志（1996）。電腦輔助教學設計模式。2002 年 1 月 10 日，取自 http://www.edu.tw/information/docs/caitech/ch03.htm

黃淑敏（2001）。電腦網路學習對學生學習成效之後設分析。國立新竹師範學院國民教育研究所碩士論文，未出版。

壽大衛（2001）。資訊網路教學。台北：師大書苑。

翟本瑞（2000）。教育與社會——迎接資訊時代的教育社會學反省。台北：揚智。

翟本瑞（2001）。網路文化。台北：揚智。

劉曉約（2001）。台灣地區國民中小學校園網路管理現況之調查研究。長榮管理學院經營管理研究所碩士論文。

潘文福（2001）。應用學習單的網路化教學設計與成效分析。國立台灣師範大學教育研究所博士論文，未出版。

蕭惠君（1999）。電腦網路在國民中小學教學應用之研究。國立台
灣師範大學。

Alessi, S. M. & Trollip, S. R. (1985). *Computer-based instruction methods and development.* Englewood Cliffs, NJ: Prentice-Hall.

Department for Education and Skills, DfES (2001). *Schools achieving success.* London: The Stationery Office.

Josefson, J. & Casey, K. (2000). Simulating Issue Networks in small Classes Using the World wide Web. *PSOnline,* December, P843-846, http://www.apsanet.org.

Joyce, B. & Weil, M. (1986). *Models of teaching* (3th edition). Englewood Cliffs, NJ: Prentice-Hall.

Porter, D. (1997). *Internet culture.* New York and London: Routledge.

Russell, G. (2000). School education in the age of the ubiquitous networked computer. *Technology in Society,* 22, 389-400.

U. S. Department of Education (2002). *Strategic plan 2002-2007.* Washington, DC: Department of Education.

創造性寫作教學

壹、前言

Langer 和 Allington（1992）指出小學生的寫作需基於個人的溝通需求，強調寫作主題應該是學生所需要的或所感興趣的，而不是一項教師指派的工作。而教師應對學生的寫作歷程提供支持，包含構思、打草稿、修正與自我評鑑能力的培養，而文法和寫作技巧的教學乃是透過說、寫的歷程來實施，而不是以特別的或固定的形式（例如擬人法）來教導，因為寫作最重要的是要與學生本身的閱讀和寫作經驗有關。此外，寫作應被當作一種情意教學，是引導學生表達思想與感情的教學方法，而引導是一種可以學習的方法和技巧，並需以學生為本位，所以教師不必急著替學生表達或強迫學生學習，而是要尊重學生生活經驗及情感的獨一無二性，並協助學生學習情感的表達，而不是來評價學生的寫作能力和寫作內容。

而寫作教學及創造性教學在本質上有許多互通之處，例如兩者均強調教師的角色是刺激者、引導者；在教學中要給予學生更多主動學習的機會；並強調作品或產品需有創意等（蔡雅泰，1995）。除此之外，創造性教學中有許多教學策略與活動，都能提供學生不同的想像空間，激發學生進行不同的思考。因此，若能將創造性教學的原則與策略應用於寫作教學之中，應可激發學生創作的興趣，擴展其寫作的方向與內容。

筆者認為所有的寫作均是創造的過程，學生所寫出的任何作品均為一個創作品。但因為現在的課堂寫作教學，往往只著重訓練學生的表達技巧及寫作知識，忽略思維上的啟發，因此，強調如何訓練學生有思維的流暢性、變通性及獨創性等的「創造性寫作」（creative writing）教學，便成為創新寫作教學的方法之一。所謂的「創造性教學」是指教師依據創造理論與教學策略，安排教學情境，設計教學方案並實施的教學活動。而「創造性寫作教學」是指將創造性教學運用於寫作的教學活動中，亦即教師依所設計之創造性寫作教學方案所實施的寫作教學活動（蔡雅泰，1995）。「創造性寫作教學」以學生為中心來進行教學設計，強調表達、探索自我及這個世界的能力，亦即學生可藉由以他們自己的文字來轉述他們聽到或被告知的故事，或自己創造故事來獲得流利的表達。

貳、理論基礎

由於心理學的發展，支配寫作理論與實務的典範已經歷經了三個階段的轉移（黃永和，1999）。首先是階段模式（the stage model），其視寫作為知識的線性傳遞歷程，假定意義是寫作者先在腦海中加以釐清並構造之後，再精確地轉譯成可獨立於寫作者之外而存在的文字。其次是認知歷程模式（the cognitive process model），該模式指出寫作行動涉及了任務環境、寫作者的長期記憶與寫作歷程等三個層面的交織歷程；其中，計畫、轉譯與檢視並非單一線性的逐步（step-by-step）歷程，而是具有遞迴循環（recursion）的特性，亦即計畫、轉譯與檢視三者是依寫作者的需要而隨時交錯進行的。最後是受到社會建構論影響的社會互動模式（the social-interaction model），其認為意義是寫作者與讀者經由協商而獲得共享之社會建構產物，因此，研究焦點轉移到寫作任務的情境脈胳（context）與社會的互動歷程（黃永和、莊淑琴，2002），亦即寫作不只是個體心智內的目的與意義之編碼與傳送，也涉及了寫作者與讀者之間

的社會性溝通歷程。

綜合上述的分析可以發現，完整的寫作活動不僅涉及個體心智內的認知歷程，也涉及了共享意義的溝通目的，同時也具有階段性的行為表現。因此，創造性寫作教學涉及以下幾種有關語文學習、寫作與思考的理論。

一、全語文寫作教學

全語文又稱整體語言，它不是一種教學法，而是一種觀念、態度，也是一套有關學習的信念。全語文教學觀將學校中的語言學習，回歸到真實世界的狀態，讓學生藉著寫日常生活中的事物，學習閱讀和書寫。因此，全語文教學的實施是全面性的，不僅是一星期幾天或一天中的某一個時段而已。此外，全語文教學觀更是一種逐漸發展、自然累積的教學觀念，它不是單純地根據某一家的學說而成的，而是綜合各相關領域多年的研究成果，所發展出來的一套完整的教學觀（沈添鉦，日期不明）。

「全語文寫作教學」旨在於激發學生的創意思維，增強學生的寫作意欲，讓學生進行隨筆寫作，並不視寫作為考核學生語文能力的工具，讓學生有充分的抒發機會。此外，教師應在寫作教學的過程、回應及評估中，鼓勵學生多與其他人分享意見，或是為學生組成寫作小組，在寫作前進行分組討論、集體創作、交流意見，然後下筆，並需就其他同學的文章在課堂上即時作出回應及評論，給予學生空間和其他同學討論意見及觀點。如此，除了改變學生在寫作教學中的被動角色，也替學生組成一個讀者群，讓學生能以文章來作為與他人溝通的工具。

二、合作學習

　　語文的功能性意義是交際、溝通和抒發情感。換言之，寫作和說話都是溝通的一種方式，而且是一種發展的過程（由隨意或嘗試到有意義的作為），而在這一連串的發展過程中，處於支配地位的乃是寫作意識及說話意識，所以在寫作教學上，不可忽略了對寫作意識的關照，幫助學生將他想要傳達的訊息表現出來，進而幫助他寫得更清楚、更妥切。

　　由此觀之，寫作學習應有真實的讀者，而讀者在理解監控上扮演著重要的角色，是作者欲與之溝通的對象，故作者需考慮讀者的特性，將其文章的遣詞用句與讀者的知識、能力相配合，以求讀者能理解作者的意思，達到溝通的目的。此外，善於閱讀的讀者也是善於寫作與修改的作者，亦即閱讀他人之作品也會提高自己的寫作能力。因此，合作學習和同儕訂正的模式應納入寫作教學中，藉著同儕之間的合作、幫助，可以提升彼此的寫作層次。而同儕除了可以協助檢修、訂正文句外，還可以一起構思內容、蒐集資料、選擇素材、模擬真實的讀者、發表評論。

　　而「合作學習」主要以異質小組的型態作為活動的方式，重視學生經由合作、分工、分享經驗、協助他人、互相激勵的方式來建構知識，以討論、研究、溝通、協商、回饋等方法來學習（李珀，日期不明）。小組成員有共同的目標、互相幫助、彼此支持，每個人都是教室裡的主角，彼此切磋並完成學習的目標，一方面促進學業的進步，一方面以社會互動來培養良好的人際關係。而教師必須進行團體歷程的檢討與分析，讓學生在反省中學習回饋和修正，以增進合作關係，精熟學習技巧。

三、對話式寫作教學

　　根據建構主義的看法，知識的本質是暫時為真的，知識的發展需依賴多向的溝通與討論的歷程而來，只要溝通歷程中有更好的看法與信念，知識隨時會改變與進步，而同儕間的對話會引發認知衝突，促使學生往更高的知識或理解層次發展。因此，在寫作教學中，運作記憶（working memory）的重要性更甚於長期記憶，而對話不僅是獲取共識的必經歷程，也具有提供多元的觀點、發展寫作模式與深入主題的功能（姜淑玲，1996）。

　　教室中的對話有師生間的對話、同儕對話與自我對話。師生間的對話是指由教師設計並採用能刺激學生更高層次思考的問題，來引導學生思考，以使其思考能力發揮到極致，增長其心智能力；但因教室內學生多、教師少，所以師生間的對話機會少，更無個別化與立即性的回饋。因此同儕間的對話可彌補這樣的缺點，並可使學習權由教師轉移到學生身上，而同儕間的對話除了可以提供學生其他向度的思考內容之外，還兼具有監控與激發省思的功能。至於自我對話則是指學生能以內在、無聲的語言或思考，來控制並引導自己的認知活動。

四、過程式寫作教學

　　寫作歷程大致包含資料蒐集、思維活動、敘寫等三個部分，而這三個部分在早期的階段模式中，被視為是各自獨立、線性組合的階段。但在認知心理學興起之後，寫作則被視為是寫作者、環境與過程交互影響的歷程，而過程取向（process-oriented）的寫作研究受到概念發展研究的影響，認為概念發展歷程有一定的順序。因此，

教師需在最佳時機指導學生的語言發展，而隨著學生的成熟，他們便能學習更加複雜的東西。這個觀點視學生為主動的問題解決者，學生對主題、結構與時事的知識，會影響其寫作的歷程與結果。而最具代表性的是 Hayes 和 Flower（1980）所提出的寫作模式，其包括三大部分：

㈠寫作環境

包含寫作者身外的所有事物，如「修辭問題」（包括寫作主題、讀者及刺激寫作的線索）及「已完成的內容」。

㈡寫作者的長期記憶

包括「寫作主題的知識」、「讀者的知識」及「寫作計畫的知識」。

㈢寫作過程

包括「計畫」、「轉譯」、「回顧」三個過程，這些過程又可分為若干次過程，其中「計畫」又包含「寫作觀念的產出」、「組織」及「設定目標」三個次過程；「回顧」則包含「重讀」和「編輯」兩個次過程。而整個寫作過程並在個體的「監控」（monitoring）之下進行，換言之，寫作是在作者設定寫作計畫後，經過轉譯而產出作品，而所產出的作品又藉著回顧作用不斷的修訂。

寫作歷程的這三個要素彼此影響，並從寫作一開始就交互運作到作品完成。在寫作的歷程中，某些過程常會影響到其他寫作過程的運作，如在檢查時發現錯字，即需回過頭來修改，而停止構思。所以，在既定的寫作目標下，寫作的各項過程是不斷循環運作的。

五、活動式寫作教學

　　「活動式寫作教學」是根據 Hayes 和 Flower（1980）的寫作模式為架構，以五官體驗（眼、耳、鼻、口、手）的觀察、遊戲、活動等方式為教學內容，重視學生的親身體驗，以之誘發學生產生文思，構想寫作內容，並採過程式寫作教學的方式，亦即運用觀察活動、分組討論、同儕互動等多種教學策略，適時介入學生的寫作歷程中（李美穗，日期不明）。

　　活動式寫作教學雖然一開始是以「感官訓練」為首，透過寫作者（學生）親身的體驗、感覺的促動，激發寫作的動機和文思，期盼在一些時日後，能養成學生觸類旁通、敏捷思考的寫作能力。而活動式寫作教學的過程為先引起寫作動機，再發展寫作計畫，此時可透過分組討論，增進先前經驗的回憶，從長期記憶中提取有關的訊息。然後再各組輪流上台發表，以分享及增進學生的文章內容，然後獨立寫作、回顧、檢核與修正。最後則是和同儕互動，互相輪流閱讀對方的文章，指正其錯誤之處，然後讓學生自行修改文章，再交給教師評閱，共同欣賞優良作品。

　　活動式寫作教學強調的是以活潑有趣的活動，來引起學生寫作的興趣及動機，並透過感官的觀察，將想法細膩生動地描寫出來。而活動式寫作教學的特色為：(1)運用多重的寫作策略，且將其方法細步化、組織化；(2)教學以活動為首，透過學生的親身體驗和感覺，使學生有效地提取、運用轉譯訊息；(3)透過師生討論和小組討論，使寫作計畫之執行和寫作之成果更加完美。

六、思路引導教學法

「思路引導教學法」是師生互動、同儕互動、經驗和靈感互動的教學過程，希望藉由討論、啟發、提示以引導學生的思路，並豐富其生活經驗，激發其寫作靈感，以增加寫作材料，使學生的文章言之有物。因此，思路引導不只是針對既定題目進行討論，並且是全方位的靈感醞釀教學，重點不只在於告訴學生「如何寫」，也在於引導他們「怎麼想」，才會想得又多、又深、又遠（張清榮，1995）。

思路引導教學法的目的在幫助學生完成一篇文章，因此，教學可分成「討論作文題目」、「充實文章內容」及「靈感的啟發、捕捉」三方面來進行。首先，作文課應有切合學生生活經驗的適當題目，而命好作文題目之後，教師必須引導學生討論、剖析題目，以使學生能正確地掌握題意。再來是充實文章內容，為使學生的文章言之有物，教師應指導他們思考的方式，並且提醒他們蒐集材料的方向，以獲得足夠的文章內容。最後是靈感的啟發和捕捉，而要獲得靈感，就必須善用「眼、耳、鼻、舌、身」等五官，並以「意識」為主導，這樣才不會在寫作時離題。

此外，在思路引導教學時，教學方法也要力求變化，例如個人報告法、討論法、發表法、觀摩範文法等都可以使用。而在教具方面，則應該脫離「一支粉筆一張嘴」的教學模式，比如圖畫、錄音帶、錄影帶、書籍及實物等，只要能使學生獲得具體印象者，都要蒐羅利用。最後，思路引導的教學不能臨渴掘井，應該長時間地進行這方面的訓練，因為唯有日積月累的學習，再加上反覆的訓練，學生才有可能完成一篇好作文。

七、創造性教學策略

　　創造性教學的研究、著述相當多，無論是驗證效果、理論建構或是提出具體的教學策略。而在創造性教學策略中，最常被用在寫作教學上的有以下九種（林建平，1989；蔡雅泰，1995）：

㈠感官並用法

　　感官並用法是指引導學生使用其五官（視、聽、嗅、味及觸覺），去體驗生活周遭的多種事物，並把這種感受具體地描述出來，以激發學生創作的泉源，因此又稱為「五感教學法」。

㈡圖片聯想法

　　圖片聯想法是指教師以一張或數張連續的圖片，來引發學生的聯想與發表的興趣，並發展成一個完整的故事情節，在講述或寫作故事時，教師可以六W（when, where, who, what, why, how）來引導學生觀察圖片，並想像一個完整的故事內容，而在整體的討論和評鑑後進行寫作。

㈢類推比喻法

　　此法乃指教師指導學生運用其聯想力，去找出許多事物間的相似點，並加以想像、比擬（例如月亮與盤子），這種類推比喻的方法可以啟發學生想像的心靈，使文章及文句更加的活潑生動，亦可使學生豐富的想像力盡情地發揮。

㈣虛構情節法

　　虛構情節法乃是教師設定一些足以引發學生好奇心的寫作題目，讓學生發展想像的翅膀，以虛構故事情節的方式敘說動人的故事。而教師給予學生的寫作題目不一定是學生從沒見過或從沒聽過的，亦可自其熟悉的故事中加以改編與創造。

㈤巧思奇想法

　　巧思奇想法是指教師提示一件東西，讓學生敘述他們的發明新構想，亦可以讓學生以幻想的方式，敘述自己最新奇的一件發明物的創造發明能力及精緻設計能力。

㈥角色想像法

　　想像在學生的遊戲中經常會被運用，在寫作教學中，教師可讓學生設身處地去想像另一不同的角色、人物或動物，設想他們處在不同的角度可能有的想法、觀念、思想或意見等，此法不僅可激發學生的創造力，更能促進學生自我概念的形成。

㈦假設想像法

　　每個人都有心願，也都對未知的世界很好奇，故寫作教學時，教師可指導學生以「假如……」的方式去想像，去幻想另一個不同的世界或可能發生的事。這樣的寫作題材可以刺激學生在討論或寫作時發揮創造力，且題材可以配合「角色想像法」，讓學生進行「假如我是……」或是「假如沒有學校」等的寫作主題。

㈧腦力激盪法

腦力激盪法（brainstorming）是一種思考技術，它是利用集體思考的方式，使思想相互激盪，發生連鎖反應，以引導出創造性思考的方法。在班級教學時，依討論主題的不同及問題的性質，可採用小組討論或全班共同討論的方式進行，以此來激發學生更多的想法。

㈨屬性列舉法

屬性列舉法是先讓學生就所討論的東西盡量列舉其各種屬性，無論好壞，再提出各種可能的改進或改造，以使其更完善的方法，此法常用於對物品的改革創新、觀察、分析或發現物品間的關係等。

而在進行創造性寫作教學時，除了上述的策略外，教師所需具備的態度是，教師只是學生學習的促進者，不應獨占整個教學活動。此外，在運用各種創造性教學策略時，教師會提出問題供學生思考、討論，因此教師應對於發問的技巧以及原則多加了解，以使所提出的問題能引起學生的興趣，刺激其思考、發言，使創造性寫作教學更有效用。

參、教學流程

筆者根據創造性寫作教學的定義與理論基礎，進行教學活動的設計並在自己的班級中予以實施，而其教學步驟有八：

一、技巧教學

每一節寫作課的開始都是以學生上一次寫作中出現的錯誤，例

如標點符號、錯字、贅字、贅詞、成語等,來作為寫作技巧的教學重點,教導學生正確的遣詞用字與適合的寫作方式。此時,通常使用投影片與投影機來輔助教師教學。

二、單元教學

通常以問答的方式來幫助學生進行資料蒐集與思考的工作,此時大多使用腦力激盪法來盡可能蒐集所有的資料,然後再加以綜合說和寫,並將蒐集到的資料加以分類和排列,列出各段綱要,以進行寫作。而在寫作之前,為避免學生以單句作為一段,可以先讓學生把想寫的話說一次;若是太短或是不合邏輯,則可以再以更精細的問題來增長或請同學互相幫助。

三、分組討論與寫作

接著是分組活動,目的在讓學生集思廣益,分組討論與合作寫出一篇範文,此時因有上一階段活動的輔助,所以寫作的速度與文章架構都相當不錯。而分組寫出文章之後,請每一組派代表將其創作唸出來,讓全班學生共同欣賞與改正,以作為個別寫作的參考。

四、個人寫作

接著進行的活動是讓學生根據自己的思考、想像、理解與情感,個別寫出自己的文章。

五、成對修改

然後讓學生兩兩一組,互相欣賞與批改彼此的文章,提出對方的文章在用詞、遣字、標點符號與組織架構上的問題,以供對方改

寫文章。

六、全班分享與修改

　　在個別學生修改完文章並謄寫（通常是當作回家功課）之後，抽取幾位學生（每次的學生不同，以便讓每位學生都有機會發表），讓他們將自己的文章唸出來給全班同學欣賞，此時，教師也需針對學生作品的缺失提出建議與問題，以供學生參考。而其他學生的作品則由教師私下評閱，提供修改的意見。

七、謄寫並張貼

　　課程進行的最後一個活動是讓學生再根據同學及教師的建議，將文章重新謄寫一次（亦當作回家功課），然後將全班學生的作品張貼在教室內，提供同學相互觀摩的機會。

八、製作小書

　　學期末時，請學生將自己在各個單元的文稿（包括教師批改的文稿；至於分組討論的文稿，則由教師保存，不放入學生個人的作文書中），依照順序排好，再加上教師給的封面與封底，製作成小書，加以保存。

肆、結果分析

　　經過一學期的創造性寫作教學後，筆者發現全班學生都有不同程度的進步，以下將分別呈現學生的進步情形。

一、量的改變

八組學生在四個教學單元中所使用的文章字數統計如下：

➡ 表一　各組在四個單元中所使用的文章字數表

	第 1 組	第 2 組	第 3 組	第 4 組	第 5 組	第 6 組	第 7 組	第 8 組
單元 1	129	124	229	109	108	168	189	138
單元 2	128	241	301	305	257	256	258	192
單元 3	336	425	361	550	334	395	419	301
單元 4	200	325	379	348	338	274	342	329

　　從上表中可以發現，每一組到了三、四單元，在文章的字數上都有長足的進步，顯示出學生的文思已有成長。此外，學生的寫作表現從原先的彼此差距大，到後來各組之間的差距變小，可以推知創造性寫作教學可以相當的提升學生的寫作能力。而第三單元普遍比其他三個單元的表現為佳，可能是因為此一單元使用「動物狂歡節」的錄音帶來教學，且使用了六段音樂，因此，學生的寫作材料較多的緣故。

二、質的變化

　　再從文章內容來看，學生對於標點符號的使用能力愈來愈好，從原先的只有句點，到後來的大多數都正確的情形來看，寫作技巧的教學是相當有效的。而文章中的錯字與注音字也大量減少，並使用較多與較正確的成語或狀聲字來寫作，甚至連文章跳句的情形不

再、文句長度有增進、說明得相當清楚、分段較為適切等,也都是學生寫作表現的重要改變,所以學生的文章閱讀起來除了內容充足之外,也較為順暢、較易理解。

　　以下筆者以第三組為例,將第三組的四篇文章都呈現出來,以使學生寫作的品質得以呈現。此外,為了真實呈現學生的進步,因此以下所引用之學生作品中的錯誤皆不予改正。

有魔力的青蛙

　　有一群有魔力的青蛙坐著荷葉使法術讓荷葉會飛他們坐著荷葉到人們住的地方想去那兒探險突然有一陣強風吹了過來把整群青蛙都吹散了有一些青蛙飛到了被單裡有一些安全無事可是卻有一些青蛙的荷葉飛走了後來有一隻青蛙把全部有受傷的青蛙都救了起來一啟向著另一個地方前進了正在那時候有一隻小狗攻擊他們他們生氣了整群向小狗攻了過去因為數量太多了所以小狗會怕就一直往前跑心裡還很緊張後來小狗就成功的逃走了青蛙就向另外一個地方前進葉子突然沒法力所以大家就很傷心的在那兒過夜了

西元二〇五〇年

　　在西元二〇五〇年有一位長的交小玲龍的外星人,脾氣非常溫和,智商可高達2050呢!他的工作在海底城市捕魚他們的生活環境非常的美麗不會有造音的出現,他至少可活100年從來沒有生病過,他們的食物是魚類,他們常穿的衣服的是

盔甲、太空服……等。

他們住的地海底城市叫「海龍宮」所以他們每一個人都會游永他們天天吃海鮮大參，就一天一天的增胖，外星人主要走的路是「空中馬路」利用磁鐵來走路叫座磁浮作用，每個外星人都有一個共同的事號就是常做遠距離教學，開發機器人，所以他們每天日葉不分的工作但偶爾也會打打電腦一打就是二、三天所以眼睛種的像青蛙的眼睛。

辛巴滿月的那一天

今天是辛巴滿月的一天，大家為了慶祝辛巴，就決定在早上的池子邊舉行「慶祝大會」。

號外！獅子大王來了，大家準備開始表演，獅子大王帶著辛巴、母獅子走進會場，大家也熱烈歡迎他們。

首先有三隻猴子進場，身上穿著五顏六色的小丑衣，還戴著一頂卡通人物的小帽子，表演丟小球，還嘻皮笑臉的邊唱邊丟球呢！後來突然失手大家都哈哈大笑，最受不了的可是天鵝姊姊和兔子妹妹了！

接下來大象妹妹準備為我們高歌一曲，啦～啦～啦，大象妹妹唱的真是魔音傳腦呀！可是獅子大王和辛巴卻很高興，大象妹妹滿臉淚水，真是可憐。

後來是兔子妹妹表演舞島，嘿咻！嘿咻！一二三！真是精采呀！大家給牠熱烈的掌聲。

最後終於輪到了如花似玉的天鵝姊姊表演游泳的正卻方法，動作真是柔和、優雅，最後舞會終於結束了，辛巴也過完了

精采的一天，其他的觀眾都大聲的說：「真是精采呀！」

帽子雨

有一天在億大利的米蘭城市裡，他們十一月份的天氣是很不好的，今天卻天氣晴朗，有一位李先生去銀行領錢，突然看著天空，整個人都楞住了，後來蔡先生撞到了李先生，遍大聲的說：「李先生呀！你走路到是看著天空走的嗎？李先生急忙回答：「你先別罵我，快看天上呀！」蔡先生照著做，唉呀！怎麼下了「帽子雨」了，大家紛紛的去撿合適自己的帽子，還為了這吵架呢！

帽子雨越下越多，怎麼撿都撿不完，後來帽子大多都把馬路都佈滿了，但是「帽子雨」還是下個不停，帽子越積越多，最後連汽車都無法行走，只要一打開窗戶一堆免費的帽子都送進了米蘭人的房子裡，又增加了一個付單，隔一天早上才發現有人被壓死，還有房子裡都是帽子，不能住人了，就決定去找為什麼會下帽子雨的原因，才能再住下來，大家辛苦的找，才知道外星人在船上賣帽子，遇到了報風雨，船就翻了，帽子就全掉了，掉到了米蘭城市裡，才會下「帽子雨」。

三、學生的整體表現

經過四次的寫作教學之後，學生參與寫作和分組討論的程度大幅提高，寫作的表現更是大幅增進，不只是寫作能力高的學生，也包括一向作文不怎麼好的學生，而這主要可由家長的回饋、學生對

作文課態度的改變與學生各單元的作品中看出。許多學生的文章在教學前有文句跳脫太多、太快，連貫性不夠，亦不太通順，且贅字、贅詞頗多的情形，但在創造性寫作教學實施之後，學生在上述問題上大多有較佳的表現。

此外，經過一學期的創造性寫作教學的實施之後，學生的作文字數從平均每篇一百五十個字，進步到每篇約三百一十個字。而學生寫作時也有明顯地使用成語、正確地使用標點符號，以及運用各種感官來加以描述的情形；更重要的是句子長度從平均每一句十個字，拉長到一句二十個字，錯字與注音字也明顯減少，文章的品質與可看性皆大幅提升。

伍、適用性及限制（代結論）

寫作教學是先說話而後文字的，語言順暢才能我手寫我口，但是學生的生活經驗較少，若是任由學生自己寫作，是很難有好成果的。而由上面的說明可以發現，創造性寫作教學對於提升學生的討論參與程度、寫作表現、成語的使用、閱讀能力與溝通能力都有相當大的幫助，更在說明文與記敘文的訓練上有其功效。

但因為創造性寫作教學是分組討論後再個別寫作，所以難免會出現有些學生是以分組討論的文章作為個人寫作的範本，因而只達到抄寫功用的問題。此外，因學生能力的限制，所以在成對批改彼此的文章時，學生大多集中注意力於錯字、標點符號及成語的使用等表面的問題上，較少針對文章的組織與架構提出意見或建議。再者是創造性寫作教學的時間相當長，除了作文課的時間之外，仍需要事後的批改、修改與謄寫，花費的時間不可謂不多，在實際教育

現場中，是否每位教師都有時間這樣進行，是一大疑問。接著是人
力資源的問題，在創造性寫作教學單元的進行中，教師除了準備教
材、媒體之外，還要多次批閱學生的作品，以一個國小教師的工作
量來看，實在是不可能再負擔這些額外的工作，因此創造性寫作教
學實施時，應有其他的人力支援（例如實習教師或班級愛心媽媽），
否則教師可能會因為缺乏體力或工作壓力過大，而放棄實施創造性
寫作教學。最後，是否每個寫作單元都要利用創造性寫作教學來進
行，教師是否受過引導學習的相關訓練，教師是否具有讓學生嘗試
錯誤、挑戰教師權威的開放心態，也是重要的影響因素。因此，「創
造性寫作教學」要在實際的國小教育現場中實施，仍有相當大的困
難性存在。

參考書目

李珀（日期不明）。合作思考教學。2003 年 1 月 18 日，取自
　　http://www.fhjh.tp.edu.tw/erc/Cooperative%20Learning.htm

李美穗（日期不明）。活潑有趣的作文教學。2003 年 1 月 18 日，
　　取自 http://mail2.tmtc.edu.tw/~ge88124/2.htm

沈添鉦（日期不明）。認識全語教學。2003 年 1 月 18 日。取自 http:/
　　/163.26.35.2/class/default.htm

林建平（1989）。創意的寫作教室（四版）。台北：心理。

姜淑玲（1996）。「對話式寫作教學法」對國小學生寫作策略運用
　　與寫作表現之影響。花蓮師範學院國民教育研究所碩士論文（未
　　出版）。

張清榮（1995）。談兒童作文「思路引導」教學。國語文教育通訊，

11，12-26。

黃永和（1999）。網路輔助寫作環境之探討。國教學報，11，283-306。

黃永和、莊淑琴（2002）。結合多元智慧的網路輔助跨課程寫作教學方案及其成效之研究。國立台北師範學院學報，15，51-86。

蔡雅泰（1995）。國小三年級創造性作文教學實施歷程與結果之分析。屏東師範學院國民教育研究所碩士論文（未出版）。

Flower, L. & Hayes, J. R. (1981). A Cognitive Process Theory of Writing. *College Composition and Communication, 32,* 365-378.

Hayes, J. R. & Flower, L. S. (1980). Identifying the Organization of Writing Process. In L. W. Gregg & E. R. Steinberg (Eds.), *Cognitive processes in writing.* New Jersy: Lawrence Erlbaum.

Langer, J. A. & Allington, R. L. (1992). Curriculum Research in Writing and Reading. In P. W. Jackson (Eds.), *Handbook of research on curriculum: A project of the American educational research association.* New York: Macmillan.

主題式統整教學──設計與實施

壹、前言

由世界各國教育部與世界銀行出資進行的全球中學生學業評量的結果顯示，在全球三十八個國家的八年級（相當於台灣國中二年級）學生中，台灣中學生的科學成績高居世界第一、數學也高居世界第三（明日報，2000a）。對此，中央研究院院長李遠哲表示，我們台灣有很好的學生，但我們的教育把他們訓練成為考試技術工人，卻在創意、追求新奇方面仍舊相當不足。他認為，台灣的教育讓國中、高中生在應付考試上已經精疲力竭，當這些學生進入大學後，就像個老頭子一樣，根本沒有年輕人的活力，也不想再去學習。李遠哲認為教育是一輩子的事，「教育應該是全人教育」，真正的教育要能培養出有道德、健康、有理想、又有學問的人（明日報，2000b）。而當時擔任教育部長的曾志朗，雖然對此成績表示相當欣喜，不過他也強調，國中生的教育不能只局限在數理科學方面，而應全方位教學，否則，其他科目的成績差，「結果還是差嘛！」（明日報，2000c）。

從李遠哲院長與曾志朗部長的談話，就可以看出我國教育改革的方向。雖然台灣學生的學業成績相當優異，但許多學生在學校的分科學習中，未能發展出統整的知識與技能，因此無法成為一個具備知識的決定者與公民，此波教育改革就是為了扭轉過去太重視學科成績的弊病。為了落實教育改革的理念，《九年一貫課程暫行綱要》二〇〇〇年九月公布，九十學年度起正式實施，而本次課程改革最重要的一個特色便是強調「課程的統整」。

台灣經濟快速發展，社會結構高度分化、複雜化，政治上則是

自由開放。為了解決因而產生的經濟、社會及政治等方面的問題，符合社會追求「後現代」的趨勢，教學革新遂成為教育改革的重點之一（林生傳，2000）。教育部（2000）在《國民中小學九年一貫課程暫行綱要》的〈基本理念〉中，更明白指出：人本情懷、民主素養、鄉土與國際意識、終身學習以及統整能力之培養乃本次新課程的五大基本內涵。為使國民中小學能順利實施九年一貫課程，教育部在八十八、八十九學年度選定三百三十二所國民中小學進行九年一貫課程的試辦。依據各校的試辦經驗，各校多以「主題式教學」（thematic teaching）來進行試辦教學，以高雄市的國小為例，在二十三所試辦學校當中，每校皆至少進行過三次主題教學（高雄市教育局，2000a），可見主題式教學已經成為推行九年一貫課程統整教學的重要模式。本文即探討主題式統整教學的相關理論與實施概況，期能作為教師實施九年一貫課程教學的參考。

貳、主題式統整教學的設計方式

　　主題式統整教學可能涉及兩個層次的建構，一是關於教學內容的學科知識的建構，另一則是學習方法或策略的建構。主題式統整教學因課程內容的設計並無既定外在形塑之限制，其知識建構的核心源自所選擇的主題。依課程設計的泰勒模式而論，課程設計的四大程序，依序為：教學目標的決定、教學內容的抉擇、教學內容的組織，以及課程的評鑑等。據此，主題式統整教學的設計基本上可以歸納為：主題的選擇和評估、主題概念網絡的發展、主題教學活動的設計、教學策略，以及評鑑學習的方式等五部分，茲分述如下：

一、主題的選擇

在統整課程中，主題的選擇是重要的，缺乏統整的中心，卻勉強將不同的課程領域併在一起，那只是假混合，並非真正的統整（黃政傑，1998：300）。在課程統整中，計畫始於一中心主題，然後藉此展開教學計畫。Kovalik 和 Olsen（1994）表示，所謂「主題」是協助個體認識各種觀念、理論和事物相互關係的認知結構，而且學習者可透過主題來了解各學科間的關係、調整擴充原有基模，以利於不同情境的遷移。課程統整主題的選擇範圍可以根據學生興趣、教科書中的單元、近來的社會問題及抽象概念等。教師也必須採用適當的要領來檢視豐富的主題來源，且有意義的主題才能統整重要的學科概念與觀點，而不至於組織建構無價值、瑣碎的，以及過於人為做作的連結。選擇有意義主題所需要注意的要領，包括挑選的主題必須具有包含該年級所應學習的技能與知識能力的廣泛性和普遍性，使各學科針對主題目標，作完整的學習探究。其次，好的主題也應該呈現學科基礎的模式，包括學科的一般觀念、分析概念和結構，以及顯現學科間的相似性及對比性，最重要的是引發學習者的好奇心理和探究欲望。

Fogarty 和 Stoehr（1995）指出，主題的決定可以有下列的步驟：

1. 進行主題的思考及腦力激盪。
2. 將討論結果列成表格。
3. 加入、插補入規準（criteria）。
4. 處理主題。
5. 將其置入活動設計中。
6. 選擇目標及評鑑方式。

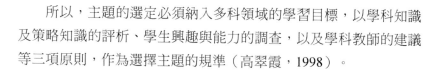

　　所以，主題的選定必須納入多科領域的學習目標，以學科知識及策略知識的評析、學生興趣與能力的調查，以及學科教師的建議等三項原則，作為選擇主題的規準（高翠霞，1998）。

二、發展主題的概念網絡

　　教師必須根據學生的心智發展、學習狀況，以及課程標準或綱要的規定，來考量學生應該精熟最基本、最重要的概念與技能，進而研擬具體、有關聯性的教學計畫（Kovalik & Olsen, 1994）。主題式統整教學乃運用學科知識來探索統整課程主題，進而學習到各學科重要技能和概念。在設計時，可先藉由與主題有關的適切問題，作為該主題目標範圍和次序的基礎，然後思索該統整主題的概念和意義，與需要採用哪些學科的技能和知識。因此，主題統整教學不該只是「快樂有趣」，而且還要具有學習者所應該學習的學科概念與技能。

　　此外，課程組織應該強調順序性與繼續性的垂直組織，以及著重課程內容統整性的水平組織（黃政傑，1998）。也就是統整主題所包含的目標與概念，除了考量學科之間的聯繫外，也應該同時考量課程短期或長期性的順序。從教學實務視之，在主題選擇之際，發展主題的概念網絡，一方面有助於教師合理設計課程及組織教材；另一方面亦可使學生了解其本身既有的知識結構，如此有利於學生將所欲學習的新資訊與既有的知識結構結合，並規畫出應有的學習方向與重點。

三、主題式統整教學活動的安排

　　學習活動應該具有教育意義，也是達到基本教育目標的手段，

主題式統整教學的學習活動是依據教師課程觀及學習觀來設計的，如果教師對統整課程目標沒有清楚的概念，只是企圖整合所有科目，則容易設計消耗時間、而無意義的學習活動，甚至曲解各科的學習目標。主題統整課程強調學科知識內容的關聯性、學生自主探究學習、學生從自身經驗中建構學習意義的看法，作為設計學習活動的前提。因此，教師並非武斷地蒐集設計自己有興趣的活動，而是提供學生理解主題概念與觀點、整合知識與生活經驗、兼顧認知、情意與技能領域的學習活動。綜上所述，主題式教學的進行宜符合：以學習者核心、學習時間彈性化、學習資源多元化、學習知識統整化、教學計畫系統化、學習氣氛合作化等六項原則（高翠霞，1998；Post et al., 1997）。

四、學生學習的評量

　　主題式統整教學的評量必須與教學目標和教學活動緊密相關，伴隨在教學過程的歷程當中，評量重點不再只著重學生學習知識記憶的程度，以及標準化紙筆測驗，而是要掌握學習者從起點到學習終點這段時間中的整體表現。

　　近年來由於認知心理學的勃興與智力理論的新詮釋，其採取的評量方式分別為：知識結構取向的課程本位評量（curriculum-based assessment）；情境、行動取向的真實評量（authentic assessment）、實作評量（performance assessment）、檔案評量（portfolio assessment）、生態評量（ecological assessment）；準確、效率取向的電腦本位測驗（computer-based testing）；以及互動、協助取向的動態評量（dynamic assessment）（莊麗娟，1999）。主題式統整教學的評量實施，即符合此趨勢。

　　主題教學的評量是為了使學生在學習方面有更好的表現。教師依據教學過程中的不斷評鑑，不但可以觀察學生理解與迷思的情況，也可作為本身活動設計反省的憑據，使下個單元的設計更為完善。

五、評鑑主題統整課程方案

　　課程評鑑是課程發展的一部分，是評估整個從目標到方案設計、活動設計、實施過程與教材內容等發展過程的必要工作（黃政傑，1998：352）。而主題統整課程方案評鑑目的，就在於蒐集資訊評估課程目標、課程組織要素與概念、課程發展過程與採用教材，以及課程修正刪除的適當性，最後檢視出該課程的優點與缺點，以作為課程改進的依據（UNESCO, 1982）。評鑑範圍則應包括：課程教材、教學計畫、實施成果等（教育部，2000）。

　　根據《國民中小學九年一貫課程暫行綱要》課程評鑑應由中央、地方政府與學校分工合作，各依權責實施（教育部，2000）：

1. 中央政府：建立各學習領域學力指標，並督導地方及學校課程實施成效。
2. 地方政府：負責辦理與督導學校舉辦各學習領域表現測驗。
3. 學校：負責課程與教學的評鑑，並進行學習評鑑。據此，學校應該對主題式統整教學的課程方案進行評鑑，以檢視課程的優缺點。

參、主題式統整教學與課程統整

　　當代學校教育所面臨的主要困境，就是學生在離開學校後，很少有人能有足夠的能力，應付真實社會中生活所需。因為社會生活

所需的知識與技能，並非如教室中各個獨立學科一般界限分明，而是需要將所學的學科知識和技能加以整合，才能加以應付。所謂「統整」（integration）就是「將兩個或兩個以上，看起來不相同但卻相關的概念、事物或現象組成一個有意義的整體」，課程統整就是，「將兩種或兩種以上的學習內容或經驗，組合成一種有意義的、統整的學習內容或經驗」（黃炳煌，1999）。

　　「課程統整」之所以受到特別重視，可歸納成下列幾個原因（黃炳煌，1999；方德隆，1999b）：

㈠反映真實世界

　　真實的世界是整體的，是不能分割的，所以課程也必須加以適當的統整。

㈡知識是社會的建構

　　後現代或後結構主義皆認為知識並非固定的或普遍的，而是社會建構而成的。分科課程缺少堅實的認識論之基礎。

㈢知識爆炸

　　處在知識爆炸的時代，有很多新知識要傳授給學生，如果我們採取新增教學科目的方式，則課業極其繁重的學生，將更不堪負荷，所以要採取領域設計的方式去統合學習內容。

㈣社會問題層出不窮

　　家庭暴力、犯罪、環保、性氾濫等社會問題層出不窮，在傳統的分科設計型態之下，實無法快速而有效地予以反映並加以處理，

必須同時整合、活用相關各學科的知識，才可望有效解決這些社會問題。

㈤腦功能研究之支持

人腦是一個整體性的作業系統，重要的基本能力大都是經整體而又自然的學習中學得，外界既成的結構、邏輯或順序，無法直接進入心靈結構中，而是必須經過分析和重組，與內在的心靈結構發生一番交互作用之後，才能被安置在既有的心智基模（mental schema）中（陳新轉，1999），因此，課程必須加以統整，以符合人腦的功能。

㈥多元智慧理論之支持

Gardner（1983）的「多元智慧理論」指出，人類的智能至少有：語言、音樂、邏輯－數學、視覺－空間、肢體－動覺、人際、內省等七種智慧。而最有效的教學方法是同時透過不同的智慧去學習特定的學習內容，故統整課程是非常必要的發展。

從以上論述可知，統整學習遠比各學科分開獨立的學習更為有效，故進行課程的統整教學，實有其時代性與必要性。而九年一貫課程除了將小學六年、國中三年採直線式的設計外，最大的課題與挑戰，即是如何將目前科目本位的課程型態，改變為統整的課程。以學習領域取代傳統科目的課程統整，實為國民教育階段九年一貫課程改革的核心議題（方德隆，1998a，1999a，1999b）。

統整課程設計的重要目標，就在於整合各學科的觀點來探究問題、議題或主題，讓學生探究的過程中，掌握到各科內容的關係。

教育部在《國民中小學九年一貫課程暫行綱要》中明確指出，在符合領域學習節數的原則下，學校得打破學習領域界限，彈性調整學科及教學節數，實施大單元或統整主題式的教學（教育部，2000）。而統整的內容必須涵蓋知識、技能、情意與行動，統整的理由則始於對傳統科目本位課程的反省，林怡秀（1998）歸納國內外許多學者的觀點，將課程統整歸納為以下六類：

1. 單一學科統整：教師在進行某一學科的課程規畫時，將教材融入學生的生活，或將相關學科教材的內部知識加以統整。

2. 多元學科的課程統整：以某個共同主題進行相關學科的連結，但學科間仍保持分立。

3. 科際整合的課程統整：對學科知識加以解構重組，將數個學科整合在同一時間進行教學，學科間已無界線。

4. 超學科主題式的課程統整：依據學生特性與能力設計主題，課程規畫不考量學科分界。

5. 超學科領域分析式的課程統整：以生活議題進行領域的劃分，再由領域規畫細部課程，以作為授課內容，已無傳統學科分界。

6. 學生自主的課程統整：學生自行發展、進行學習，學習內容由學生自己決定，教師作為一個學習的諮商者，支援但不干涉學生學習，學生需為自己的學習負責。

上述六種課程統整的方式，皆能以主題式統整教學的方式來進行，教師可以採取某一主題，將某一學科或某些教材加以統整；教師也能根據某一主題進行科際或超學科式的課程統整；教師在分析領域與輔導學生自主學習時，更能選取某一主題來實施。鄭淑慧

（2000）歸納指出，統整課程的設計必須先設定中心主題，然後在依據此一主題確定與主題相關的教學活動。

　　因此，主題教學是目前實施九年一貫課程統整的可行策略，其理由有下列四項（高翠霞，1998；楊志能，1999；教育部，2000）：

㈠主題式教學提供良好的知識建構的學習情境

　　主題式教學兼顧了知識的廣度與深度，適合不同能力水準的學習者，其課程內容的設計並沒有既定外在型式的限制，其知識建構的核心來自所選擇的主題，順此而下再來規畫與該主題有關的知識內容與學習方法。

㈡主題式教學提供團隊合作的學習經驗

　　團隊合作是未來社會生活的主流型態，學校的學習環境應該包含這樣的學習經驗，主題教學通常採用小組教學，十分重視合作學習，而小組成員被認為是異質性的團體成員，成員的互動與對話，不僅有利於思考的激盪也有助於團體凝聚的形成。

㈢主題式教學的學習型式比較契合人類智能的本質

　　Grander（1983）提出的多元智慧觀，認為人類智能至少包含語文、邏輯－數學、視覺－空間、音樂、肢體－動覺、人際及內省等七項智慧，傳統教學的重點多半著重於語文、邏輯－數學、視覺－空間等智能的訓練，音樂、肢體－動覺、人際及內省智慧多被忽略。主題式統整教學的學科內容及學習方法整合，較能兼顧人類多元智慧的發展。

㈣主題式教學符合現階段國民教育的實況

現階段的國民教育仍傾向於保留學科界線，國中階段課程採分科教學行之多年，以主題來統整課程內容的方式符合師資培育與教師教學的實況。

肆、主題式統整教學的施行實況

本文以高雄市推動九年一貫課程的實際經驗為例，來說明主題式統整教學的施行狀況，並根據相關研究的發現來探究實施主題式統整教學的正面成效與遭遇困難，茲分別說明如下：

一、實施概況

以高雄市推動九年一貫課程「主題教學的規畫與實施」問卷（高雄市教育局，2000a）來看，在二十三所九年一貫試辦國小之中96%的老師都設計過主題教學活動，曾設計五次以上的老師有34%。其實際作法有：蒐集教學資料、發展教學理念、決定教學主題、實施教學活動、省思與回饋六項步驟（高雄市教育局，2000b）。如下圖11-1：

而高雄市第一所九年一貫學校——翠屏國中，在八十八及八十九學年度試辦九年一貫課程期間，採學校本位主題式統整課程。配合學校之特色與願景，結合全校老師共同擬定大主題，每個學期實施兩個主題，分兩個學年四個學期進行。統整主題確定後，以學年為單位，依每一個主題分別擬定：主題教學實施計畫表、主題教學教學計畫表，以及主題教學統整架構圖作為實施之依據。採用融入

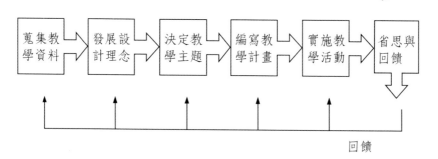

蒐集教學資料 → 發展設計理念 → 決定教學主題 → 編寫教學計畫 → 實施教學活動 → 省思與回饋

回饋

▶ 圖 11-1 主題教學流程圖

法與傳統課程一同實施。課程原本就是教學進度的內容，只不過調整了前後的教學順序，所以採融入的方式將主題統整課程嵌入傳統課程的教學進度中，一方面可實施統整課程，另一方面又不會影響正常教學，二者皆可兼顧，是一可行的方式（楊志能，1999）。翠屏國中實施八大主題之內容如下表：

▶ 表 11-1 翠屏國中主題教學一覽表

期　　　　程	主題目標
八十八學年度上學期	認識新環境（開學）
八十八學年度上學期	叢林嘉年華（校慶）
八十八學年度下學期	新世紀主人翁（青年節）（兒童節）
八十八學年度下學期	愛在心裡口要開（母親節）
八十九學年度上學期	翠屏走透透（開學）
八十九學年度上學期	歡喜來逗陣（校慶）
八十九學年度下學期	男女蹺蹺板（青年節）（兒童節）
八十九學年度下學期	媽媽的好幫手（母親節）

二、主題式統整教學的評價

㈠正面的評價

　　根據高雄市推動九年一貫課程「主題教學的規畫與實施」問卷（高雄市教育局，2000）來看，在二十三所九年一貫試辦國小之中96%的老師都設計過主題教學活動，曾設計五次以上的老師有34%。試辦之後有90%覺得成效良好，且90%以上的學生感到有興趣、學習態度高昂。翠屏國中楊志能校長在實施主題教學之後，指出其優點有：(1)落實「九年一貫」的課程設計；(2)大幅保留學校彈性設計空間；(3)課程內容的簡化；(4)課程以主題方式設計，注意統整，並兼顧地方及生活特性；(5)配合未來週休二日之設計（楊志能，1999）。

　　依陳芙蓉（2000）探究愛籽國小發展「主題活動」統整課程的實際情形，發現「主題活動」可作為課程統整、學校本位的課程，以及教師培養課程統整能力的實踐場域。「主題活動」所呈現出的特色，包括以學生為中心、強調師生共同設計、活動中培養能力、讓學生實際體驗、實踐學習，並重視學生生活經驗的連結等等，在在都符合「活動課程」的特徵。此外，教師協同教學、評量多元化，以及課程彈性化等也是「主題活動」的特色。

　　職是之故，主題式統整教學的優點可歸納為下列三點：

1. 課程與教學更彈性多元

　　透過主題式統整教學，將原本分立的學科，加以統整，並且將領域中的教學內容加以重新規畫，或調整教學順序，使得課程與教學更為彈性多元，可以藉此實現九年一貫課程的理想。

2.提升學生的學習意願

主題式統整教學的設計強調以學生為中心的教學設計,讓學生實際參與體驗,能提升學生的學習意願。

3.促進教師專業成長

教師參與主題式統整教學活動設計、協同教學,以及多元評量的過程,可以獲得專業成長。

(二)負面的評價

依據高雄市推動九年一貫課程「主題教學的規畫與實施」問卷(高雄市教育局,2000),主題教學遭遇的困難可分為三方面:

1.教學活動方面

教學時間的掌握與安排困難;教學準備工作頗費心力,教師負荷很大;教材蒐集非常耗時;學生秩序及安全難以掌握;科任教師參與度不高;教師規畫主題的能力不足;教師共識不夠,協同教學不易進行。

2.資源整合方面

與家長溝通有障礙;需要家長協助,但人力不足;有些家長配合度不高;缺乏諮詢管道。

3.行政配合方面

行政支持與協助不夠;資源整合並未建立資料庫,造成教師取得不易;無法提供完善的教學媒體以供教學。

楊志能(1999)由翠屏國中小的實施經驗中發現,主題式統整教學的困難主要有下列三點,即:

1.此種新的教學方式對教師的授權過大,基層教師目前似乎能

力仍有待加強。

2. 主題式統整教學所採用的跨學科或跨領域的教學規畫，不見得比傳統教學方法更有利於學習。

3. 課程改革造成教學時數縮減，學生程度是否會因而下降不無疑問，教師授課時數多，缺乏備課時間，難以設計精緻的教學方案；且國中多年來皆採分科教學，升學狀況是評估辦學績效的主要指標，影響教學創新的推動。

陳芙蓉（2000）則認為，「主題活動」在發展中遭遇最大的問題是關於「人」的問題，其他則是有關「課程設計」、「教師工作負擔」，以及「時間與人力資源」等方面的問題。林霓岑（2000）的研究也發現，統整課程實施時行政支援與相關概念仍嫌不足，主題與教材內容整合不易，且教師的時間不足，意願也不高。

歸結上述觀點，主題式統整教學的遭遇主要困難，有下列三項：

1. 變革幅度大，不易落實

國中實施分科教學與重視升學狀況，影響教師採行主題式統整教學的意願：國中教學多年來皆以分科方式進行，各科教師之間少有課程設計與教學上的交流，且學生高中入學測驗的成績表現，是家長與社會大眾衡量學校辦學績效的最主要指標，使得主題式統整教學難以落實在日常的教學活動中。

2. 加重教師與學生負擔

教師除了原有的教學進度之外，如果要再進行主題式統整教學，勢必影響教學進度；又，教師要實施主題式統整教學必須投入額外時間設計教學，增加了教師的負擔。學生則因為主題式統整教學的實施，在原有的作業之外，增加不少「學習單」等額外作業，導致

課業負擔加重。

3.對學習不見得有利

　　主題式統整教學進行後，教師往往缺乏時間繼續深入補充，使學生對主題的理解僅止於膚淺的表面，對教學內容不能進行深度的思考，容易形成「熱鬧有餘，學習不足」的窘境，對學生的學習效果並不一定會比傳統的教學好。

伍、省思與展望

　　近年來國內教育改革的推動，普遍引起社會大眾的廣泛重視與關心。在迎向教育改革的新世代，課程的變革、教學的活化亦是其中的重點。課程統整不僅只是組織學科內容的技術，或重新安排學習計畫的方法而已，它是一種課程設計的理論，包括對學校的目的、學習的本質、知識的組織和使用、教育經驗的意義等觀點。課程統整不可被簡化為以某一主題為中心，僅止於將有關學科領域的內容和技能關聯起來。課程統整是一種課程設計，打破學科限制，師生共同擬訂問題和議題，增加個人和社會的統整。

　　前教育部長曾志朗指出，九年一貫課程改革的精神就是「教學創新」，教育改革就是要改變教與學的方式，由教師創新課程，透過與其他教師及家長的溝通討論，善用社區資源，以創新教學。隨著相關政策與法令的鬆綁和催化，教師的專業自主意識與知能皆有所提升，再加上社會多元價值的發展，在在都為主題式統整教學提供了有利的發展條件。如果未來教師參與課程改革與教學創新的意願能有所提升，行政支援與課程評鑑制度都能充實與建立，教育改革的願景就有實現的可能。

參考書目

方德隆（1998a）。課程分化與統整：九年一貫課程之理論與實際。
　　發表於民國八十七年十二月二十日。高雄市教育學會八十七學
　　年度「教育新世代的變革與因應研討會」會議手冊，28-67。

方德隆（1998b）。國民中小學多元文化教育課程設計模式。國立高
　　雄師範大學學報，9，187-205。

方德隆（1999a）。九年一貫課程之理論基礎。「中等學校之教學與
　　學習」地方教育輔導學術研討會論文集，1999 年 3 月 12 日國
　　立交通大學教育學程中心主辦，43-57。

方德隆（1999b）。九年一貫課程學習領域之統整。迎向千禧年新世
　　紀中小學課程改革與創新教學學術研討會論文彙編。民八十八
　　年十二月十六、十七、十八日於國立高雄師範大學。

何青蓉（1998）。促進自我導向學習：一個契約學習教學實驗的省
　　思。國家科學委員會研究彙刊：人文及社會科學，8（3），
　　417-426。

林生傳（2000）。新教學理論與策略──自由開放社會中的個別化
　　教學與後個別化教學（初版六刷）。台北：五南。

林怡秀（1998）。國民小學學校課程統整模式之研究。國立花蓮師
　　範學院國民教育研究所碩士論文，未出版。

林霓岑（2000）。國民小學教師設計統整課程之研究。國立台灣師
　　範大學教育學系碩士論文，未出版。

明日報（2000a）。三十八國國中學生學業評量台灣科學第一數學第
　　三。取自 http://www.ttimes.com.tw/2000/12/06/global_news/2000120

60011.html

明日報（2000b）。台灣國中生數理呱棒李遠哲眼中只是考第 1 的老頭。取自 http://www.ttimes.com.tw/2000/12/06/tech_online/200012060364.html

明日報（2000c）。我國中學生科學成績表現居世界之冠。曾志朗：教育應全方位發展。取自 http://www.ttimes.com.tw/2000/12/06/politics/200012060270.html

明日報（2000d）。曾志朗：九年一貫課程精神是教學創新中文譯音問題要看來龍去脈。取自 http://www.ttimes.com.tw/2000/12/04/politics/200012040147.html

徐世瑜（1999）。主題統整教學。教師天地，*102*，20-26。

高雄市教育局（2000a）。教育部九年一貫課程試辦成果研討會會議手冊。民八十九年十二月二十一、二十二日於高雄市新上國小。

高雄市教育局（2000b）。九年一貫課程實務——教師篇。教育部九年一貫課程試辦成果研討會，民八十九年十二月二十一、二十二日於高雄市新上國小。

高翠霞（1998）。主題式教學的理念——國小實施課程統整的可行策略，載於教育資料與研究，*25*，9-11。

教育部（2000）。國民中小學九年一貫課程暫行綱要。取自 http://teach.eje.edu.tw/data/890930九年一貫綱要／總目錄、標題／總目錄.htm

施良方（1997）。課程理論。高雄：麗文。

莊麗娟（1999）。系統化多元評量之發展，迎向千禧年新世紀中小學課程改革與創新教學學術研討會論文彙編。民八十八年十二月十六、十七、十八日於國立高雄師範大學。

黃政傑（1998）。課程設計。台北：東華。

黃炳煌（1999）。談「課程統整」──以國民教育九年一貫課程為例，載於國立中正大學教育學院主編之新世紀的教育展望國際學術研討會論文集。高雄：麗文。

陳如山（1998）。另一種學習─新範型學習。教育研究資訊，6（1），1-19。

陳芙蓉（2000）。愛籽國小「主題活動」統整課程發展之研究。國立台北師範學院課程與教學研究所碩士論文，未出版。

陳素英（2000）。主題教學的設計與探討。國文天地，16（3），84-90。

陳新轉（1999）。腦相容之社會科課程設計理念之探究，載於1999亞太地區整合型社會科課程國際研討會手冊，頁216-236。

楊志能（1999）。讓九年一貫課程在國紮根。迎向千禧年新世紀中小學課程改革與創新教學學術研討會論文彙編。民八十八年十二月十六、十七、十八日於國立高雄師範大學。

蔡淑英（1998）。數學科統整課程理念、實務與評量。教育資料與研究，25，23-25。

鄭淑慧（2000）。國民小學課程統整設計之個案研究──以華山國小為例。國立花蓮師範學院國民教育研究所碩士論文，未出版。

Beane, J. A. (1997). *Curriculum integration: Designing the core of democratic education.* New York: Teachers College Press.

Fogarty, R. & Stoehr, J. (1995). *Integrating curriculum with multiple intelligence: Teams, themes, and threads.* Arlington Heights, Illinois: IRI/Skylight.

Gardner, H. (1983). *Frames of mind: The theory of multiple intelligences.*

New York: Basic Books.

Jacobs, H. H. (1989a). The growing need for interdisciplinary curriculum content. In Jacobs (Ed.), *Interdisciplinary curriculum: Design and implementation.* (pp.1-12) Alexandria, VA: Association for Supervision and Curriculum Development.

Jacobs, H. H. (1989b). Design option for an integrated curriculum. In Jacobs (Ed.), *Interdisciplinary curriculum: Design and implementation.* (pp.13-24) Alexandria, VA: Association for Supervision and Curriculum Development.

Jacobs, H. H. (1989c). Description of two existing interdisciplinary programs. In Jacobs (Ed.), *Interdisciplinary curriculum: Design and implementation.* (pp.39-52) Alexandria, VA: Association for Supervision and Curriculum Development.

Jacobs, H. H. (1989d). The interdisciplinary concept model: A step-by-step approach for developing integrated units of study. In Jacobs (Ed.), *Interdisciplinary curriculum: Design and implementation.* (pp.1-12) Alexandria, VA: Association for Supervision and Curriculum Development.

Kovalik, S. & Olsen, K. (1994). *ITI: The model. Integrated thematic instruction* (3rd ed.). (ERIC Document Reproduction Service No. ED 374894)

Missouri State dept of Elementary and Second Education (1996). *Integrating curriculum within and across subjects.* (ERIC Document Reproduction Service No. ED 408289)

Post, T. S., Ellis, A. K., Humphreys, A. H. & Buggey, L. J. (1997). *Inter-*

disciplinary approaches to curriculum: Themes for teaching. N. J.: Prentice-Hall.

UNESCO (1982). *Integration subject areas in primary education curriculum.* Bangkok: UNESCO Regional Office for Education in Asia and Pacific.

12

案例教學法——
以幼保系課程設計為例

壹、前言

案例教學法（case method teaching）是一種以學習者為中心的問題導向式學習（problem-based learning）模式，其於一八七〇年由哈佛法學院院長 C. C. Langdell 首倡，後在同校企管所所長 W. B. Doham 推廣下，成為該校主要教學特色。一九八四年「世界案例教學法應用與研究學會」（WACRA）成立後，更是受到法律、企業管理、醫學、師資培育……等各專業領領域的廣泛採用（張民杰，2000）。相對於傳統強調記憶、背誦等制式化教學取向所導致的被動學習，及理論與實務脫軌之缺憾，案例教學模式主要乃著重於教學過程中案例之運用，鼓勵學習者積極參與，透過以案例討論為中介，幫助學習者將所學內容與真實生活連結，激發其多元思考觀點，轉化定理知識於實務工作運用中，提升其思辯與批判能力，以因應現今複雜的社會要求。

對於畢業後即刻面臨許多實務教學問題的幼保工作者而言，如何能在瞬息多變的幼教現場中，迅速且有效地作出合宜判斷並予處理，是目前幼保師資培育中較為薄弱的部分。因此本文擬由此出發，首先針對案例教學之概念與意義作簡要介紹，後以其運用於幼保系某一課程教學之實例加以論述，使讀者對案例教學能有概略性的了解，並藉助步驟式的案例融入教學過程，提供幼保師資培育者未來教學設計時之參考，減少傳統師資培育課程教學與實務無法結合，現場知識與學校理論各自孤立的問題，激發準幼保人員的分析、反思及問題解決能力，達成活用知識的目的，以提高整體幼保人員的專業素質。

貳、案例教學法之概念與價值

案例教學法是指教學者使用案例（case），以小組討論、角色扮演和撰寫案例等方式引發學習者思考、增進彼此對話，以提升其實際經驗的一種教學方法。初期案例教學之使用並不普遍，但自二十世紀學習研究重心轉向後，強調建構及認知觀點的研究結果，始讓案例教學法成為課程設計中相當重要的利基點。

一、案例教學法之概念

傳統教學認為知識是教師個人私有資產，因此教學主要是指教師將內有知識單向轉移給學生的過程，學習情境主要由老師主導，希望透過教育過程中的考試及標準答案等檢核機制，掌控學習者對真理知識的熟稔程度，然案例教學強調以案例取代講授，藉由案例作為團體討論及分享思考的中介，強調唯有透過學習者彼此討論與分享，其認知才有重新建構與發展的可能（王千倖，1999）。

整個案例教學過程主要是藉由具故事情節的擬真描述，使學習者體驗案例中所呈現的衝突情境，透過討論、深度分析等的批判思考過程，讓學習者既有經驗和知識浮現，於團體互動歷程中，促其反思自我思考背後隱而未現的信念，在彼此多元觀點的衝突辯證中，建構屬於自我的知識概念。Wassermann（1994）強調，案例教學目的不在於提供學生大量理論知識，而是在探究案例過程中，適時提供相關資訊，協助學習者釐清案例討論中所產生的衝突，達到學習重整之目的，而此點於幼保師資培育課程中，更是具有重要意義，皮亞傑強調認知發展，唯有依靠不斷的衝突、解構及反思後才能重

新建構，因此如何提升幼保人員的專業層次與能力，乃發展案例教學之要點所在。

二、案例教學法的價值

實務現場之情境是一個非常複雜的系統，面對未來種種的問題及挑戰，學習者必須擁有足夠的專業能力，整體分析判斷後才能作出適宜之決策以解決問題。但長期以來，在幼保人員之培育課程中，多以科學性定理知識（propositional knowledge）導向為主（陳淑芳，1998），導致許多學生在完成課業離開學校後，無法適應複雜不定、變化急速的教學現場，許多初任者在短短任職初期後即因無法適應實務現場的挑戰，而宣告退出職場或放棄理念隨波逐流，造成許多人才培育及教育資源上的浪費。

因此幼保人員課程設計中，迫切需要發展職前幼保人員解決真實情境的專業能力，而案例教學利用案例來結合理論知識與實務能力之特性，正可提供此需求，有效增強其未來相關實務經營及處理能力。尤其在未來面臨幼兒問題行為或其自身專業態度養成上，案例教學法更能增強學習者反思判斷能力，藉由案例事件的討論分析中獲得再次省思機會，了解其他成員不同思想向度與關注焦點，經由不斷討論、省思、沉澱與修正過程中成長學習。

教育與其他科學領域永恆不變的標準規約要求不同，教育是一種藝術，如何掌握其間之巧妙，則必須憑藉著教師個人的專業判斷與能力，然此專業知識並非由單純定理知識直接轉換即可，必須透過教師不斷省思與反芻後才可獲得。藉由共同發掘問題，及團體意見激盪下，可引導學習者深入探求價值與意義所在，提升專業能力（Merseth, 1994; Shulman, 1992; Wassermann, 1994）。

另方面案例教學雖以團體討論為主要活動，但其基本觀點在於包容多元、鼓勵分享，討論結果不在於獲得絕對且唯一的標準答案，而採取包容多元態度，鼓勵每個學習者分享觀念，尊重每一個學習主體的價值。在團體尊重、傾聽的合作氣氛下，除使個體價值獲得彰顯外，另方面更帶動群體思考活絡發展，提升個人分析及創新思考與解決問題的能力。

目前幼保課程設計中，多延續傳統教育講授模式，造成許多畢業生在進入職場後，產生適應不良的現象，面對問題不知如何分析處理，在短短任教初期後即放棄理念隨波逐流，更甚者就退出職場另謀他就，此對於整個教育資源上來說是極大的缺憾。而案例教學之價值正可縮減其理論與實務無法接合之缺憾，在彰顯個人、尊重主體的後現代架構下，提升準幼保人員的批判與分析能力，活用理論知識結合實務運用，透過案例教學過程，強化專業能力，藉此替代性經驗，建構更豐厚的知識概念（陳淑芳，1998；Sharon, 1995）。

參、案例教學融入幼保系課程設計之實例

案例教學法利用案例作為教育中介的方式，將傳統線性發展的教育模式轉化為一連串討論及思辯的論證過程，在小組及師生不斷問答、回應、質疑，及反思過程中，提高學習者的認知發展能力，幫助其克服傳統教育不知即行，或不知亦不行的缺憾。

研究指出教師專業能力發展受到許多因素影響，其中相當重要的因素即在於省思能力，案例教學除可提升準幼保人員反思、分析能力之外，更重要的是其有助將原本分立的理論與實務相結合，避

免造成只懂理論而不會應用的窘境。因此未來幼保人員課程內容中，應融入分析、撰寫及討論教學案例的設計，以提升其專業能力。**基本上案例教學融入課程設計時，可依其不同教學目的及重點，發展其下之案例教學應用**（陳淑芳，1998）：

　　1. 把個案當作實例：以案例作例子，凸顯課程中的原則、理論或教學技巧，使所有職前教師提早熟悉重要教學實境的問題，其目的在於發展理論知識或建構新理論。

　　2. 把案例當作練習問題分析及解決的機會：藉由案例中教學事件與情境內容，找出問題分析、決策，此歷程可幫助職前教師像「有經驗的老師」一樣地思考。

　　3. 將案例當作激發反思的中介物：撰寫及反思案例之過程，可培養職前教師反思習慣與能力，在思索及架構情境因素時，提升其對於整體脈絡的思考及回顧。

以下即以幼保系某課程融入案例教學法之實例加以說明：

一、背景簡介

　　案例教學強調多元觀點的激發與辯證，因此為兼顧每位學生的表達機會與空間，實際案例教學進行時，異質性分組教學為較佳之進行方式，成員最好能具備較大變異性，以便討論過程中較能激發出不同意見，提供多元的辯證與立論觀點。

　　此案例教學法實施班級為二技幼保系學生，全班五十人其中約半數學生具有實際幼教工作經驗，選定該班學生進行案例教學，本意即希望能藉助此異質性團體的案例討論，激發更多不同觀點，在尊重包容的團體氣氛與目標下，讓學生在實務經驗與理論知識激盪

中互為辯證，以提升其專業智能。

二、教學實施流程

　　真正進行案例教學前，教師必須先將案例教學之概念與意義對學生作說明，使其了解案例教學過程中，學習者所必備的條件及其可能遇到的問題，讓學生能夠清楚了解此教學模式及其進行程序；並與學生討論案例教學之理念，減少學習者對未知教學方式的疑慮與恐懼，而後始可真正進入案例教學之主要歷程。基本上教師在案例教學融入課程時，大致步驟為：案例教學演示、案例撰寫、小組案例討論，及課後反思與評量等過程。

㈠案例教學演示

　　初期教師可配合相關課程內容提供案例，以全班為對象進行案例教學演示，事先發給學生案例研讀，要求其針對案例內重要相關議題加以思考後，於課堂中以小組方式進行討論。教師可針對案例中關鍵主題循序提問，由概述或開放性問題為始，而後利用分析性問題，激發學生對案例的思辯，最後則以評估及總體性問題促使學生對案例處理方式進行反思與評估，以達到整體性主題概念統整之目的。

　　其中所謂「案例」是指以故事描述方式，刻劃真實人物在複雜真實情境中所面臨的困境及必須採取的行動或決定。案例呈現方式相當多樣，可以自傳、關鍵事件、主題或日記方式呈現，亦可以非文字型式表達。其主題多半源自真實世界中人們所遭遇到或是需要深入探究的重要議題，包括：豐富的情境描述及故事情節，其中重要項目之呈現需具備適度複雜性，以提供學習者足夠的討論空間，

如此之案例方可發展學習者積極探索及批判思辯的決斷能力（王千
倖，1999；張民杰，2000；Merseth, 1992；Wassermann, 1994）。

　　本次案例教學課程設計中，課程主題為幼兒班級經營，因此教
師所帶入之案例主題為幼兒班級教學中常見的協同教學的問題——
主教與助教老師教學理念之衝突。帶入此案例之目的在於藉此作為
激發學生反思的中介物，在未入實際職場前，先思索未來實際教學
情境中所可能面臨之問題。藉由相關問題之引導，由淺而深引發學
生在幼兒班級經營之書本理論外，更能藉由案例實境的討論，將理
論與實務加以結合，讓所有準幼保人員提早熟悉此重要教學議題及
早準備。

㈡案例撰寫練習

　　研究指出老師學習的一個重要來源即為經驗，但許多現場老師
卻常苦於沒有時間思考行為背後的原因與意義，造成許多沒有經過
深切反思檢驗的經驗法則一再流傳。經驗法則固然有其快速易用之
好處，但未必所有的經驗都適合於自己，也未必所有的經驗都有正
向價值，因此本部分主要以小組為任務單位，每組成員就其自身相
關幼教實務或工作經驗之主題，分練習撰寫案例。

　　藉此案例撰寫過程，幫助準幼保人員發展省思能力，提供機會
探索自我教學決定及相關決策行為背後的意涵，由理論消費者變成
實務生產者，增加其與案例教學間的熟悉與參與感（Shulman,
2002）。一九八五年Standford Teacher Education Program（STEP）即
採行此案例探索法（case investigation method），由學生根據實務經
驗，自行蒐集相關議題撰寫案例。由於撰寫時必須以較為中立的整
體及宏觀角度，描述案例情境脈絡，因此更能幫助學生深入揣摩不

同角色的情緒與立場，有利其打破本位思考，以較客觀角度評析問題（Kleinfeld, 1990）。

以下為本次案例教學設計中，學生撰寫之原始案例：

> 準備吃午餐時，星星班的幾個孩子們（中班）拿著碗筷在桌上邊敲邊製造出很大聲的噪音，當時恰好有一家長有急事與老師討論，保育人員必須儘快處理此事，但又得顧及孩子……，此時保育人員情緒大怒，轉頭狠狠地罵了班上的所有孩子，甚至還有幾位小朋友被嚇哭，就在這一刻……保育人員後悔了！

案例敘寫與一般的研究問題並不相同，研究問題多採提供正確解答方式敘寫，整個思考過程主要是由別人代勞，如此自然不利於學生批判性思考能力的培養；而案例教學是希望藉由分析及批判過程，幫助學習者由討論中自行建構知識。所以案例本身所提供的資訊，必須涵蓋重要概念與議題，足以呈現及檢測出學習者主觀意識對事件判斷的影響，藉此凸顯不同觀點間之衝突性。此沒有標準答案的特性，即為案例教學之價值所在，亦為培養學生主動反思批判能力的契機（Shulman, 2002）。

好的案例可以引發學生不同觀點的討論，就像模擬情境遊戲一樣，學生可利用案例再現方式，重新回到案例發生當下，利用角色扮演等方式，重新體驗決策情境，或繼續試驗新的問題解決策略，討論各種可能結果及其背後理論根據。此方式可讓學習者從特定狀況的情境討論中，激發內在動機，促進其對理論知識、概念、技巧的連結，發展高層次的思考與問題解決能力（Kleinfeld, 1990）

因此原始案例完成後，小組必須交換彼此之案例，針對他組案

例進行討論，由此案例架構、組織及思考點等各層面切入，評析並修訂案例，使其能在提供主要事件、問題、選擇及相關訊息等基本元素外，架構出足夠的討論空間以激發更多訊息，因此不具有明顯正確解答的兩難情境，會是較佳的案例表現模式。同時藉此案例修正過程中，學生可轉化立場，重新由另一種角度釐清思索他人案例與其自身概念之異同。

基本上有價值之教學案例，具有下列特性（高薰芳，2000；Merseth, 1996）：

- 與課程結合，呈現課程內容的重要概念。
- 以真實教學狀況和事件為基礎的敘寫性描述。
- 清晰易讀，適合學習者閱讀程度，涵蓋適度複雜性。
- 由多種角度呈現出故事背景，有效反映真實世界的兩難抉擇情況。
- 包含足夠細節和必須訊息，值得學習者深入思考分析與詮釋。
- 沒有明顯正確答案，亦不應包含正確思考分析方式。

本次案例教學設計中，學生對於原始案例之修正如下：

「誰叫你們都不乖？」

中午 12：30 時是小朋友們在教室裡用餐的時間。

剛上完美語課，老師請小朋友收拾課本和自己的東西後，便開口說：

「小朋友們準備去拿出你們的餐具，拿好的人到老師這邊排隊舀飯菜。」老師很小心地將飯桶及裝有料理的盤子端至桌子放好，幫小朋友們分配飯菜。而小朋友也很聽話的去完成

老師交代的事。

突然，廣播器響起：「阿美老師請到辦公室來！」

此時老師忽然想起今天 13：00 要開會，於是焦急的幫小朋友準備。

這時阿呆問：「我肚子餓了，可不可以先開動！」老師說：「再等一下下喔！」過了大約三分鐘。

阿呆又說：「老師肚子好餓哦！」於是拿起筷子邊敲邊喊：「肚子餓……！」而旁邊的阿朱看了覺得很有趣，也就跟著敲。

就這樣，全班敲了起來；這時，老師生氣兒了點說：「你們敲夠了沒！」可是阿呆他卻還沒玩夠更盡情的敲，但其他小朋友有點停頓了下來，但見阿呆如此，便更使力的敲，並喊著肚子餓，頓時老師表情更嚴肅地說話，聲音更大聲並加上有點兒說：「把你們的手放到背後，全部都不准吃飯！」這時阿朱先哭了出來，其他幾位也跟著哭，老師讓他們哭了一分鐘……。

(三)案例討論

　　案例修正後，正式進入案例教學重點——案例討論。由於案例教學希望能夠藉此引發每位學生內在潛藏的內隱信念與知識，因此異質分組的小組討論方式，是較佳的進行模式。最理想的人數為十二至十五人，人數不足將導致學生無法經由團體激盪獲致其他多元觀點，而人數過多將會使得個體沒有充足時間發表觀點，進行充分討論。同時組內成員必須採小組任務分配方式，由所有成員共同合

作進行案例討論。

本次案例教學設計中，小組可任擇一有興趣之案例進行討論，案例討論中採小組團體合作方式，由小組成員自行決定個人職責，由小組引言人負責主要提問，**整個案例討論過程，提問基本原則乃循下列方向**（Shulman, 1992）：

　　1.釐清案例情境的主要關鍵問題？

　　2.是否有人採取行動？如何行動？為什麼？

　　3.案例中主角是如何處理的？結果如何？有什麼風險？

　　4.這種情況對於相關人、事、物有何影響？為什麼（試輔以相關理論說明）？

　　5.問題發展如何？什麼因素造成現在的困難？

　　6.從這個案例中學到了什麼？

小組中負責記錄之同學必須將發言過程、同學意見加以摘記整理，以供事後記錄及反思依據。案例教學法強調，案例討論結果並無所謂正確標準答案，也無法事先設定，整個結果是由學習者、教師與案例三者間互動後所產生的，在教師引導（guilding），而非主導（leading）的討論過程中完成任務。

案例教學中每一個問題與行動結果，都會導引出另一個問題，是一種沒有終點的教學與學習循環（Merseth, 1994; Wassermann, 1994）。即如認知學派主張，個體本來就有其自身觀點存在，唯有不斷挑戰其既有認知模式，促使其認知衝突與不平衡，在個體自我探索及調適的認知重組後，新學習才可能發生，達到認知進層發展的目的（Sharon, 1995）。

以下部分為此次案例教學設計中，某小組討論過程之節錄摘記：

(1)釐清案例情境的主要關鍵問題？

　　A：老師情緒沒有管理好，要趕去開會，又要幫小朋友盛飯。

　　B：老師沒有把自己的行事曆安排好，忘記要開會，才會導致後續混亂場面。

(2)是否有人採取行動？如何行動？為什麼？

　　C：老師應該立即採取行動補救自己的過失。

　　A：主教老師可請助教幫忙。

(3)案例中的主角有何動機？

　　D：動機開會要遲到了。

　　B：小朋友肚子餓想吃飯。

　　D：老師兇小朋友是想讓小朋友停止敲的動作，小朋友哭是因為老師太兇了

(4)案例中主角是如何處理的？結果如何？有什麼風險？

　　D：實際處理──讓他們哭一分鐘。

　　B：小朋友哭完一分鐘後還要哭怎麼辦？

　　D：小朋友不知道自己錯在哪裡。

(5)此案例涉及了哪些脈絡因素？

　　C：老師太情緒化。

　　A：老師太神經質，學而不專精。

　　D：老師應變能力差。

(6)這種情況對於相關人、事、物有何影響？為什麼？

　　C：老師裝飯的動作太慢。

　　E：小朋友吵鬧會影響別班小朋友用餐。

F：用筷子敲有可能會把飯翻倒就沒飯吃了。

C：老師有點神經質才會如此緊張。

(7)案例中相關人物的決策與後果是什麼？

C：老師對自己的行為感到後悔。

F：廣播惹的禍。

E：小朋友沒家教。

(8)問題發展如何？什麼因素造成現在的困難？

B：老師情緒沒有管理好，也影響到小朋友情緒。

C：老師裝飯時間過長了。

E：老師沒有把小朋友常規建立好。

F：老師可能是教學經驗不足。

(9)從這個案例中學到了什麼？

A：學到如何處理突發狀況。

B：學到老師如何處理情緒。

F：學到要時常注意自己的時間。

A：行事曆要寫好。

C：說話語氣不要那麼兇。

(10)如果你是案例中的某人，你可能會採取什麼不同的行動或
做什麼不一樣的考慮？後果可能是什麼？

C：如果我是廣播員，我會盡量不用吃飯時間廣播而是直
接通知本人。

A：我如果是阿朱我會阻止阿呆的行為。

B：我會多問老師幾次，趁老師不注意時就先偷吃了。

F：如果我是老師我會對小朋友口氣好一點，並直接停下
手邊的工作，看著阿呆直到……。

案例討論時，必須遵循相關討論規則，以尊重多元包容的態度，接納每個成員表達不同意見的機會與權利；同時於討論結束前，自我評估小組討論運作情形，例如：討論有無偏離主題？運用何種方式確保有效討論？對於下一次討論有什麼建議？加以記錄以供下次討論參考。基本上，**好的案例討論可由以下幾點來看**（王千倖，1999；高薰芳、蔡宜君，2001；Sharon, 1995）：

1. 學生與小組引導人講話時間之比例？

2. 有多少學生主動積極參與討論？

3. 引導人提出多少問題？多少後續問題被引發？

4. 有多少吸引熱烈討論之焦點？

5. 討論有無意義？是否與主要議題相關？

6. 討論是否獲得共識？或仍處於各自立場中？

㈣學習成就檢核

學習者行為表現是展現其成長和學習收穫的重要證據，亦是案例教學法成效之指標，但由於案例教學是一種不同於以往傳統講授或制式知識傳遞的教學方式，傳統評鑑方式並無法適用於此（Wassermann, 1994）。因此實施案例教學之評量時，必須注意下列部分：評估應融入教學中、評量方法必須多元化、應以全面性觀點來考量其學習成果、分數無法反應學生學習全貌（劉炳輝，2002）。

教學者可採用多元評量觀點，採歷程性而非總結性的評量觀點，將評量融入教學歷程中，使用真實評量（authentic assessment）、檔案評量（portfolio assessment），或學習成就檢核表等方式進行（高薰芳，1999）。將學習者課前準備及參與討論等整個學習過程中的投入程度歷程列入評量範圍，以持續性的系統化形成性檔案評量及

真實評量，呈現出學習者學習成效之整體趨向（劉炳輝，2002）。
Adam（1991）針對案例學習之評鑑，亦曾提出三個評鑑面向（高薰
芳，1999）：心智發展、技能與態度等層面。

　　本次案例教學設計中，採系統性檔案評量方式，蒐集學生案例、
反思札記及團討紀錄等，分別由學習者本身、同儕小組及老師三部
分，針對整個案例學習過程評估成效。

以下部分為本次案例教學設計中，學生心得省思之部分節錄內容：

A：……一開始討論時，對案例內容感到茫然，經由不斷摸
　　索與小組成員討論後，終於才找出問題的關鍵。……小
　　組中每個人都有也都必須有發言的機會，從每個成員的
　　意見與看法中，我們都可以看到不同於自己的想法……。

B：……上看到同學所作的案例，及同學給予的案例修正與
　　回饋，在在都讓我覺得同學有屬於他們自己小組的看法，
　　透過每個人思路的不同，對事情脈絡彙整出一套較清晰
　　的輪廓。……透過與同學間的互動與討論，了解每個人
　　對事物的切入角度不同所呈現出來的知識訊息也就不同，
　　……團討中表達自己看法的同時，也進一步吸收同學所
　　透露出的不同觀點。

C：經由案例討論的方式，從別人的意見省思自己想法是否
　　較好，是否能夠有效處理問題？並吸取別人的意見轉換
　　為自己經驗的儲備……。

D：……意見不同時，會把可能方法都講出來，和大家一起
　　討論，找出大家比較能夠接納之共識？我們這組中有年
　　紀比較長的，因此更能有與我們不同的看法與意見，因

為社會歷練及其所經歷的……其許多實務經驗，是相當值得學習的。……藉由案例討論過程，可以修正自己的觀點……。

E：案例討論中提到老師在班上遇到突發狀況時，由於小朋友太吵，老師因而心煩氣躁，對小朋友發脾氣，引起小朋友哭鬧，以後面臨此種情況時，我會使用課本十二章提到的拼圖學習法，讓每個小朋友輪流當小老師，藉由小組成員間的彼此合作完成工作……。

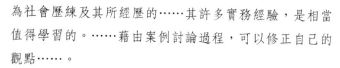

肆、案例教學之相關注意要點

案例教學雖有其特點，但並非所有情況都適合使用，使用案例教學進行教學時，必須就其相關配合因素加以需要考量（McAninch, 1993; Mostert & Sudzina, 1996; Shulman, 1986）：

一、課程內容屬性

某些事實及概念、數理及語文等基本學科能力的學習，其牽涉到學生先備知識及基本能力問題，因此該類課程內容之教學，最好仍是透過教師講授等方式進行成效較佳。

二、情境脈絡差異

不同案例述寫時，均牽涉到相關背景脈絡因素，因此若要直接採行別人之教學案例時，必須釐清相關可能誤差之影響因素（王千倖，1999）。

三、教學時間限制

案例教學歷經呈現、討論、反思、連結、綜合、歸納等步驟，整個教學流程相當費時，因此與傳統教學相比，經常無法在相同時間內完成等量的教學進度，此為使用案例教學時必須考量之因素。

四、學生信念與能力

案例教學法需要學習者主動積極參與，因此學習者必須具備強烈學習及參與的意願，如果學習者缺乏上述態度及能力，則案例教學法難以發揮效果。許多學生習慣於傳統課堂演講的教學模式，對於公開討論案例、發表個人意見的教學方法無法接受，如此自然造成教學上的障礙。

伍、結論

未來社會勢必朝向複雜且不停變動的時代，處在一個沒有標準答案的脈絡情境下，其思考及分析批判能力相對的更為重要，案例教學即在幫助學生有較佳的適應環境能力，以面對未來艱難任務的挑戰。尤其對於職前幼保人員而言，理論固然是許多架構嚴謹與內容豐富之事件精要，然除精熟傳統理論知識外，其更需發展的是高層次的分析、批判與實務能力。美國教育研究學會主席 Lee Shulman 提醒師資教育者應重視教學中的「案例知識」，並呼籲將其運用於師資培育課程中（Shulman, 2002），協助職前教師了解教學的複雜性，與沒有絕對正確最佳教學決定之事實，進一步發展其理論與實務結合能力，以便在執行相關行動時有所依據，使決策能建構於理

論之上，在複雜教學脈絡中找出關鍵問題，藉由分析、討論及反思中，探求可能解決之道，發展出較佳的實務應變及問題解決能力，打破本位思考以較客觀的角度評析問題（陳淑芳，1998）。

　　目前許多幼保師資培育機構之畢業生，在面臨就業職場挑戰時，最大難題就是無法將學校所學之理論知識與幼教實務結合，造成許多工作上的挫敗與人才的流失，因此未來在幼教專業化與提升師資素質之絕對趨勢下，整個幼保課程教學設計勢必有所革新。在一般基礎理論知識方面，仍可採行教師講授方式，但涉及高層認知或信念思考等部分，則可藉助案例教學完成後續目標。

　　案例教學將實務與理論結合之特性，一方面如杜威主張，提供學生機會發展其已具備的內隱（tacit）知識，學習以有意義的方式結合運用於實際工作情境中；另方面可使職前教師在堅實理論知識基礎下，提升省視自我教學行為及決策能力，知其所以然而行，轉換定理知識於實際教學行為中，解決以往理論過於抽象而無法運用之缺憾，藉由替代性經驗的案例反思，減少日常教學過程中無謂的嘗試錯誤行為，運用專業能力，改善教學品質，此乃提升整體幼保人員專業能力與素質之關鍵。

參考書目

王千倖（1999）。案例教學法。載於新世紀中小學課程改革與創新教學學術研討會論文彙編。

高熏芳、蔡宜君（1999）。案例教學法在中小學統整課程教學之應用。新世紀中小學課革改革與創新教學學術研討會會議手冊論文彙編。

高熏芳、蔡宜君（2001）。案例教學法在師資培育之發展與應用。淡江人文社會學刊，7，265-305。

高熏芳（2002）。師資培育：教學案例的發展與應用策略。台北：高等教育。

陳淑芳（1998）從鷹架觀念談案例故事在教師專業成長之運用。載於中華民國幼兒教育改革學會暨學術研討會論文集。台北：中華民國幼兒教育改革學會

張民杰（2000）案例運用於空中大學面授教學初探——以教育心理為例。空大社會科學學報，8，100-132。

劉炳輝（2002）破除學校評量迷思—談案例教學在教學上的價值。國教天地，147，105-110。

Hendrika, H. V. (1980). Teaching Psychology through the Case Study Method. *Teaching of Psychology, 7*(1), 38-41.

Kleinfeld, J. (1990). *The case method in the teacher education: Alaskan Models.* (Document Reproduction Service ED 321965)

McAninch, A. R. (1993). *Teacher thinking and the case method: Theory and future direction.* New York: Teachers College Press.

Merseth, K. K. (1994). *Cases, case methods, and the professional development of educationrs.* (Document Reproduction Service ED 401272)

Merseth, K. K. (1992). Cases for decision making in teacher education. In J. H. Shulman (Ed.), *Case methods in teacher education (p.50-63).* NY: Teacher College, Columbia University.

Mostert, M. P. & Sudzina, M. R. (1996). *Undergraduate case method teaching: Pedagogical assumptions vs. the real world.* Paper presented at the Annual Meeting of the Association of Teacher Educators, St. louts, Mo. (ED 395900)

Sharon, A. M. (1995). Case study pedagogy to advance critical thinking, *Teaching of Psychology, 22,* 9-10.

Shulman, L. (1986). Those who understand: Knowledge growth in teaching. *Educational Researcher, 15.*

Shulman, J. (Ed.). (1992). *Case method in teacher education.* New York: Teachers College Press.

Shulman, J. (2002). *Happy accident: Cases as opportunities for teacher learning.* Paper presented at the annual meeting of the American Educational Research Association, Aprial 2002, New Oreleans, LA.

Wassermann, S. (1994). *Introduction to case method teaching: A guide to the galaxy.* NY: Teachers College Columbia University.

模組教學——
以人權教育教學為例

壹、前言

　　人權是人與生俱來的基本權利和自由，不論任何種族、性別、社會階級都應該享有的權利。消極而言，任何社會或政府皆不得任意剝奪、侵犯；積極而言，國家社會更應該積極提供個人表達和發展的機會，以達到尊重個人尊嚴及追求美好生活的目標。它具有三個特徵：第一人權是不能讓與的；第二人權是不能分割的；第三人權是相互依存的，擁護人權就是要求所有人類的尊嚴都要受到尊敬。此外，人權亦是世界各國民主化的重要指標，提升人權也是民主國家共同努力的目標，一九四八年的「世界人權宣言」其第一條宣言即是「人皆生而自由，在尊嚴及權利上一律平等」，顯現出人權的重要性與國際地位；聯合國並於一九九四年通過決議，將一九九五年至二〇〇四年定為「人權教育的十年」，希望透過教育的方式來宣達人權的觀念，以建立世界人權文化（吳宗立，2001）。

　　相較於國際社會對人權教育的重視，隨著國內政治民主化的進展，我國的人權教育近幾十年來才開始漸受社會大眾的重視，由於人權的保障有賴人權概念的普及，使其成為我們文化與生活的一部分。因此，有必要透過教育的歷程以傳播人權的理念，使人人都具有人權的理念，進而維護自己的權利，同時也能尊重他人的權利（湯梅英，2001）。因此，人權教育可激發人權意識的覺醒，進而培養基本的人權素養，建構自由、民主、法治的社會。

　　由於人權教育是實施民主教育、推動法治社會的核心價值，教育部乃將人權教育列入九年一貫課程的六大議題之一，以融入各領域之教學。然觀察目前學校九年一貫課程實施現況，某些領域的教

科書只是形式上裝訂在一起，實際上仍分科教學，並無統整之效果，因此，人權教育並未真正落實於各領域教學中；而傳統的教學法亦無法滿足人權教育的有效教學。學者林生傳（2002）即指出，用心於教學的創新也許更能達成課程改革的目標，實現現代教育的理想。因此，在人權教育上，模組教學法似可作為突破現今課程改革困境的一條可行途徑。

貳、人權教育的內涵

人權教育是一項促進人權的國際運動，了解人權教育的內涵將有助於我們了解人權教育的實施。以下分別從人權教育的意義、實施人權教育的理由、人權教育的歷史背景等三方面說明如下：

一、人權教育的意義

人權教育為何？聯合國人權教育十年報告（The United Nations Decade for Human Rights Education, 1995-2004）把人權教育定義為一種培養（training）、傳播（dissemination）與知識上的努力（knowledge effort）。其目標在經由知識與技巧的傳播，建立人權的一致性文化，以導向：(1)對人權及基本自由的尊敬；(2)人格的完整發展；(3)全世界所有國家間的彼此了解與尊重、性別上的平等，及不分國家、族群、性別、宗教的友誼；(4)自由社會中，所有成員的有效參與；(5)世界和平的維持（Tibbitts, 1996）。而其中心思想是不斷地探索尊重人類尊嚴和人性的行為法則，社會成員從而意識到個人尊嚴及尊重他人的重要性。教育部（2000）則將人權教育定義為實際上是關乎人類尊嚴的教育，以幫助我們了解「人之所以為人」所應享

有的基本生活條件，也讓我們檢視社會上有哪些問題是違反人類尊嚴，以及涉及公平、平等的問題，如種族主義、性別歧視等議題，從而採取行動，解決問題，去除阻礙人權發展的因素，建構一個美好的社會。

　　由此可知，「尊重」是人權的基本概念，互惠的權利與責任則是公正社會中每個人所應謹守的契約，因此人權教育即是尊重、合作、公正、正義等觀念的教導，進而促進個人權利與責任、社會責任、全球責任的理解與實踐。

二、實施人權教育的理由

　　自從聯合國將一九九五年至二○○四年定為「人權教育十年」後，促使國際社會更加重視人權教育，世人普遍認同實施人權教育的重要性，但對其實施的理由卻不甚清晰，Sandhu（1997）認為實施人權教育有如下的理由：

1. 人權教育是一種對人權的承諾，它主張我們有責任去尊敬、保護及促進全人類的權利。
2. 人權教育促進民主的原則，它經由各種不同的教育實務毫無偏見、且從不同的角度檢視人權的議題。
3. 人權教育有助於溝通技巧的發展，亦有助於發展民主所必備的批判思考能力，提供學生對全球奮力爭取正義與尊嚴的歷史觀點。
4. 從人權教育中，學生可以反思人權教育對其本身而言所具有的涵義，並且鼓勵他們把這些關懷轉化為有教養的行動。
5. 人權教育確認了人類家庭的相互依賴性，它促進世界各地人民的彼此了解，而避免了受虐的情形發生。

三、人權教育的歷史背景

作為一個人類的本質而言，人權是全人類都有資格去獲得的，在十七、十八世紀，這個概念變得非常的顯著，根據天賦人權的概念，不論種族是否不同，每一個人都擁有平等而不變的權利，政府有責任去捍衛這些權利。一七七六年七月四日的美國獨立宣言以下列這些話表達了天賦人權的概念：「我們認為這些真理是不證自明的，所有人都生而平等，他們都被造物者賦予一些權利，這些權利就是生活、自由與幸福的追求，政府的建立是為了確保這些人權……」。一七八九年法國國民議會的人權宣言亦宣稱：政治聯盟的最終目的在於天賦人權的維護，這些權利是自由、財產、安全與對壓迫的反抗（Partick, 1998）。

一七八七年的美國憲法及一七九一年的美國人權法案就是依美國獨立宣言的價值來設計，美國憲法反應出美國創國者了解到，如果一個政府太強大或太弱小，個人的人權就會有受侵害的危險。一個好的政府應該是既授權又受限的，它應有效地由人民授權以確保他們的權利不受到國內外的侵犯，同時政府的權利也應有效地接受憲法限制，以免於政府濫用這些權利（Partick, 1998）。此一時期所提倡的是較為傳統的權利，例如宗教、集會、結社、言論等自由。它們又被稱為舊的權利與自由，或是消極的權利與自由。這些權利自由的享有只要政府不加以干涉就能達到，它們又被稱為是公民和政治的權利，基本上是個人的權利，針對政府而來。

十九、二十世紀，天賦人權的概念轉化成人權的概念，這種改變顯現在聯合國於一九四八年所通過的「世界人權宣言」，並反應出兩種型式的主張。第一種的型式是負面的，它限制政府的權利以

保護人類的權利免於政府的侵犯；第二種型式是正面的，它提升政府的權利以服務人民。因此，二十世紀末期的人權概念包括一些不應該施加在任何人類的事情，及其他應該為每一個人類所作的事情。

　　對人權的負面性宣稱顯現在聯合國人權宣言的一至二十一章，這些章節意謂著沒有任何政府及社會可以剝奪個人固有的人權或政治權，例如演講的自由、集會及宗教的自由。對人權的正面性宣稱則表現在聯合國人權宣言的第二十二至二十八章，這些章節意謂著政府及社會應確保個人可以享有社會及經濟上的權利，如社會安全、就業、教育、健康保健及一般的生活水平（Baxi, 1996; Partick, 1998）。

　　此一時期正值工業革命，勞工階級受到剝削，因此，轉而訴求經濟和社會上的權利，包括工作的權利和受教育的權利等。因為如果經濟與社會條件不平等，公民與政治權利必定成為具文，空洞而沒有實質意義。到了二十世紀，又產生了新的權利，譬如發展權、和平權和環境權，這都是到了七○年代才被提出（黃默，1999）。

　　而隨著國際性組織的成立，以及世界人權宣言、兒童權利公約等條款的通過，人權的保障已遍及世界各地，反映出人權尊嚴的肯定與尊重成為普世的價值。聯合國並於一九九四年通過決議，將一九九五年至二○○四年定為「人權教育十年」，促使世界各地政府及民間組織都能致力於人權教育的推展。至於台灣地區，人權教育仍處於起步階段，直至一九九八年教育部公布的《國民教育階段九年一貫課程總綱綱要》才將人權教育列入六大議題，顯而易見，人權教育在台灣而言仍是一個新興的課程教學領域。

參、人權教育的規畫

　　學校是有制度的教育機構，能有系統地推動人權教育，國內學校在人權教育推動上雖仍屬起步階段，但國外則已行之有年。因此，綜合國內外人權教育的實施現況，針對人權教育的目標、人權教育的內容等二項提出說明如下：

一、人權教育的目標

　　人權教育的目標為何？Sandhu（1997）認為人權教育其目標就是要幫學生去了解人權、評價人權，及為促進人權負起責任，而其最終目標就是所有人共同合作把人權、正義與尊嚴帶給每一個人。

　　我國人權教育課程的目標則是透過人權教育環境的營造與「經驗式」、「互動式」、「參與式」的教學方法與過程，協助學生澄清價值與觀念，尊重人性尊嚴的價值體系，並於生活中實踐維護與保障人權。

　　具體而言，人權教育著重在認知、情意與行為三方面，讓學生對人權有一恆久、正向且一致的態度取向，將人權內化為普通常識與生活習慣，其課程目標為（教育部，2000）：

1. 認知層面：了解人權存在的事實、基本概念、價值等相關知識。
2. 情意層面：發展自己對人權的價值信念，增強對人權之正面感受與評價。
3. 行為層面：培養尊重人權的行為，及參與實踐人權的行動力。

二、人權教育的內容

　　Sandhu（1997）認為人權教育的內容是「有關」（about）人權的教學，及「為」（for）人權的教學。有關（about）人權的教育就是提供人們有關人權的資訊，包括以下的學習：

　1. 所有人類所擁有的尊嚴及受尊敬對待的權利。

　2. 有關人權的法則，如人權的一致性、不可分割性及相互依賴性。

　3. 有關人權如何促進決策的參與及衝突的和平決解。

　4. 人權的歷史與持續發展。

　5. 有關人權的法令，如聯合國人權宣言、兒童權利公約等。

　6. 增強國際人權法令的有關地方、州及國家法令。

　7. 有關人權的違反事例，如刑求、種族滅絕及對婦女的暴力。

　8. 有關負責促進人權的人及機關團體。

　　為（for）人權的教育是幫助人類察覺人權的重要性，內化人權的價值，把這些理念融入日常的生活，這些人權的價值與態度包括：

　1. 增強對人權及基本自由的尊重。

　2. 培養對他人的尊敬。

　3. 了解人類尊嚴的本質並且尊敬他人的尊嚴。

　4. 同理那些人權受侵犯的人。

　5. 承認全人類人權的享有是一個正義與人性化社會的先備條件。

　6. 察覺人權在公民、社會、政治、經濟及文化議題上的各面向。

　7. 強調非暴力，並且相信合作比衝突更佳。

　　至於國內有關人權教育的內容則具體顯現在目前我國九年一貫課程人權教育的主要內容上，茲概述如下（教育部，2000）：

㈠人權的內容

第一階段（一至二年級）
- 了解遊戲權對兒童需求的重要。

第二階段（三至四年級）
- 認識生存權、身分權與個人尊嚴的關係。
- 認識休閒權與日常生活的關係。

第三階段（五至六年級）
- 了解人身自由權並具有自我保護的知能。
- 認識教育權、工作權與個人生涯發展的關係。
- 理解戰爭、貧窮對人類的影響。
- 了解兒童權利宣言的內涵及兒童權利公約對兒童基本需求的維護與支持。

第四階段（七至九年級）
- 了解文化權並能欣賞文化差異。
- 認識各種人權與日常生活的關係。
- 了解人權的起源與歷史發展對人權維護的意義。
- 了解世界人權宣言對人權的維護與保障。
- 認識聯合國及其他人權相關組織對人權保障的功能。
- 運用資訊網絡了解人權相關組織與活動。
- 探討人權議題對個人、社會及全球的影響。

㈡人權教育的主要內容

內涵	學習主體	學習單	學習內容說明
一、人權的價值與實踐	藉由日常生活事例的分析，理解人權存在的事實	1.人權是天生的	了解人權不需要買、賺取或繼承，人權屬於人類僅僅只因為他們是人類。
		2.人權是普通的	了解不論種族、性別、宗教、政治、言論、出身，所有人類的尊嚴與權利，都是生而自由與平等。
		3.人權是不可被剝奪的	了解沒有人有權因任何理由剝奪他人的權利。
		4.人權是不可分割的	了解為了活得有尊嚴，所有人類均同時被賦予有自由、安全與合適的生活水準的權利。
	透過「經驗式」、「互動式」、「參與式」的學習活動，營造人權教育環境，陶冶人權文化，建立人權價值	1.尊重	對生命、差異、他人權利、規則等之尊重、人性尊嚴。
		2.自由	個人自由與法律保障的自由之內涵與關係。
		3.平等	不平等、假平等（齊頭式平等）、立足點平等之內涵與應有的對待方式、人權與平等。

（下頁續）

（續上頁）

		4.民主	表達權利、參與團體決策、理性溝通、適度妥協等民主態度、人權與民主。
		5.和平	免於傷害、學習衝突解決的態度與方式。
		6.博愛	培養關懷、寬容、原諒、多元、同情心、同理心。
		7.正義	培養對不合埋、不公平事件的正義感。
		8.避免偏見	體察個人價值取向、感情偏好、偏見的產生與避免。
		9.消除歧視	對性別、種族、宗教、弱勢等歧視之內涵與自我反省、避免歧視。
	藉由日常生活事例的討論、分析，培養評估社會正義及尊重個人尊嚴之能力，進而增強個人對權利與責任之理與實踐	1.違反人權事件	體察與指認違反人權的事件。
		2.法律、制度	制定法律、制度對人權保障的意義。
		3.人權運動	反對侵害人權與倡導人權的社會行動。

（下頁續）

（續上頁）

二、人權的內容	藉由人權歷史及人物的介紹，理解人權概念是經人類爭取奮鬥而不斷發展的	1.人權發展歷史	人權發展：民主思潮、組織、權利宣言等之起源。 主要事件與影響：戰爭、奴隸制度、殖民。 歷史人物：為人權奮鬥之知名人士、被侵害人權。
		2.權利宣言或公約	世界人權宣言、兒童權利宣言、兒童權利公約等。
		3.人權組織	聯合國、政府、民間人權組織之角色功能。
	藉由對自我權利的覺察，了解各種人權與人類生活的關係	1.公民與政治權	生存權：個人自由與安全；免於刑求與奴隸的自由；政治參與；言論、表達、思想、道德及宗教的自由；結社與集會的自由（自由取向）。
		2.經濟與社會權	工作權；教育權；有權享有合理的生活水準；食物、居所與健康照顧（安全取向）。
		3.環境、文化與發展權	有權居住在免於破壞的乾淨、受保護的環境中；文化權、政治權與經濟發展權。

肆、模組教學在人權教育教學上之運用

　　模組教學即過去所謂的單元教學，其主旨在於力求教學的統整化，所以每個教學單元都包含一個較為完整的教學內容，以補救一般教學的零碎散漫鬆弛的組織，其教學內容可能是一種較為生活化的教學，也有可能是一個完整的知識觀念，著重在知識建構的完整性與發展性，而不是零碎的知識記誦（林生傳，2002）。

　　模組教學在個別化教學中已被證實是一項有用的工具，在學習的過程中，學習者可以了解別人對他的期待為何？同時也提供學習者達成這些期待的各種可行學習方法，學習者因而得以從事自我導向的學習，也可以依自己的學習步調來學習，最後所實施的評估活動則可使學習者了解其目標是否已達成（Million, 1982），故它是一種「多元多價」的學習模式。在這種教學之中，學生遵循著不同的途徑，追求不同的教學目標，自由選擇的活動則可包括閱讀、討論、視聽媒體、電腦網站查詢、影片等各種活動。而人權教育的一些學習單元，如有關人權的法則、人權的歷史、有關人權的法令、人權的違反事例等，學生都可經由這種多元多價的學習模式而獲得良好的學習效果。以下將分別說明模組教學的基本原理與教學設計、教學實施、運作與經營、優缺點，最後則介紹人權教育之模組教學設計範例。

一、基本原理與教學設計

　　模組教學是一種自足的單元教學，它包含一個完整的教學活動設計，詳列出教學目標、教材內容、教學活動與教學評量，提供學

習者作個別選擇的機會，使學生可以用最適的目標與學習活動來進行學習。其教學包含六項教學的組成要素（林生傳，2000；Million, 1982）：

㈠單元概説

大約介紹單元的內容及特點，以及該項學習單元的功能，給學習者一個簡略的概念。

㈡目標

教學者必須了解學習者最需要的是什麼，再以行為主義的用語來界定所欲達成的目標，目標包括一般性目標及明確具體目標。

㈢前測

學習之前接受前測以決定學生的學習起點。

㈣達成目標的學習活動

所選擇的活動必須盡可能與所欲達成的目標有關，所有與目標無關的活動都應盡量避免，而採用幾種可達成目標的可行學習活動。例如閱讀課本的某一部分、查詢某一網站、觀看某一卷錄影帶等活動，此一部分需說明學習活動所必須的資料及如何應用，以及與教學目標間的關係。

㈤進行評量

完成某一項學習活動後，隨即進行評量活動，所使用的評量活動須小心使用以避免降低測驗的內在效度，這些評量活動在確定學

生是否通過該學習活動,在各項學習活動完成後,再進行總結性評量。

㈥設計班級經營細節

包括教室安排、教學材料、時間表、個別輔導、檢視學習進行情形、討論與記錄等。

二、教學實施

三、運作與經營

模組教學強調學生可以從多種學習方式從任選一種,從而達成預定的目標,因此,常需要大量的參考資料及視聽器材,教室的安排應考慮如何便於模組化的教學活動。一般說來,教室應劃分成視聽區、討論區、安靜區等各區(林生傳,2000),以方便學生從事不同的學習活動而不致互相干擾。學生各自從事自己的學習活動不意謂著教師無所事事,教師仍應從事必要的教學,尤其是技能教學。除此之外,教師也應隨時觀察學生,以確保學生有目的地進行學習活動、協助遇困難的學生、提供必要的個別指導,並了解學生學習的心得及感受;必要時則進行補救教學,對於學生如何學?學了什麼?完成哪些目標?則應詳細記載。

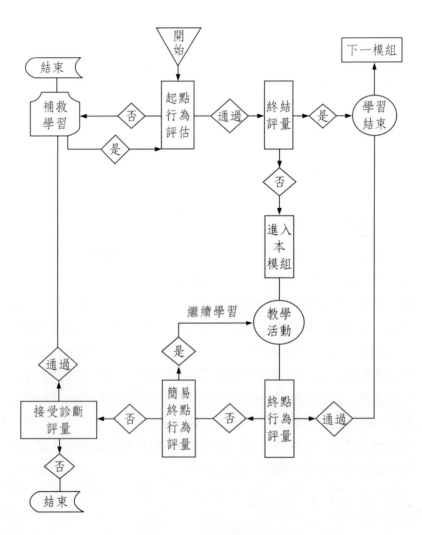

➡️ 圖 13-1　模組教學流程圖

（資料來源：林生傳（2000）。新教學理論與策略，頁 133）

四、模組教學法的優點與限制

㈠優點

1. 明確的短期目標

　　傳統的科目本位課程其目標短者一學期，長者二、三年，由於時間過長，教師常會在教學過程中迷失所要達成的目標。模組教學則是以一個完整的教學單元為單元目標，其目標的達成只須幾個小時即可，所要學習的技能與知識也都標示清楚，教師在教學的過程中易掌握達成目標的方向（林生傳，2002）。

2. 適性的教育方式

　　模組教學是一種多元多價值的教育方式，學生可選擇不同的學習方式達成同樣的學習目標，因此，具有不同學習式態的學生可選擇不同、但合適自己的學習方式來進行學習。擅長視覺學習活動的學生可選擇視聽器材進行學習，擅長聽覺學習活動的學生則可選擇有聲書，不同擅長取向的人可選擇不同的學習方式，而最終都能達到學習目標。

3. 教材的再結構化

　　傳統的教科書係按科目編列教材，教材內容單調而乏味，模組教學則打破原來的學科分界，可依生活實用、學生興趣、知識邏輯結構重新組合；因此，教材內容較為生動活潑，易引起學生的學習興趣（林生傳，2002）。

(二)限制

1. 教學資源的限制

　　模組教學由於強調學生可經由不同的學習方式，達到同樣的教學目標，因此完成一個單元的教學可能需要大量的參考資料與視聽設備，然而現今我國學校教育短時間是無法提供如此的資料與設備，因此要完全落實在教學上可能會遇到一些困境。

2. 空間不足的限制

　　除了教學資源上的限制外，教室空間上也有其限制。模組教學其教室安排需要劃分幾個學習區，如視聽區、閱讀區、討論區等，然而現今我國學校除了每班學生最高達三十七人外，教室設計也明顯空間不足，因此，在容納學生之後，已無多餘的空間設置其他教學區。

　　雖然模組教學在我國實施上有先天上的缺陷，但仍有其補救的方法，Million（1982）即指出，若每學年設置一學習中心（learning center），並且妥善地設計與使用，則可達成上述許多目標。因此，模組教學要落實在我國教育情境中，可採用漸進的方式逐步改進。如空間不足的問題可先於每學年布置一間學習中心，裡面劃分成幾個學習區，並配備不同的教學設備；教學資源的不足則可透過全學年的力量，師生一起準備教學資源。而後隨著教學資源的逐漸累積、空間設備的逐步改善，模組教學落實的可行性將大幅提高。

五、人權教育之模組教學設計範例

範例 1：以「人權發展史」此一學習單元為例

1. 單元概說

簡介人權的發展史，如人權組織、權利宣言的起源、知名人權鬥士、人權事件等。

2. 時間

預估五個小時。

3. 目的

使學生能了解人權發展的歷史。

4. 前測

教學前每一位學生都必須接受前測，若通過 80% 以上，則可免於本教學模式；若沒有通過，則需接受本單元教學。

5. 教學目標

(1)學生能說出人權組織、權利宣言的起源。

(2)學生能說出影響人權發展的重大事件及其影響。

(3)學生能說出歷史上嚴重違反人權的重大事件。

(4)學生能舉例說明知名的人權鬥士及其事蹟。

6. 教學活動

可達成學習目標(1)的學習活動

(1)閱讀人權教育有關各種人權組織與權利宣言之教材。

(2)查詢以下網站以了解各種有關人權組織與權利宣言起源之資料：

- 全民人權教育網網址：http://www.ngo.stu.edu.tw

- 台灣人權促進會網址：http://www.tahr.org.tw
- 教育部人權教育資訊網網址：http://www.hre.edu.tw
- 人權教育基金會網址：http://www.tahr.org.tw
- 世界人權宣言網址：http://www.mofa.gov.tw
- 2002國際兒童人權高峰會網址：http://jrsummit.taiwanschool-net.org

(3)觀看人權教學錄影帶有關人權組織、宣言之起源部分。

任選下列學習活動以達成學習目標(2)

(1)閱讀有關人權發展重大事件之教材。

(2)研讀指定歷史讀物，如有關美國獨立宣言、法國革命宣言、美國解放黑奴之歷史讀物。

(3)上網查詢有關人權發展的重大事件。

(4)觀看人權教學錄影帶。

任選下列學習活動以達成學習目標(3)

(1)閱讀有關違反人權事件之教材。

(2)研讀指定歷史讀物，如美國解放黑奴運動的歷史、反種族隔離的歷史。

(3)觀看侵犯人權的紀錄片，如《阿媽的故事：台灣慰安婦》、《超視：調查報告第二十六集：白色檔案》（紀錄片）等紀錄片。

(4)上網查詢違反人權事件。

任選下列學習活動以達成學習目標(4)

(1)閱讀有關人權鬥士及其事蹟之教材。

(2)研讀人權鬥士自傳，如《曼德拉傳》、《甘地傳》。

(3)觀看人權鬥士事蹟影片，如《辛德勒的名單》（有關種族平

等）等影片。

(4)上網查詢人權鬥士及其事蹟。

(5)觀看人權教學錄影帶。

7.後測

接受後測，以了解學生學習情形，若通過測驗，則進入另一單元的模組學習。

範例 2：以「環境、文化與發展權」此一學習單元為例

1.單元概說
簡介環境、文化與發展權。

2.時間
預估五個小時。

3.目的
使學生能了解簡介環境、文化與發展權亦是我們應享有的權利，人人皆可享有，並有權去維護。

4.前測
教學前每一位學生都必須接受前測，若通過 80% 以上，則可免於本教學模式；若沒有通過，則需接受本單元教學。

5.教學目標
(1)學生能說出日常生活中環境、文化與發展權遭到侵害的事例。

(2)學生能說出歷史上環境、文化與發展權遭受侵害的重大事件。

(3)學生能說明維護環境、文化與發展權的方法。

6.教學活動
可達成學習目標(1)的學習活動

(1)閱讀有關環境、文化與發展權之教材。

(2)藉由學生間的討論，以了解日常生活中環境、文化與發展權
　　遭到侵害的真實案例。

(3)觀看教學錄影帶。

任選下列學習活動以達成學習目標⑵

(1)閱讀歷史上有關環境、文化與發展權遭到侵害的真實案例；

(2)觀看環境、文化與發展權遭到侵害的紀錄片，如《永不妥
　　協》、《法網邊緣》、《輻射將至烏坵》等影片。

(3)上網查詢環境、文化與發展權遭到侵害的歷史事件。

(4)觀看教學錄影帶。

任選下列學習活動以達成學習目標⑶

(1)閱讀如何維護環境、文化與發展權之教材。

(2)藉由學生間的討論，以了解維護環境、文化與發展權的方法。

(3)觀看教學錄影帶。

7.後測

　　接受後測，以了解學生學習情形，若通過測驗則進入另一單元
的模組學習。

伍、結論

　　人權教育雖源自於西方，但經過兩百年來的奮鬥及努力，人權
教育的內容逐漸擴大，人權的概念已日益普及至世界各地，對於人
權的定義、範疇、人權的尊重與實行，也成為國家社會的共識。我
國對人權的重視雖是近年來的事，但經過幾十年來的民主化過程，
人權的議題已逐漸成為社會大眾的關注焦點，教育部亦於一九九八
年正式把人權教育列為九年一貫課程的六大議題之一，可見其重要

性。然九年一貫課程的實施只重視課程架構的改變，但教育的效果不能有效提升，再加上科目間有統整之名卻無統整之實，以致須融入各領域統整教學的人權教育無法真正落實在教學情境中。因此，用心於教學的創新也許更能達到課程改革的目標，而模組教學不似傳統的教學方法，而能用各種靈活的方式與進步的科技來進行教學，使學生能以適合他們的學習方式、適合的學習步調來進行學習，對人權教育的實施而言或將產生更佳的學習效果。

參考書目

林生傳（2000）。新教學理論與策略。台北：五南。

林生傳（2002）：九年一貫課程改革沖激下的教學創新思索，輯於第六屆課程與教學論壇學術研討會專題演講集，129-138。

吳宗立（2001）。九年一貫課程人權教育的內涵與教學。台灣教育，4（4），45-53。

湯梅英（2001）。人權教育的課程與教學：一個重要卻受忽視的新興議題。課程與教學季刊，4（4），1-20。

教育部（2000）。國民中小學九年一貫課程暫行綱要。台北：教育部。

黃默（1999）。台灣人權教育現況及展望。教育研究雙月刊，65，4-7。

Asano, M. (2000). School Reform, Human Rights, and Global Education. *Theory Into Practice, 39(2),* 104-111.

Baxi, U. (1996). *Human Rights Education: The promise of the third millennium.* (ERIC Document Reproduction Service No. ED 409221)

Best, F. (1990). *Education, culture, human rights and international under-standing — The promotion of Humanistic, ethical and values in education.* (ERIC Document Reproduction Service No. ED 362460)

Million, S. K. (1982). *Learning Center: A T. O. A. S. E. to good teaching.* (ERIC Document Reproduction Service No. ED 231333)

Partick, J. J. (1998). *A global perspective on human rights education.* (ERIC Document Reproduction Service No. ED 421447)

Sandhu, P. S. (1997). *Human dignity, decency, and integrity as the Sine Qua Non of human rights education: A proactive conceptual and practical framework for promotion of world peace.* (ERIC Document Reproduction Service No. ED 439357)

Tibbitts, F. (1996). *On human dignity — The need for human rights education.* (ERIC Document Reproduction Service No. EJ 536762)

Wronka, J. (1994). Human Rights and Social Policy in The United States: An Educational Agenda for The 21st Century. *Journal of Moral Education, 23*(3), 7-22.

創造思考教學——
以兒童圖畫書為例

壹、前言

　　誠如Lyotard所言，電腦科技的發明與大量運用，改變知識的形式與儲存的方式，更改變了知識的生產、傳播、應用與擴散，使得人們所處的社會已由工業社會邁進Doll所宣稱的「後工業社會」。知識經濟時代之來臨改變了生產的工具，也改變了生產的方式與組織，知識（knowledge）凌駕土地、資本、廠房設備之外，成為決定經濟榮枯的主要因素，而知識的生產、傳播、應用已經轉化為經濟效益，成為經濟發展的核心，並改變社會的結構，進而改變了教育的目的與功能。

　　在知識經濟的社會中，教育所扮演之角色將不同於傳統，所以培養創新作法、創造性思維之「知識人」為教育首要之目的（林生傳，2001）。在政府公布的「知識經濟發展方案」之第四項「檢討教育體系，並積極培養人才，以因應經濟發展之需求」中，首先提到的便是「檢討現行教育體制，加強創新及再學習能力之培養」，顯然，有關於創造力的教育在台灣社會中開始受到空前的關懷與重視（吳思華，2000）。創造思考能力的培養，已成為教育改革之重點及個人規畫生涯的指標，創意與想像更是知識經濟成功的主要關鍵（林生傳，2001）。

　　Torrance 曾表示幼兒的創造性思考在四至四歲半時達到巔峰，隨即在幼兒入學的頭一年就一直下降。Lehman認為創造力出現於兒童早期的遊戲，然後才慢慢擴展到幼兒生活的其他領域，幼兒創造力能否表現出來，端看其環境是否允許幼兒盡情表現。在 Dacey 與 Levison的研究中，零到五歲的幼兒此時需要大量的訊息，以及獲取

處理訊息的能力，這種能力受到生理與環境互動之影響，創造力雖不至於會在此時期固著，但早期的剝奪將不利於上述能力之發展。根據國內外有關文獻顯示，學生的創造思考能力可經由教學的歷程增進（賈馥茗，1970；林幸台，1974；徐玉琴，1975；吳靜吉，1976；張玉成，1983；陳龍安，1994；Torrance, 1972；Guilford, 1968；David, 1982）。

　　周淑惠（1998）分析近年來國內以幼稚園的整體教學實務或教育問題為研究焦點之論文，結果多發現：幼稚園採分科才藝教學，非常智識化取向，且過度依賴坊間現成教材。又林佩蓉（1995）根據相關研究結果、評鑑報告與訪談輔導的經驗，歸納幼稚園之教學實務特色，發現教師採灌輸式教學法，以團體活動為主要型態，居於主導者地位。簡楚瑛於二○○一年所發表之「幼兒教育創造力教育政策規畫」成果報告書中提及，我國當前幼兒階段之創造力教育關鍵問題在於環境生態，不足的生活經驗和不良的課程與教學等外在因素，是阻礙幼兒創造力與創意的主要因素。所以計畫書中將發展幼兒創造力之統整課程與創新教學列為重點工作之一。

　　Arastch認為五至六歲是創造力發展的第一個關鍵期，正是幼稚園階段，根據 Dacey 與 Levison 以學習有其關鍵期的觀點，來研究個體自出生到年老期創造力發展的巔峰期（peak period），他們認為若能適時掌握巔峰期之心理狀態，提供教育或學習之契機，就可能使創造力獲得開展的最大可能性。目前在美國也發展出各種不同的創造思考教學方案，此種方案有的採長期的教學計畫，亦有的實施短期的創造思考教學活動，而所提供的訓練材料多為成套的系統教學活動設計或作業練習，其結果都有很高的成功率（陳龍安，1994；Mansfield, Busse & Krepelka, 1978）。

「愛的」ATDE創造思考教學模式強調，在學生原有的基礎上，提供擴散性思考（divergent thinking）的機會，教師須提供自由、民主、安全及和諧的教學情境，讓學生在此情境中充分發揮潛能。本文的目的將採用「愛的」ATDE 創造思考教學模式，以兒童圖畫書為教材進行語文領域之創新教學設計，期望藉由此教學設計，增進兒童之擴散性思考能力。

貳、創造思考教學的基本概念

一、創造思考力的定義

　　Torrance（1984）認為創造力是發明能力，亦是生產性思考能力或擴散性思考能力，也可能是想像力。陳龍安（1998）認為創造力就是創造的行為（creative behavior, CB），而CB=IDEA，I是想像力（imagination），D 是知識（data），E 是評估（evaluation），A 是行動（action），此四者是構成創造行為的重要因素。整理許多學者的看法，認為創造力涉及創造新而有用的產品，包括觀念與具體物品（詹志禹，2002：117）。Meador（1998）認為創造思考力應同時包含擴散性思考（divergence）與聚斂性思考（convergence）兩種能力，擴散性思考是醞釀各種解決的辦法，當許多的辦法被提出後，再根據情境之需要，透過聚斂思考選擇解決問題的方案。Meador指出擴散性思考包括下列四個主要能力：

　　1. 流暢力（fluency）：是產生許多想法、答案或問題解決的能力。

　　2. 變通力（flexibility）：是指不同分類或不同方式的思考，或

是以一種不同的角度或新方式去看一個問題。

3.獨創力（originality）：反應的獨特性，想出別人所想不出來的觀念，或是首次提出之觀念。

4.精進力（elaboration）：在原來的構想或基本觀念再加上新觀念，增加有趣的細節或組成相關概念群的能力。

二、兒童創造力的特質

Lehman 認為創造力出現於兒童早期的遊戲，然後才慢慢擴展到幼兒生活其他領域，幼兒創造力能否表現出來，端看其環境是否允許幼兒盡情表現。董奇（1995）在其研究中提出兒童創造力的特質如下：

㈠兒童的創造力是不斷發展變化的

兒童的創造力不像成人的創造力已經基本定型、變化幅度不大。反而，隨著兒童年齡的不斷增長，兒童的心理發展漸趨成熟、社會規範的習得、個性的形成、知識和經驗的豐富都會使兒童的創造力發生相應的變化。

㈡兒童的創造力較簡單、低層級

學前兒童思考發展正處於直觀動作和具體的形象思考階段，抽象的邏輯思考形式至多才剛剛萌芽。由於學前兒童還不能進行系統化的學習，活動範圍又小，因而獲取的間接和直接的經驗都相當少，知識累積比較薄弱。這種心理發展水平和知識經驗背景決定了學前兒童只能進行直觀的、具體的、形象的、缺乏嚴密和邏輯性的創造，這種創造常見於兒童的各種極其平凡的活動之中，大多脫離現實，

帶有很大的誇張成分，不符合邏輯規範和規則，它們只是一些較簡單、低層級的創造，不具有什麼社會價值和實用價值。

(三)兒童創造力自發性強，表現相當廣泛

在成人的創造活動中，創造的目的性十分突出，創造的問題、任務和要求都非常明確，整個創造活動是在創造個體的自我控制和意志努力下進行的。因此就整體而言，成人的創造力具有高度的自覺性和針對性，主要表現在某些特定的活動領域之中。相對而言，兒童的創造力自發性較強，針對性較差，藉以表現的活動及領域相當廣泛。學前兒童尤其如此，這時候的兒童正處什麼都不大懂、什麼都不夠清楚的時期，他們對所接觸的任何東西都表現出濃厚的興趣，並且總是用他們自己的方式去行動，因此他們的創造力幾乎在所從事的全部活動中都能發現。

(四)兒童創造力主要表現為創造性想像

幾乎所有的創造活動都缺少不了創造性想像，創造性想像和創造性思考被稱為創造力的兩大支柱。而在兒童的創造力中，創造性想像的作用和地位較為突出，心理學的研究發現，幼稚園小班或更小兒童的創造實際上是一種無意想像的結果，而中班以上兒童的創造主要是一種有意想像。據此我們可以毫不誇張地說，兒童就是藉助想像來創造的。

由上述之研究可知，兒童的心理發展漸趨成熟、社會規範的習得、個性的形成、知識和經驗的豐富都會使兒童的創造力發生相應的變化，在此階段兒童的創造力自發性較強，針對性較差，所表現

的活動及領域相當廣泛，學前兒童尤其如此。所以在幼兒階段創造力之教學目的以創造性想像和創造性思考之啟發為主，此時需要給予幼兒大量的訊息，從訊息中培養幼兒之敏覺力、流暢力、變通力、獨創力及精密之思考能力，且這種能力受到生理與環境互動之影響，所以提供一個自由、安全、無拘無束的教學情境使必需且重要的。

三、創造思考教學的意涵與實施原則

創造思考教學是為培養學生創造思考的教學方法，教師在支持的環境氛圍下，運用創造思考的教學策略，激發學生創造的動機，進而培養其創造的能力。以下分別說明創造思考教學的意涵與實施原則：

㈠創造思考教學的意涵

創造思考教學對教師而言，是鼓勵教師因時制宜變化教學方式，目的是為了啟發學生創造的學習動機，鼓勵學生創造的表現，以增進創造能力的發展。創造思考教學即是教師利用創造思考的策略，透過課程內容以及教學活動，以培養學生敏覺、流暢、變通、獨創及精密的思考能力。創造思考教學具有下列特徵（林幸台，1974）：

1. 鼓勵學生應用想像力，增進其創造思考能力。
2. 學習活動以學生為主體，在教學中教師不獨占整個學活動時間。
3. 特別注意提供自由、安全、和諧的情境與氣氛。
4. 教學方法注重激發學生興趣、鼓勵學生表達與容忍學生不同的意見，不急著下判斷。

㈡創造思考教學的實施原則

　　許多學者提出關於創造思考教學的原則，分述如下：

1. 陳龍安（1998）提出實施創造思考教學的原則

⑴提供自由、安全、和諧相互尊重的氣氛。

⑵讓學生在輕鬆中學習，但保持「動而有節」的原則，既不太放任也不會過於嚴肅。

⑶重視學生所提的意見，並增強各種與眾不同的構想。

⑷鼓勵全體學生都參與活動，並能適應學生的個別差異與興趣。

⑸讓學生從錯誤中學習，從失敗中獲得經驗。

⑹鼓勵學生有嘗試新經驗的勇氣，多從事課外的學習活動，養成獨立研究的習慣。

⑺讓學生充分利用語言、文字、圖畫等方式，充分表達自己的想法，展示自己的作品，教師並能分享全班同學創造的成果。

⑻教師的教材教法要多變化，不獨占整個活動，盡量激發學生的想像力。

⑼對於學生的意見或作品，不立刻下判斷，當意見都提出後，師生再共同評估。

⑽與家長密切配合，充分運用社會資源。

2. 沈翠蓮提出實施創造思考教學的原則，可以歸納要點為口訣：「隨變問，聽說不美觀」，這八個原則說明之（引自沈翠蓮，2001）

⑴隨：隨時隨地啟發學生的創造力和教師專業知能。

⑵變：變化教材教法、評量和作業方式，班級管理方法。

⑶問：創造發問技巧可以用「假設比替除，可想組六類」的創

造性發問口訣。

(4)聽：傾聽、專注和接納學生的意見。

(5)說：鼓勵學生勇於表達意見——敢說、能說、會說。

(6)不：創造思考教學十條戒律：①不要太早對學生的意見下判斷；②不要輕視學生傷其自尊；③不要限制學生太多自由；④不要對學生嘮叨不休；⑤不要強迫學生盲目服從；⑥不要做不適合學生的要求；⑦不要排斥學生的失誤及失敗；⑧不要只教課本知識，只評量死記知識；⑨不要製造壓迫感及過度競爭氣氛；⑩不要懷疑學生。

(7)美：讚美鼓勵學生不凡表現。

(8)觀：觀察體驗知識的奧妙和生活結合的教學。

參、「愛的」ATDE 創造思考教學的模式

教學模式是一種結構化的組織架構，用以發展特殊學習活動和教育環境。「愛的」（ATDE）創造思考教學模式係由陳龍安根據 J. P. Guilford 提出智力結構模式、Parnes 創造性問題解決模式、Williams 的創造與情意教學模式，以及 Taylor 的多種能力發展模式，所提出的「愛的」（又稱為問想做評）創造思考教學模式。

一、基本原理

在 ATDE 創造思考教學模式中，基本上基於三個基本假設：第一，學生在原有知識背景之上實施問、想、做、評的活動；第二，強調愛的教育，暫緩批判，能容忍不同或相反意見的雅量，以及提

供和諧的教學氣氛；第三，問、想、做、評的程序依實際情況彈性
調整，可作彈性的變化（陳龍安，1994）。此教學模式非常強調學
生之背景知識及經驗基礎，在學生原有的基礎上，提供擴散性思考
的機會，教師須提供自由、民主、安全及和諧的教學情境，讓學生
在此情境中充分發揮潛能。

此教學模式包括四大步驟：問（asking）、想（thinking）、做
（doing）、評（evaluation），以圖 14-1 表示：

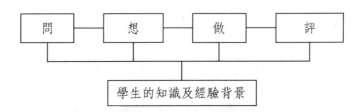

➡ 圖 14-1　「愛的」（ATDE）創造思考教學模式
（引自陳龍安，1998）

其所代表的意義如下（陳龍安，1994）：

㈠問

教師設計或安排問題的情境，提出創造思考的問題，以供學生
思考。特別重視聚斂性問題與擴散性問題，亦即提供學生創造思考
與問題解決的機會。

㈡想

教師提出問題後，應鼓勵學生自由聯想，擴散思考，並給予學
生思考的時間，以尋求創意。

(三)做

利用各種活動方式，讓學生做中學，邊想邊做，從實際活動中尋求解決問題的方法，而能付諸行動。在此階段中，不同的活動方式是指寫、說、演、唱等實際操作或活動。

(四)評

是指師生共同擬定評估標準，共同評鑑，選取最適當的答案，相互欣賞與尊重，使創造思考由萌芽而進入實用的階段。此階段所強調的是師生相互的回饋與尊重，亦即創造思考「延緩判斷」原則的表現。

「愛的」創造思考教學模式強調學生的知識及經驗背景，它並非「無中生有」，而是「推陳出新」。另外，ATDE 諧音為「愛的」，因為愛是創造的原動力，創造思考教學重視提供自由、民主、安全與和諧的環境氣氛，亦即「愛的表現」，強調師生應「有容乃大」，容忍不同的意見，尊重別人、接納別人，故ATDE又稱為「愛的模式」。愛的創造思考教學模式的程序可依照實際情形彈性調整而靈活運用，例如問→想→做→評，或者問→做→想→問→做→評。

肆、「愛的」ATDE 創造思考 教學模式於兒童圖畫書之運用

一、兒童圖畫書之創造思考模式

　　從有關創造力的研究中，可以看出，從廣泛閱讀中累積的豐富背景知識，往往是激發創造力的重要觸媒。洪蘭（2002）指出一個人要「無中生有」非常困難，唯有透過大量閱讀之後，累積豐富知識，才能賦予所見所聞更深的意義。閱讀提供了想像的背景知識，從而提供了創造力的基地，創造力強的人，通常背景知識也很廣博。閱讀與創造力存在密切的關聯性，閱讀可以激發想像力，沒有想像力就沒有創造力，而想像力又與背景知識有關，沒有背景知識，無法形成初步假設。在形成初步假設時，運用擴散性思考醞釀各種解決的辦法，接著再依據不斷送上來的最新訊息，透過聚斂思考將不理想、不對的假設推翻，最後留下來的就是最符合由下而上資訊及現有背景知識最佳答案（洪蘭，2002）。

　　Meador（1998）指出圖畫書中虛構人物之特性，可以幫助幼稚園到四年級的兒童藉由對書中虛構人物之認同與轉化，進而塑造（modeling）兒童不同的創造能力。Hegeman（1998）認同 Meador的看法，並進一步提出認為圖畫書中充滿想像的情境、書中角色之性格與故事結構提供豐富之創造力教學教材，教師若將此教材運用合適之教學模式加以結構與組織（model lessons），將有助於兒童發展擴散性思考中之四項能力：流暢力、變通力、獨創力、精進力。Holliday（1998）指出流暢力、變通力、獨創力、精進是重要的思

考工具（thinking tools），善用此思考工具將促進閱讀與語言學習的成功。同時，在閱讀課程中圖畫書的使用，可提供多種不同形式的反應活動，例如：討論、寫作、畫圖、戲劇或其他藝術性的表達方式，這些活動將提供兒童實證獨創性、精進性與變通性思考的機會。Cho 和 Kim（1999）亦提出圖畫書中富創意性與想像性的故事與插圖可以鼓勵擴散性思考的發展，並促進想像力的提升；在韓國也將圖畫書運用在科學的教學活動中，其研究成果顯著。

　　上述可得知，圖畫書不僅可提供孩子各種經驗及解決問題的方法與策略，並可以協助孩子了解人類的行為與思考，並具備面對與適應不同情境的能力（劉鳳芯，2000）。以下將採用「愛的」ATDE創造思考教學模式，以兒童圖畫書為教材進行語文領域之創新教學設計，期望藉由此教學設計，增進兒童之擴散性思考能力。

二、教學設計

㈠教學單元

　　如下表 14-1

▶ 表 14-1

單元名稱	教學目標	圖畫書的名稱	圖畫書的內容
A：我愛巫婆	培養擴散性思考中：變通力的運用。	• 巫婆的掃把 • 芭芭雅嘎奶奶 • 巫婆薇吉兒 • 聖塔菲的巫婆	這是一系列以「巫婆」為主角的故事，隨著世紀的交替，巫婆的角色正改變中，從以往既定的反派角

（下頁續）

（續上頁）

			色轉為多元的呈現。故事中的巫婆有可愛的、糊塗的、善良的、邪惡的。
B：我們是好朋友	培養擴散性思考中：流暢力的運用。	• 青蛙和蟾蜍——好朋友 • 青蛙和蟾蜍——好夥伴	此兩本書共有十個小故事，主要是在敘述青蛙和蟾蜍這一對好朋友生活當中的種種趣事，青蛙和蟾蜍特殊的個性、出人意表的行為及想法，讓故事的發展充滿幽默風趣的驚喜。
C：小豬與野狼	培養擴散性思考中：獨創力與精進力的運用。	• 三隻小豬 • 三隻小豬的真實故事 • 三隻小狼與一隻壞小豬 • 灰姑娘 • 灰王子	第一本故事書是傳統的「三隻小豬」故事，第二本是以狼的觀點來說明「三隻小豬」故事的真正內幕，第三本故事情節與傳統的「三隻小豬」故事相同，但角色扮演是互換的。「灰王子」是以傳統「灰姑娘」的情節為內容，但角色扮演是互換的。
D：真好玩	培養擴散性思考中：獨創力的運用。	• 豬頭三兄弟 • 鯨魚 • 我要來捉你了	這三本書在故事的結尾，呈現令人意想不到的驚奇。

㈡教學步驟

1. 將上述之圖畫書編成 A、B、C、D 一系列的語文教學單元
   （learning units），每單元約供一至二週的教學。

2. 各單元列出包含認知、情意與技能各層次的明確教學目標。
   選定單元進行教學，教師首先選定一本圖畫書在課堂上與兒
   童一起閱讀。

   閱讀活動進行完畢，故書中之人物與情節將形成背景知識，
   提供兒童進行下階段學習活動的經驗。

   此階段學習活動可團體進行或分組進行，若採分組進行，在
   教室中同時有些小組進行「問」、「想」的學習活動，教師
   根據圖畫書中的故事情節設計或安排問題的情境，提出創造
   思考的問題，鼓勵兒童自由聯想，進行擴散性思考，並給予
   兒童思考時間，以尋求創意。有些小組進行「做」、「評」
   的學習活動，利用各種活動方式，讓學生做中學，邊想邊做，
   從實際活動中尋求解決問題的方法付諸行動。

3. 依照兒童之學習情況，可繼續選擇本單元中第二本圖畫書進
   行或進入另一個新的單元。

以上之教學步驟，詳見下圖 14-2：

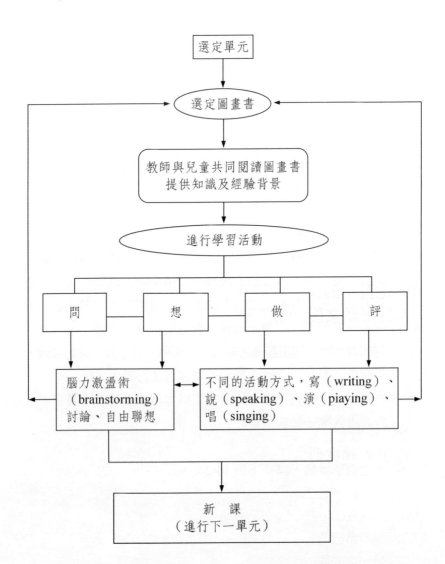

➡ 圖 14-2　兒童圖畫書於「愛的」ATDE 創造思考教學模式之運用

三、兒童圖畫書於「愛的」ATDE 創造思考教學模式之運用要點

㈠自由、民主、安全及和諧教學情境的提供

　　「愛的」ATDE 創造思考教學模式強調在學生原有的基礎上，提供擴散性思考的機會，教師須提供自由、民主、安全及和諧的教學情境，讓學生在此情境中充分發揮潛能。所以在教學進行的過程中，必須參考陳龍安（1998）十大創造思考教學的原則與沈翠蓮（2001）所提出的「隨變問，聽說不美觀」實施創造思考教學的原則。

㈡圖畫書中的文字是傳達故事情節的媒介物，不是作為評量語文能力的標準

　　在圖畫書中，文字、插圖是作者描述故事情節的媒介物。Holliday（1998）指出透過閱讀圖畫書的過程中啟發學生擴散性思考，教師不需執著於要學生「認對字」、「會唸字」而令學生心生挫折。在教學中，閱讀是過程，圖畫書是媒介物，激發擴散性思考是目標。

㈢尊重與欣賞他人之觀點與作品

　　教師應重視教學過程中學生表達、討論技巧的培養，引導學生尊重他人所提出之想法與意見。當學生充分利用語言、文字、圖畫等方式展示自己的作品或想法時，教師需引導學生以欣賞的角度分享同學們創造的成果。

㈣以多元的觀點引導學生進行擴散性思考與批判思考

在語文領域中採用圖畫書進行激發兒童擴散性思考的創造思考教學，是藉由不同類型的圖畫書閱讀，激發孩子的好奇心與觀察力，養成獨立思考主動探索和發現問題的能力，擴大思考層面的多元性。許多嚴肅的議題可以透過有趣的圖畫書傳達給學生，給予學生多元化的思考空間。透過不同類型的圖畫書，使學生在閱讀的過程中了解，以腦力激盪的方式激發孩子擴散性思考。例如：當我們講述「灰姑娘」的故事後，同時介紹《灰王子》這一本書，閱讀後和孩子作下列的討論：「你想當『灰姑娘』中的公主或是『灰王子』中的公主？為什麼呢？」透過兩本書中「公主」角色的比較，提供了孩子培養想像、鑑賞、批判與創作的機會，且在表達的過程中學會傾聽並與他人分享不同的見解或資訊（林琬淇，2001）。

以「三隻小豬」的故事為例，老師與學生在閱讀「三隻小豬」的故事時，同時可和學生一起閱讀《三隻小豬的真實故事》這本書，兩本書述說聽同一事件，但因為不同的立場，所以描述的故事內容完全不同。試著比較這兩本書所描述的情境與學生作討論，例如：「兩隻大野狼的下場不一樣？為什麼呢？你想當哪一種大野狼？為什麼呢？」藉由問題討論與情節的比較，提升學生思考層面的廣度與深度，傳達給學生一個概念——事情的發生沒有絕對的「是」與「非」，事件中人物沒有絕對的「善」與「惡」，端看自己運用何種角度去分析與判斷，所以這兩本圖畫書提供學生一個運用獨創力與精進力的機會。

經由書中人物性格的模仿與角色認同，內化學生的學習經驗，

當事情發生時，我們可運用不同角度作思考與分析，延伸出來道德層面的教育，當其他學生不小心撞到你時，或者是做了你不喜歡的事，我們是否應給對方一個機會，聽他述說原因，而不要凡事以自己的角度去解讀。

伍、結論

　　創造性行為源自於環境、人格特質與思考方式等三項因素相互作用的結果，創造性行為的發展需要多方面、多層次的促進，而非只著重於擴散性思考的開展，但幫助學生學習擴散性思考卻是創造性行為的基礎。圖畫書中所虛構之各角色，代表各種創造性行為的典型，例如：「豬頭三兄弟」中的豬小弟，「巫婆薇吉兒」中的薇吉兒。透過閱讀圖畫書，學生將這些創造性行為內化，同時對書中人物產生認同、模仿機制，這一連串過程將有助於擴散性思考的激發與發展。對於正處於直觀動作和具體的形象思考階段的幼兒園兒童而言，創造性想像和地位較為突出，幼稚園小班或更小兒童的創造實際上是一種無意想像的結果，而中班以上兒童的創造主要是一種有意想像，所以圖畫書中豐富的故事情節與多變化的角色性質，提供了學齡前兒童最佳的創造思考教學的教材，教師若能善用這些圖畫書並加以結構化與組織化，將有助於閱讀能力、語言能力與創造思考能力之發展。

　　「愛的」ATDE 創造思考教學模式強調在學生原有的基礎上，提供擴散性思考的機會，在自由、民主、安全及和諧的教學情境中，讓學生充分發揮潛能。本文嘗試在語文領域中運用「愛的」ATDE創造思考教學模式，配合兒童圖畫書教材使用。此種創新教學的模

式，強調教學過程中學生自由、主動的學習，相信可帶給幼兒園中教師們新的教學啟示。

Toynbee 指出：「社會的興衰存亡，繫於創造能力發展機會之有無」（引自張玉成，1984）。Delepar 認為：創造之最大價值在於促進社會的進步（引自陳昭儀，1995）。陳昭儀（1995）表示：根據日本專利局公報（1988年版）資料顯示，一個國家之工業及經濟發展，與發明專利件數之多寡有頗高的相關性。綜合以上之論述，可見人類的進化、文明的提升、國家的富強，以及科技的發展，莫不是創造力極至表現的佳績。研究者希望藉由此創新教學模式的介紹，提供與幼兒園中課程與教學改革的方向，唯有從大量閱讀中獲得知識的廣度與深度，培養跨領域的興趣，是孕育創造力的要件之一，擁有創造力的兒童才會有具思考力、批判力的未來公民。

參考書目

沈翠蓮（2001）。教學原理與設計。台北：五南。

林幸台（1974）。創造性教學對才賦優異者創造力發展的影響。國立師範大學教育研究所：未出版碩士論文。

林佩蓉（1995）。幼稚園教學實務中反應的兒童發展觀點。教育資料與研究，4，135-150。

林生傳（2001）。知識經濟與教學創新。高雄市教育學會第五屆第三次會員大會暨「知識經濟與教育發展」研討會手冊。論文彙編（23-34）。

林琬淇（2001）。從顛覆傳統思維模式的兒童圖畫書談——如何輔導孩子從不同角度看世界。幼教資訊，133，51-55。

洪蘭（2002）。活化大腦激發創造力。天下雜誌 2002 年教育特刊，*263*，92-94。

周淑惠（1998）。促進幼兒教師與幼師所屬幼稚園之專業發展研究（*1*）。國科會專題研究計畫，NSC85-2413-H134-005。

吳思華（2000）。創造力與創意設計與師資培訓計畫。Available：http://tim.nccu.edu.tw/croci

陳龍安（1994）。創造思考教學的理論與實際。台北：心理。

陳龍安（1998）。創造力與創意設計與師資培訓計畫。Available：http://www.creativity.edu.tw

陳昭儀（1995）。增強創造力的方法。資優教育季刊，*54*，18-20。

張玉成（1984）。創造性教學與資優教育。資優教育季刊，*11*，16-20。

詹志禹（2002）。「創造力」的定義與創造力的發展—兒童會創造嗎？教育研究月刊，*100*，117-123。

簡楚瑛等著（1999）。幼教課程模式。台北：心理。

簡楚瑛、陳淑芳、黃譯瑩（2001）。創造力教育政策白皮書——子計畫「幼兒教育創造力教育政策規畫」成果報告。教育部。

董奇（1995）。兒童創造力發展心理。台北：五南。

劉鳳蕊（2000）。孩子需要閱讀兒童文學作品。成長，*11*（4），39-45。

Cho, B. K. & Kim, J. (1999). The improvement of children's creativity through Korean picture books. *Childhood Education, 75*(6) (international focus issue), 337-41.

Lehman. V. K. (1987). *Creative and mental growth.* New York: Macmillan.

Holliday, K. N. (1998). Modeling divergent thinking through picture books. *Roeper Review,* Sep. 98, Vol. 21 Issue 1, pA-5, 2p.

Hegeman, K. T. (1998). Model lessons to facilitate creative thought. *Roeper Review,* 0278-3193, Sep. 98, Vol. 21 Issue 1, pA-7, 2/3p.

Meador, K. S. (1998). Models of divergent behavior: characters in children's picture books. *Roeper Review,* Sep. 98, Vol. 21 Issue 1, pA-5, 5p.

Torrance, E. P. (1984). Predicting the Creativity of Elementary. School Children and the teacher "who made difference". *Gifted Child Quarterly, 25*(2), 55-62.

國小建構取向——數學寫作
教學之創新設計

壹、前言

　　建構取向教學是由建構主義學者們所提倡的。他們認為個體在和外界環境的互動中，個人會根據既有的知識結構來了解周遭的環境，所以個體知識的形成，是透過與環境互動並主動建構知識而成的，不是被動地接受知識。因此，建構取向教學所強調的是以學生為主體，主動建構知識的教學（林生傳，1998）。因此之故，學校教育應該提供的是有利於學生主動建構知識的環境，與提供適合學生建構知識的教材，使得學生能夠透過與環境的互動，學習與成長。

　　近年來，國小數學科的教學取向，逐漸以建構取向的教學為主，而且建構取向的教學在學術界也獲得相當多的討論，也完成許多研究成果（林生傳，1998；張景媛，1994；陳玉玲、周宣光、井敏珠，1998；楊龍立，1997；蔡淑桂，1999；Driver, 1995；Glasersfeld, 1995；Law, Wong, 1996；Phillips, 1995；Wheatley, 1991）。然而，建構取向的數學科教學，在國小數學科的教學中，仍然有許多急待改善的疑慮。例如，建構取向的教學被認為不適合於低成就或先備經驗不足的學生。建構取向教學在實施小組討論時，常常使得高學業成就學生較懂得如何討論與表達意見，故能有所收穫；低成就學生則難以參與討論及獲得有效的學習。因此如何讓低成就學生能充分參與討論，便是應當重視與改進的課題。另外建構取向教學強調由學生主動建構數學知識，若是所建構的數學知識有所偏差時，又無法獲得來自教師有效的指正或回饋，數學知識的學習將會大打折扣。因此在數學科學習的社會性建構（小組討論）時，學生各是其是、各非其非，教師應扮演適當的引導，以免失去教育意義（林生傳，

1998）。這點亦有賴教師思考如何適當地進行補救教學活動來解決。

本研究認為上述問題的解決，可以參考數學寫作的方法來解決。近年美國數學教師協會（National Council of Teachers of Mathematics, NCTM）建議將數學寫作運用在數學科的教學中，透過在學習數學中，學生將數學的觀察與觀念，以作文的形式寫成紀錄，以釐清學生在學習數學時的想法與概念，即為數學寫作（writing about mathematics）（NCTM, 1989）。Wade（1994）曾有實驗研究結果顯示：以寫作策略使用在同儕合作解題的社會情境中，對於受試者的解題能力有顯著的正影響力。因此，數學寫作活動對於學生解題能力是有幫助的，其應用在數學科教學上是一個可行的考慮。同時，若是學生在學習數學時，能夠在教師佈題與說明之後，將學生進行數學解題時的想法，以數學寫作的形式，記錄下當時的思考，待進行社會性建構（小組討論）時，不但每位學生均有數學解題的思考紀錄，可以參與討論；同時，在一個單元學習後，教師也可以安排一節課的評量時間，透過事先閱讀（或批閱）學生的數學寫作筆記，以了解學生數學知識的建構是否有偏差？在評量的課（節）裡首先對於學習未完成的學生進行補救教學，同一時間則對於學習有成效的學生給予加深加廣的學習內容。這樣便可透過數學寫作的方式，以及教學評量課（節）的交叉配合，彌補教師對於現行數學科建構教學的疑慮。

綜合而言，本文希望以美國數學教師協會所提出的數學寫作的想法，來作為彌補建構取向教學對於低成就學生的不利因素，或由小學生主動建構數學知識，可能建構錯誤數學知識所造成的疑慮，予以改進或解決。並適度地放入補救教學的設計，而初步提出現行國小數學科建構取向教學，以數學寫作及補救教學整合的設計，供

國小數學教師參考。

貳、建構取向教學相關的論述與實施的問題

一、建構取向教學的理念

　　林生傳（1998）曾經對於建構取向的教學理念提出幾點綜合性的整理，可以作為我們了解建構取向教學的參考，茲分述如後：

1. 學生成為教學情境裡的主角，學生是學習的主體。
2. 教學是激發學生建構知識的過程。要讓學生利用先前的知識，以及已有的經驗來進行目前的認知；透過內省、自我對話來修建知識。
3. 課程不是課程標準所列的科目，而是學生參與學習活動的結果所建構的知識。
4. 教學設計旨在安排具有「啟發性」的情境。
5. 教學的發展活動以「協商對話」的方式來進行，是辯證的，不是規範的。可以使用兩種主要的教學策略：一是使學習者面對問題的情境，感受到認知的衝突，刺激其思考。二是安排人際互動的情境，讓每個人各自提出見解。
6. 教師是教學的輔助者、詮釋者、經理者，而不是知識的傳授者。
7. 教學評量要從學生建構知識的過程來看，宜採用「多元動態評量」。

二、建構取向的教學設計

　　一九八〇年代，建構教學理念瀰漫於科學與數學教育界（Cobb, 1988），許多學者紛紛提出一些建構主義取向的教學設計模式，其中 Driver 和 Oldham（1986）所提出的建構取向教學流程因為過程清晰，因此本研究拿來作為發展本研究教學模式的藍本。底下簡要介紹 Driver 和 Oldham（1986）這個教學流程。

㈠前導及澄清階段（orientation and elicitation of ideas）

　　每個教學單元之初，教師宜簡介該單元的學習內容，以引發學生的學習動機。

㈡重建與應用階段（restructuring and application of ideas）

　　學習者的既有知識難免彼此有差距，所以重建階段中，主要是協助學生探索同一特殊現象的各種觀點，並把自己原有的觀念作調整。

　　而應用階段是提供各種機會，讓學生將新發展的知識、觀念運用在各種情境中；當然，在此階段中，重建也可能是不斷進行的。

㈢回顧階段（review of change in ideas）

　　教師鼓勵學生以書面方式對照比較現有概念與初始概念兩者之間的差距，或以類似「日誌」（journal）的方式來自我反省思維的轉折發展過程，以便回顧其概念發展的過程。

　　圖 16-1 便是 Driver 和 Oldham（1986）所提出之建構取向的教

學流程,前導及澄清階段包含確定方向與概念引發;重建與應用階段包含澄清和交換、置於衝突情境、新概念建構、評鑑、概念應用;回顧階段則為回顧所改變的觀念。

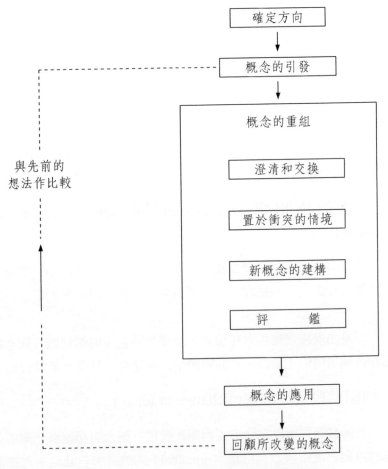

▶▶ 圖 16-1 Driver 和 Oldham(1986)的建構教學模式

(引自甄曉蘭、曾志華,1997,p.197)

三、建構取向教學的難題

　　雖然建構主義所提出的教學模式理念相當可取，但是若完全遵循建構主義的教學理念來教學，可能又會遭遇底下的困難（林生傳，1998）：

1. 學生都依自己的見解來建構知識，每個人所得的知識都不同，由於彼此生活經驗的差異，學生極可能建構出幼稚離奇的知識，如此將阻礙科學知識的發展。

2. 為避免一人一義、十人十義的認知，教師應把學生平日生活題材的解答，引導到正式學校教育教學去，但這種角色相當難為，而且如果老師這樣做，又很容易變成重蹈傳統教學的覆轍。

3. 建構主義強調多元，評量著重過程而非結果，傳統的常模參照及標準參照都不適宜，因為個人認知的結果不必以符合真實真理為規範，因此恐怕只能以「自我分析」以及「後設認知工具」（self-analysis and metacognitive tool）來進行。最近有人主張用「動態評量」的方式，但無論是在學理的建立上、設計的精密性上，以及應用的普遍性上，都仍有待研發及改善。

4. 建構教學並非適用於所有的課程，在基本技能的教學、基本習慣的訓練、基本觀念的建立、嚴謹結構性的教材等方面，建構教學適用的空間其實相當有限，何時使用建構教學仍有待教師斟酌。

5. 建構教學太強調知識為學習者主觀的建構，否定知識的授受，也不與外在的實體相符應，如此可能與活生生的教育環境不

合。把教育宗旨、課程標準、教科書與教師全都擺在一邊，
只有以學生為重，這種教學是否切合實際？適用性如何？

參、數學寫作相關的論述與研究發現

建構取向的教學固然有其限制，但是卻也不可忽略其價值，特
別是在數學科教學上。為了減少上述建構教學的難題，本文認為數
學寫作是一個可供教師們加以認識與應用的教學方式，底下介紹其
意涵與相關議題。

一、數學寫作的涵義

根據劉祥通、周立勳（1997）為數學寫作所下的定義為「凡是
促使學習者解釋、省思、回顧、組織，或是連結數學的書寫與記錄
的活動，都可以稱之為數學寫作活動」。因此，學生可以把他上數
學課的心得、解題所用的策略、解題錯誤的原因、課堂上無法理解
的困惑處全部都記錄下來；也可以把自己百思不解的題目，記下已
經嘗試過的解題策略，來作為重新思考的根據。除此之外，對於自
己的數學學習有任何的感想、反省，解題時的心路歷程，甚至課堂
上的互動過程，也都可以一一記錄下來。

因此，數學寫作有許多方式，包括數學札記、學習日誌、自由
寫作、記錄解題、焦點寫作、標題寫作等等（周立勳、劉祥通，
1998）。因為在建構取向教學的數學科學習中，解題活動是主要的
重點，對於學生學習數學的績效而言，它更是居於最重要的位置。
同時，本文之教學設計的主要目的又是設定在學生如何解題及其補
救教學上。因此，本研究將數學寫作的意涵定位在「解題活動記錄」

的數學寫作上。這個解題活動記錄可以是數學札記、學習日誌、記錄解題、焦點寫作等，但是範圍須鎖定在解題活動上，亦即將學生解數學問題時的思考和想法，記錄在簿本上，俟教師進一步的指導。

二、數學寫作的理論基礎

數學寫作的理論基礎主要仍運用建構主義的觀點（Wilde, 1991）。建構主義學者們者認為個體在和外界環境的互動中，個人會根據已有的知識來了解周遭的環境，所以個體知識的形成是主動建構知識而成的，而不是被動地接受知識，建構教學所強調的是以學生主體去建構知識的教學（林生傳，1998）。因此，學校教育應該提供有利於學生主動建構知識的環境，與提供適合學生建構知識的教材，使得學生能夠學習與成長。

數學寫作給予學生學習數學時的想法與概念留下記錄的機會，然後學生可以在課堂之後，重新回顧或學習；也可以透過寫作的機會，重新檢視剛剛學習的重點概念，使得知識或概念更有效地建立。例如：有一個國小一年級的學生在其數學寫作上記錄：「今天我學習到如何使用不同的方法數到十二，然後在紀錄簿上畫出不同的數法。」（Wilde, 1991）上面這位一年級學生的數學寫作學習活動，就是一種建構主義精神的教學活動，學生是一個主動建構知識的個體。

三、數學寫作的研究發現

在許多數學寫作的使用上，Vacca 與 Vacca（1986）認為教導學生寫數學課「學習日誌」的方式，進行數學教學，其效果最好。並且 Stix 的研究認為以寫學習日誌教導數學，可以降低學生的數學焦

慮（引自周立勳、劉祥通，1998）。

　　此外，關於數學寫作過去有許多研究成果，例如Burks（1993）以三百七十一位國二學生為對象的研究結果，亦獲得數學寫作組的解題表現顯著優於控制組的學生。以國小學生解題活動為主的研究，可以參考Wade（1994）以十七位國小五年級學生的寫作策略、同儕合作解題與數學成就、數學解題的關係研究。結果顯示寫作策略、同儕合作解題的實施，有助於學生解題能力的表現。

　　因此，從實證研究結果而言，數學寫作有助於學生數學解題能力與解題的表現，是一個值得引用的教學方式。

肆、國小數學科補救教學的困境：運用數學寫作可作為解決途徑

一、小學生數學科補救教學的問題

　　現今國小學生數學成就差異性相當大，例如各地方政府近年成立了相當多的資源班，以輔導學業低成就學生。曾琬淑（1994）發現補救教學的問題，便以數學低成就學生為對象，實施三種不同的補救教學措施。葉淑儀（1993）針對小二、小三學童進行補救教學研究，他將國小學童的數學成就分為高成就與低成就組，研究結果顯示高成就組的學童在數學推理、判斷等因素上優於低成就組學童。由以上結果來看，可見國小學生的數學成就差異性相當大。

　　數學成就差異性大，在教育上我們便應當有因材施教的準備或規畫。過去因材施教的方式大多朝向補救教學努力，例如因為無法另外增加教師人手與增加節數，因此透過CAI軟體的使用，使得學

生能夠自學而達到補救教學的目的；或是訓練一批班級中優秀的學生，讓這些學生成為小老師（導生制），而在下課後或空餘的時間教導其他數學低成就學生（曾琬淑，1994）。當然也有一些教師利用中午午休或放學後，加強數學的補救教學。但是過去的這些作法，似乎並沒有完全的成功。導生制受限於優秀學生的經驗與教學技巧，無法達成數學的補救教學；CAI 軟體的應用也受到數學低成就學生軟體操作能力的限制；教師利用午休或放學後的補救教學，總是難以經年累月持續實施。因此，過去國民小學數學科的補救教學，總是停留在知道其重要性，但是無法克服許多關鍵的困境。

二、國小實施補救教學的困難與因應

就教學現場整體來觀察國民小學實施補救教學的問題，現行大致上有幾點困難：

1. 如果以完全精熟為標準，需要補救學習的學生相當多，教師無法一一在課堂中實施補救教學。

2. 如果要達成學習的精熟，仍可以考慮「加課」來實施補救教學。但是加課與現行減輕學生課業負擔的教育方向相違；同時加課會增加教師授課節數與增加教師人員的薪資負擔，可行性不高。

3. 現行有許多教學軟體 CAI 針對課程來設計，教師可以作為補救教學的教材。但是 CAI 畢竟需要不斷發展（所投注的開發仍然有限），無法提供全面性的補救教學之需。

4. 有許多教師訓練班級小老師（導生制），希望由小老師擔負起低成就學生的補救教學工作，成效仍然無法有持續性的影響。

5.部分教師則選擇以午休或無課務的時間，對於特別低成就學生實施補救教學，但是限於未制度化，或教師偶發事件處理的影響，成效總是相當有限。

因此，為了落實數學科建構取向教學的精神，以及把握到補救教學的需要，本文認為透過數學寫作的方式，可改進建構取向教學的問題，並整合建構取向教學、數學寫作與補救教學的需要，而設計出一個教學模式，使此一教學模式能夠真正達到建構取向教學的意義，並具有補救教學的功能。以下是本文的教學模式設計。

伍、數學科建構取向──數學寫作教學之創新設計

一、整合數學寫作之建構取向教學設計

數學科建構取向教學被許多研究支持（張景媛，1994；陳玉玲、周宣光、井敏珠，1998；楊龍立，1997；蔡淑桂，1999；Driver, 1995; Glasersfeld, 1995；Law, Wong, 1996；Phillips, 1995；Wheatley, 1991），同時建構取向教學也是現行國民小學教科書中，主要的教學取向。然而，誠如前面所敘述的問題，數學科建構取向教學有些疑慮必須克服。學童數學科的補救學習或補救教學也有提升的必要。研究者認為數學寫作的概念，正好可以適度地彌補建構取向教學的問題，且經過適度的安排也能達成補救教學的目的。所以本研究參考 Driver 和 Oldham（1986）的建構教學流程圖與數學寫作概念，擬定了一個建構取向教學的創新設計如下：

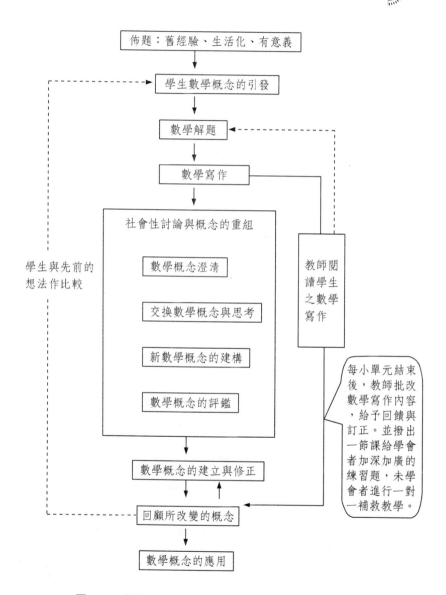

佈題：舊經驗、生活化、有意義

學生數學概念的引發

數學解題

數學寫作

社會性討論與概念的重組

數學概念澄清

交換數學概念與思考

新數學概念的建構

數學概念的評鑑

學生與先前的想法作比較

教師閱讀學生之數學寫作

每小單元結束後，教師批改數學寫作內容，給予回饋與訂正。並撥出一節課給學會者加深加廣的練習題，未學會者進行一對一補救教學。

數學概念的建立與修正

回顧所改變的概念

數學概念的應用

➡ 圖 16-2　數學科建構取向教學與數學寫作整合之教學設計圖

上面圖 16-2 顯示：教師實施數學科建構取向教學時，每一題數學文字題由教師先進行「佈題」。佈題時的內容應盡量把握與學生舊經驗結合，並注意生活化的用語、舉例及能夠與學生發生有意義的關係。教師同時也對於文字題的題意加以說明，使得學生能充分了解題目的思考方向。接著應當注意「引發學生的數學概念」，學生數學概念的引發可以經由教師的說明，也可以經由學生透過討論，或數學寫作內容受到教師的指導後，產生的自省與思考而獲得。經由教師的說明，引發即將要學習的數學知識與數學概念之後，教師便讓「學生數學解題」。學生進行數學解題時，同時也將解題時的思考活動與思考歷程，作成「數學解題紀錄」（寫作）。接著，學生進行「社會性的討論」，以澄清、交換彼此的數學思考，希望透過討論讓學生處於衝突的情境中，以建構新的數學概念。上述的數學解題（寫作）紀錄剛好可以作為學生參與討論的依據，讓沒有發表經驗或低成就學生也有書面資料可參考，只要教師再適度引導，當可發揮勇於發表、參與討論的效果。

因為教學活動的進行有其連貫性與一致性，因此，教師對於學生數學解題紀錄（寫作）的閱讀或批改，建議以一小單元為單位，類似性或概念接近的數學解題活動結束後，才由教師回收學生的數學寫作簿批改，這個回收批改的動作就是教師給予學生「回饋與指導」的重要步驟。大約每單元每上一至二節課，教師即回收批改數學解題紀錄，第二或三節進行補救教學。讓前面解題活動思考有問題的學生（數學解題／寫作紀錄可以呈現），由教師進行一對一補救教學，其餘學生練習類似題的解題，以加深或加廣數學知識。直到有問題的學生均獲指點，再進行新一單元的解題活動。

二、教師實施建構取向教學與數學寫作整合設計的
　　程序

　　為了讓學校教師在數學科教學上能夠順利地使用上面的教學流程，以實施教學，下面列出幾點應注意把握的教學程序，給予教師參考。

程序一：教師須提出生活化有意義化的佈題

　　數學科建構取向教學的第一個重點，就是教師的佈題。過去數學科的佈題常常太注重於題目的形式與運算的邏輯，而忽略「佈題」與學生生活的結合，因此許多學生常無法體會學習數學的意義。建構取向的數學科教學，更注重於數學問題的生活化，以及數學問題與學生產生有意義的關係，如此一來數學知識的學習與數學概念的獲得，便與學生發生了意義，數學的學習才能真正具有實際的效果。因此，教師實施數學科建構取向教學與數學寫作的整合教學設計，其第一個實施程序便是生活化、有意義化的佈題。

程序二：引發學生數學概念與解題活動

　　佈題之後，教師應當著手引發學生的數學概念，讓學生能夠順利地從個人的知識基模中找尋到相關且可以運用的數學概念，以進行數學解題活動。學生數學概念的引發，可以是提出學生數學知識的舊經驗，也可以是提出與解題內容有關的數學概念的前導組體（organizer），讓學生能順利學習新的數學解題，或是引起學生探究新數學概念的興趣。然後即進行學生解題活動，讓學生依據教師的引導與敘述，進行解題活動，並在下一個程序紀錄解題的思考過

程，完成數學寫作。

程序三：學生進行數學寫作活動

教師指導學生將其解題活動的思考過程，寫成解題紀錄。解題紀錄可以使用一本數學練習簿（或筆記簿）來寫作。數學寫作的呈現方式，一般而言，教師需要指導學生呈現他個人對於學習數學的思考歷程及學習數學時的想法。

程序四：小組討論與向全班分享

過去教師在實施建構取向教學的小組討論活動時，會有部分學生無法參與討論的事情，這可能因為部分學生的數學概念與知識較不足，也可能是因為沒有參與討論及發表的經驗或勇氣，或是並沒有任何資料可以給予這些數學概念與知識較不足的學生，好讓他們能順利發表或參與討論。而加入數學寫作活動後的建構取向教學，學生有數學寫作的資料可以參考，應當較有機會或較有勇氣參與小組討論，並面對全班學生分享數學解題的思考。

程序五：教師批閱數學寫作與學生數學概念的建構

接下來程序五，教師在教學完成一個小單元之後，學生也都完成了各題的數學解題及數學解題紀錄（數學寫作）後。教師此時應當回收學生的數學寫作紀錄，在課後給予學生批閱，並指導學生解題思考是否正確？遇到有錯誤的解題思考，應當透過數學寫作紀錄簿，適度地引導，並記錄下該名學生的錯誤所在，以備進行回饋與校正的補救教學。

過去實施建構取向教學時，大多是由學生進行小組討論，透過

在小組討論的社會性討論中，以建構學生新的數學概念。然而，小學生小組討論情形如何？小學生的數學知識與程度能否透過討論而獲得新的概念？一直以來都被質疑。因此，如果能透過數學寫作的紀錄，有教師能夠批閱並給予學生指導或引導，相信必能消除許多疑慮。

三、實施本設計可預期的效果

數學科建構取向教學是具體實現「以學生為中心」的一種教學方式，並且建構取向教學也讓學生數學知識的建立，是從自己的思考開始的。而數學寫作則可彌補在實施建構取向教學時的缺失，例如：對於低數學成就學生不利、低數學成就學生在小組討論時，總無法有效參與討論、小學生數學先備知識較不足、自行建構的數學概念或知識令人有疑慮、教師在建構取向教學的被動（指導）地位消失或大大減弱等。以上這些問題，當加入了數學寫作後，並在教學上作適度的安排，每一小單元教學結束，教師收回數學寫作的紀錄簿，回饋及批閱，並給予指導或引導；根據數學寫作的結果，再安排一節課的時間，對於學習已經完成的學生實施加深加廣的練習，與對於學習未完成學生的補救教學。如此，建構取向教學便能真正發揮正向的教學作用。

預期教師若是能真正把握建構取向教學的實施流程，並參考數學寫作的創新教學設計，則不但數學科的學習能夠讓學生感覺自己在建立數學知識，數學知識透過自己的想法而獲得概念，可以記憶得更牢；同時，學生的數學知識也會與學生自己的生活發生更密切的關係。而透過數學寫作，也會使得學生的數學知識建構，具有教師的批閱與確認，必要時給予指導或補救教學。這樣便能發揮師生

共同努力以達成學習的目的。

陸、結論

隨著課程革新的需求與教學想法的變革，以及省思性教學（re-flexive pedagogy）、對話教學（dialogical pedagogy）的逐漸被提倡（甄曉蘭，1994），教學重視學生學習「歷程」的觀念與日遽增。這種教學理念的轉變，與過去以教師指導為中心的教學模式已經大不相同。

建構取向教學重視的方向除了學習歷程外，也考慮到學生知識建構時，知識對於學生的意義。這種以學生為主體的教學，應當是當代教育思潮的主要潮流。但是在實務教學上，許多教師認為推動建構取向教學仍有許多猶豫。例如研究調查發現，許多教師對於數學科建構取向教學仍持懷疑的態度（劉好、易正明，2000）。當然，也有學者對於建構取向教學的問題提出改進的呼籲（林生傳，1998）。綜合許多質疑的聲音，主要的問題是：建構取向的教學被認為不適合於低成就或先備經驗不足的學生。建構取向教學在實施小組討論時，常常使得高學業成就學生較懂得如何討論與表達意見，故能有所收穫；低成就學生則難以參與討論及獲得有效的學習。如何讓低成就學生能充分參與討論，便是應當重視與改進的課題。另外建構取向教學強調由學生自行或主動建構數學知識，若是所建構的數學知識有所偏差時，又無法獲得來自教師有效的指正或回饋，數學知識的學習將會大打折扣。因此在數學知識的社會性建構（小組討論）時，學生各是其是各非其非，此時教師應適當的引導，以免失去教育意義。

　　為了上述問題的解決，本研究提出以數學寫作的方法來解決。數學寫作是近年美國數學教師協會建議將數學寫作運用在數學科的教學中，透過在學習數學中，學生將數學的觀察與觀念以作文的形式寫成紀錄，以釐清學生在學習數學時的想法與概念（NCTM, 1989）。同時數學寫作在實證性研究中，也獲得研究肯定，對於受試者的解題能力有顯著的正影響力（Wade, 1994）。若是學生在學習數學時，能夠在教師佈題與說明之後，學生將數學解題時的想法，以數學寫作的形式，記錄下當時的思考，待進行小組討論時，有數學解題的思考紀錄參考，便可以參與討論；同時，在一個單元學習後，教師也可以安排一節課的評量時間，透過事先閱讀（或批閱）學生的數學寫作筆記，以了解學生數學知識的建構是否有偏差？在評量的課（節）裡對於學習未完成的學生進行補救教學，也對於學習有成效學生給予加深加廣的練習內容。這樣透過數學寫作的方式，以及教學單元與評量課（節）的交叉配合，彌補教師對於現行數學科建構教學的疑慮。

　　綜合而言，教師若是能真正把握建構取向教學的實施流程，並參考本研究以數學寫作及建構取向教學整合的創新教學設計，則學生便能夠感覺自己在建立數學知識，可以加深記憶。同時，學生的數學知識也會與學生自己的生活發生更密切的關係。而透過整合數學寫作與建構取向教學的設計，也會使得學生的數學知識建構，具有教師的批閱與確認，必要時給予指導或補救教學。這樣便能發揮師生共同努力以達成教師協助學習的目的。本文初步提出現行國小數學科建構取向教學──數學寫作及補救教學整合的可行模式，供國小數學教師參考，期盼對於老師的數學科教學能有所幫助。

參考書目

林生傳（1998）。建構主義的教學評析。課程與教學季刊，*1*（3），
　　1-14。

周立勳、劉祥通（1998）。寫作活動對國小學生數學解題能力的影
　　響。教育研究資訊，*6*（3），46-62。

陳玉玲，周宣光，井敏珠（1998）。虛擬實境在建構教學上的應用。
　　教育研究，*61*，65-71。

張景媛（1994）。數學文字題錯誤概念分析及學生建構數學概念的
　　研究。教育心理學報，*27*，175-200。

曾琬淑（1994）。三種補救教學方式對國小數學科低成就學生實施
　　成效之比較研究。台南師院初等教育研究所碩士論文。

楊龍立（1997）。建構主義評析—在課程設計上的啟示。台北市立
　　師範學院學報，*28*，41-56。

甄曉蘭（1994）。教學實踐的再思——指望更佳教學境界。嘉師學
　　報，*8*，209-229。

葉淑儀（1993）。二、三年級學童使用算式表徵文字題的能力--數
　　學成就、算式類型、文字題型對於算式判斷作業及推理過程的
　　影響。政治大學心理學研究所碩士論文。

蔡淑桂（1999）。建構數學模式對數學學習障礙兒童解題能力及數
　　學信念之影響研究。康寧學報，*3*，15-51。

劉好、易正明（2000）。小學新課程數學科實施情況調查研究。台
　　中師院學報，*14*，321-340。

劉祥通、周立勳（1997）。數學寫作活動——國小數學教學的溝通

工具。嘉義師院國教所國民教育研究學報，*3*，239-262。

Burks, L. C. (1993). *The use of writing as a means of teaching eight-grade students to use executive processes and heuristic strategies to solve.* Dissertation of the University of Michigan. U. M. I.: Order Number 9409614.

Cobb, P. (1988). The tension between theories of learning and instruction in mathematics education. *Educational Psychologist, 23,* 87-103.

Driver, R. & Oldham, V. (1986). A constructivist approach to curriculum development in science. *Studies in Science Education, 13,* 105-122.

Driver, R. (1995). Constructivist approaches to science teaching. In Leslie P. Steffe & Jerry Gale (1995) (Eds.), *Constructivism in education.* Hillsdale NJ: Lawrence Erlbaum Associates, Publishers.

Von Glasersfeld, E. (1995). A constructivist approaches to teaching. In Leslie P. Steffe & Jerry Gale (1995) (Eds.). *Constructivism in education.* Hillsdale NJ: Lawrence Erlbaum Associates, Publishers.

Law, L. C., Wong, K. M. (1996). Implication and problems of constructivism for instructional design. *Education Journal, 23*(2), 73-103. The Chinese University of Hong Kong.

National Council of Teachers of Mathematics (1989). *Curriculum amd evaluation standards for school mathematics.* Reston, VA: Author.

Phillips, D. C. (1995). The good, the bad, and the ugly: the many faces of constructivism. *Educational Researcher, 24*(7), 5-12.

Vacca, R. T., & Vacca, J. (1986). *Content area reading.* Boston: Little, Brown Co.

Wade, E. G. (1994). *A study of the effects of a constructivist-based mathe-*

matics problem solving instructional program on the attitudes, self-confidence. unpublished dissertation of New Mexico State University.

Wheatley, G. H. (1991). Constructivist perspectives on science and mathematics learning. *Science Education, 75*(1), 9-21.

Wilde, S. (1991). Learning to write about mathematics. *Arithmetic Teacher, 38,* 38-42.

16

讓教學永遠有進步的空間——
創新教學模式的習得與實踐

前教育部部長曾志朗說：「九年一貫課程的主要精神是教學
創新。」

統整課程、協同教學、學校本位課程，這麼多的新點子，是
不是讓你頭昏眼花，也想成為教育界的逃兵呢？看看本文，
或許可以讓你豁然開朗！

壹、前言

　　教師教學輔導牽涉的層面相當廣泛，就實施的目的而言，包括
積極面向的促進教師生涯的專業成長與生命的自我實現，以及消極
面向的維持教師一定的水準，保障學生學習權。就制度層面而言，
包括建立教師分級制度、實施教師專業評鑑、落實教師成績考核、
成立國民教育輔導團、訂定督學教學視導規範等。就教學輔導的內
涵而言，包括與教學直接相關的學生學習特性、老師的教學信念和
個人特質、教學方法、教學策略等，以及與教學間接相關的班級經
營、親師合作、學習空間規畫、學校行政，乃至於學校文化、氣氛
等。

　　本文以教學理論的研究者以及教學輔導工作的實務推動者兩種
身分出發，從微觀的角度切入教師教學輔導工作，關心的焦點在於
「教學方法的習得與實踐」。主要的描述層面包括三個部分：紮根
（厚植教師的教學素養）、推手（有效推廣創新教學模式）和實踐
（落實創新教學模式）。

貳、紮根

一、溫故知新：理解教學本質

Howard Gardner（1999）認為：教育的目標是追求理解。同理，教學輔導的目的也是要讓老師理解教學的基本內涵，感受從未知到已知的喜悅！

每一行業都有其基本知識，教學也不例外，缺乏基本的教學素養就可能迷失於層出不窮的新名詞中。而許多基層的老師鎮日忙碌於繁瑣的例行公事中，常常只見事件之表象而忽略其本質。因此教學輔導者的第一個工作就是要檢視被輔導者的基本知能。

筆者以為林生傳（1989）提出的「教學要素分析重組論」取向的教學革新，最容易幫助老師了解各種教學法的異同，乃簡述其大要如下：此觀點認為不管教學者採用何種取向的教學，教學的過程中所考慮的因素大體相同，包括教學目標、教學者、教材、教學進度、教學方法、教學環境、學生組合與教學評量等八大因素。而所謂的教學創新往往是變化其中的一兩個因素，重新組合而已。茲以目前流行的幾種教學方法為例，說明如下：

㈠協同教學

協同教學指的是由兩個以上的教師以及教學助理人員分工合作，共同策畫及執行大規模教學活動的一種教學型態（吳清山，2000）。

從定義可以知道這種創新的焦點是「教學者組合的改變」，傳統的教學方式是由一位老師包班，協同教學則可以由多位老師依據不同的專長互相協助。

㈡課程統整

課程統整係指針對學習內容加以有效的組織，打破現有的學科界線，讓學生獲得較為深入、實用與完整的知識（吳清山，2000）。這種創新主要來自「教材組織的變化」，原來是以學科為主軸的教材組織，變成以學習者需求以及主題課程為中心的思考。當然，課程組織的改變會帶動教學方法與評量的多元化。

㈢網頁式教材

很多資深老師聽到這個新名詞都嚇了一跳，其實網頁式教學只是「教材的呈現方式改變」而已。相較於傳統的教科書、CAI、光碟片，其優點為教師可以隨教學需要與學生反應點選教材，調整教學程序；可以依據學生的需求隨時作頁面的修正；可以和學生一同編製教材，更可以讓學生透過網路在家自學。

因此教學方法輔導的第一步可以放在創新教學要素的比較，那麼老師在接觸新的方法時，內心的焦慮會大大的減少。舊的經驗與新材料也比較容易連結，接受度自然會提高。

二、抉擇實踐──認同理念，身體力行

Perry（1999, Knefelkamp 整理）歸納一個成人認知與道德發展的模式（修正二元論→情境相對論→實踐期望與經驗），亦

即成人必須在多元與相對價值的社會中，選擇自己認為有價
值的事件，全心投入實踐之。

在一元的社會價值中，選擇的途徑通常只有一條。在目前多元
的社會價值之下，老師可以依據自己的特質、教學的對象和學習材
料的特性等因素，選擇合適的教學方式。以下分別就重視教學效果
及重視生命哲學觀點所產生的教師抉擇實踐行為作一描述：

㈠教學模式

教學模式是源自教育理論引導的教學計畫，老師可以依此設計
教學及安排教材。本段分別介紹幾種教學模式，主要的目的在於幫
助老師充實教學專業知能，以便因應情境，選擇適切的教學方法。
林生傳（1989）以個別性、群性和認知性三個向度歸納西方後個別
化教學的模式。簡述如下：

1.認知性
包括認知教學（如配合認知發展教學、促進認知發展教學、道
德認知發展教學）、資訊化教學（如電腦輔助教學），以及思考技
巧教學（如兒童哲學教學、CCRT）。

2.群性
強調培養群性的教學方法，如分組探究教學、合作教學、社會
技巧教學等。

3.個別性
強調因材施教，包括個別化輔導教學（IGE）、個別化處方教
學（IPI）、精熟教學（MI）、非指導性教學（NDI）等。

　　Joyce 和 Weil（1992）認為教得好就表示幫助學生學得好，使學習者知道自己從哪些學習方法中可以受益最多。新的教學模式主要基於增進學生的學科學習、社會發展和自尊而產生。基於以上的觀點，他們歸納教學模式為四大類：

1. 社會家族

　　運用學生共同工作，產生團體動力來建構學習社區，包括學習夥伴（團體探究）、角色扮演、法律案例探究等模式。

2. 資訊處理家族

　　強調運用人類的本能去理解世事，藉著獲得和組織資料，覺察問題所在，並想出解決方法，發展概念和語言來表達世事等。包括歸納思考、概念獲得、記憶術、前導組體、探究訓練、團體創造、認知發展等模式。

3. 個人家族

　　認為教育的目的是幫助個人自我實現，讓人們增進其自我覺察，以及為自己的命運負責的能力。包括非指導中心的教學、提升自我概念等。

4. 行為系統家族

　　認為人類擁有自我修正的溝通系統，可因應工作結果的回饋而修正行為，以完成工作。以在黑暗中爬樓梯為例，步伐太大會踩空，步伐太小會踢到階梯，因此人們會修正到剛剛好的步伐以爬得舒服。這包括精熟學習、直接教學、自我學習和模仿學習。

　　Joyce 和 Weil（1992）強調其所提出的教學模式不但具有理論基礎，而且是經由現場教學研究後修正所歸納的。教學者只要精通各種模式就可勝任教學工作。另外，教學模式本身也不是固定不變的，

可以隨學生的學習型態和科目的要求而作修正。而且，雖然不同的模式源自於不同的理論，但絕不是互相排斥，也不是壁壘分明的，應用時可以因應情境而互相結合。

(二)教學信念

目前國內外都流行理念取向的教學，如多元智慧強調除了傳統的語文與邏輯智慧之外，尚有人際、內省等智慧。這種教學的產生是由於老師認同多元智慧理論，進而參加多元智慧教學的師資培訓，進而使用多元智慧的教材，以主題教學的方式呈現教學的多種風貌，以真實性評量發現學生的潛能。另外，由國內熱心教育人士研發的本土化道德教學也值得一談，包括慈濟教師研發的靜思語教學與福智文教基金會研發的德育教學，以下僅擇德育教學做一簡要說明：

福智基金會推展德育教學的理念是：弘揚珍貴之儒家傳統文化思想，重建我國以德行修養為主軸的教育型態，以促進心靈之提升及社會風氣之改善。教育的目標為：強化德育教學，落實生活實踐；涵養教師品格，樹立學子典範；重建倫理道德，塑造完美人格；提升精神文明，圓成良善社會。其課程與教材包括：

1. 讀經：把握學生善於記憶的年齡，背誦四書五經，將古聖先賢寶貴的生活智慧領納於內心，一則作為人處事的依憑，一則傳遞優良文化。使用的教材由淺至深，如《弟子規》、《三字經》、《論語》、《孟子》等。
2. 倫理道德：透過古今故事引導各個德目的內涵和實踐方向，鼓勵知行合一，啟發人性的良善，恢復社會人倫。
3. 善行實踐：透過觀功念恩、行善、反省等方式實踐並記錄，

培養存善念、說好話、做好事的習慣。

4. 德育作文：歸納省思長時間所學之德育知見及實踐狀況，以
增長正己化人的能力。

教學流程隨課程內涵調整，主要的原則是讓學生心靜、智生與
行善。以讀經為例，其教學流程為：

1. 準備活動（專注力訓練）：學生齊念，身正、心正、書正，
右手壓，左手指。

2. 領讀：老師唸一句，學生跟著唸一句，熟練之後可請小老師
輪流帶。

3. 齊讀：領讀數遍後全班一起讀。

4. 輪讀或接龍：分組或個人輪流唸。

5. 各自讀：每個人在讀經時間按照進度自己唸。

6. 綜合活動：以遊戲方式如「攻城堡」、「蘿蔔蹲」，以提高
讀經的樂趣。

以上教學模式的產生源自一股宗教深耕教育的熱誠，期盼由教
育著手，改善國內因經濟起飛後衍生的道德淪喪、貪婪，以及各種
亂象。此種教學方法與傳統的生活與倫理教學相似：講述一則故事
之後，歸納一句格言，要孩子背誦，接著就是生活的實踐。當然，
最重要的是：老師認同其道德教育的理念，對教學法也熟悉，而且
覺得非常的親切，因此實施之後，普遍受到學生的喜愛和家長的肯
定。更重要的是教師本身的修為提升，性情也變溫和。

三、教學秘笈：學習資深老師的內隱知識

一位剛從師院畢業的老師非常努力地教學，可是他的學生表現卻不如隔壁班，而那班的資深老師總是不疾不徐地進出教室，看起來一點也不積極！其實這種情形就像專家與生手的研究結論：生手思考，專家知道（novices think, experts know），新手在抱怨之外，更要多觀摩、思考和學習。

教學策略雖然不像教學模式一樣，必須經過嚴謹的研究與系統化整理，但卻是教育現場有經驗的老師精心發展的內隱知識，是非常珍貴而有效的教學偏方。以下列舉少許實例：

一位美勞教師運用資訊融入美術教學，以廟宇畫畫為例，畫畫之前老師播放光碟片讓孩子仔細觀察各種廟宇的特徵，教學後把學生的作品以數位相機拍攝之後，輸入電腦，既可讓學生共同欣賞，又可以收錄在個人網頁中。教學真是別有一番味道。

一位英語老師利用學生在上一節學習到的舊單字，一上課就讓各組學生選擇當作組名，賦予單字意義，又可以在遊戲中練習。例如上週學習顏色，本週的分組就以紅色組、黃色組、藍色組等命名。

一年級的學生學習注音符號時，很多分不清楚二聲與三聲，老師教學時來個動作學習，請學生手口並用，一邊唸一邊用手跟著聲調比，音準較不容易出錯，學習又變得好玩。

點名除了認識學生之外，也可以是一種創意教學，點名時要求學生不要說「有」，而以其他有創意的語詞取代。如作文課，可以讓學生聯想，看誰能想出最爆笑的語言，如喳、嗨、遵命。英語課則可讓學生回答字母或是學過的單字。

學生剛學會注音符號，老師靈機一動，用注音符號把他們的姓名寫在黑板上，讓學生找自己的名字，結果當然是變成全班猜謎大賽，當事人沒信心，前後左右的軍師出的點子都不一樣，整節課笑話一籮筐。這種創意的教學功能真不少，同學彼此認識，學習變得有趣、有效，彼此的感情也更融洽。

資深教師的教學秘笈存在於日常生活中，年輕的老師只能多請教、多觀摩來學習。所幸目前教育現場漸漸意識到這些教學經驗的重要，積極鼓勵並協助教師分享教學經驗，轉化其內隱知識為外顯的知識。

參、推手：有效推廣創新教學的模式

創新教學模式的推廣通常是以研習的方式進行，以下介紹幾種運作的模式。

一、標準模式：理論與實務並重

讓專家告訴你一套教學理論＝教學研習＝教學實踐的機制。

Joyce 與 Weil（1992）談及創新教學模式的落實時，以小學老師

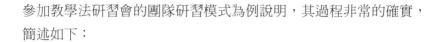

參加教學法研習會的團隊研習模式為例說明，其過程非常的確實，簡述如下：

(一)研習前置作業

把所有的研習員分組，為每位參加的老師安排一位同儕教練夥伴，事先引導讓他們認識，並提供研習資料。

(二)教學模式介紹

介紹教學模式的理論與策略、教學時各種學生的反應情形等。

(三)示範教學

首先由輔導員對參與研習的老師作教學演示，並討論各種可能的問題，如老師和學生可能的不舒服感受。之後再以學生為對象演示教學一次，並在學生離席之後和老師討論和解釋在教學中所使用的策略。最後進行延伸討論，如新教學模式應用到各類學生以及各種學科的狀況。

(四)現場實際操作

採用小組演練方式，要求夥伴老師彼此準備一個教學活動，輪流教學並互相觀摩。

(五)返校實踐和推廣

1.工作要求
研習者必須依據研習主題擬定教學模式實作計畫，並在同儕教練的協助下進行。

2.紓解情緒

研習者在進行實作的方案時，常擔心自己會出差錯，因而變得緊張焦慮，此時最好和同儕訴說這種不確定和不舒服的感受，而同伴給予接納和支持是很重要的。

3.實作修正

研究發現，學習新的教學策略和教學技術不難，但是要成為日常生活的一部分就得練習十二次左右。因此，研習者嘗試運用新的教學方法六次之後，漸漸覺得順手，學生也能表現出老師所期待的反應。

4.同儕分享

研習者先教給同儕教練看，討論修正之後再教給相關的同事看。這種歷程通常就像小孩第一天上學一般的緊張。

5.同事回饋

同事回饋原則是「彼此不批評，發表每個人從觀摩過程中學到的事物」。如此，研習者會在教學觀摩中得到許多正向的回饋而增加自己的信心。

6.擴散發展

這樣的流程促成教學全面性的改變，通常經過二個月的練習，老師嘗試新的教學模式十二次或更多次之後，老師會覺得自己擁有這些新的技巧，變成一種自然的本事。

綜合其訓練過程為：

1.探討教學模式的知識基礎，包括：

(1)模式使用之範例：一個教學現場的情境。

(2)模式的定向：目標、理論假設、原則和主要概念。

(3)教學策略概覽：教學流程和重點、社會系統、回應原則、支持系統。這個部分是模式運作的核心。

(4)應用：模式實際應用的情形包括適用年齡、學科課程設計、其他模式混合使用的建議、實施的困難等。

(5)直接效果和間接效果。這些效果是經由實驗研究或教學經驗歸納而成。

2.示範教學

由對模式相當了解的老師示範。

3.循序漸進的練習

彼此配對練習，在容易指導的學生前練習，之後運用到特殊學生群體的練習。

4.同儕督導

提供夥伴關係，彼此觀摩教學，幫助彼此記錄和觀察學生反應，以找出使用模式的最佳方式（以角色扮演教學模式為例，呈現一份同儕督導觀察表如附錄一）。

5.持續練習直到熟練為止。

二、普通模式：形式多於實際

由於教育業務的繁忙，加上兼職情形嚴重等多種因素之影響，使得很多的教學輔導無法有效的推動，以下僅以某地之國教輔導團為例作一說明。該輔導團成立已久，各科研習中心為教學工作付出很多，唯獨有關教學方法、教學策略和技術的推廣上常讓基層老師感覺不足。筆者整理八十六和八十七學年度各研習中心有關「教學輔導」部分的實施報告發現：

1.研習中心幾乎沒有設計新教學方法的作為，只推廣一些新的

教學策略，如遊戲式教學、創意教學，可惜都沒有完整的教學模式資料。

2.研習中心的主要工作放在研習和追蹤訪視上，研習的工作大部分是配合新課程的實施來進行，如新式健康操、建構數學、鄉土教學，但是對於沒有重點工作的研習中心而言，則看不出輔導團短、中、長期的輔導與研發重點。

3.輔導員的示範教學少之又少，只有語文科、社會科、美勞科和童軍科在研習時有觀摩教學的活動，但是觀摩教學又常常為了表面效度而流於浮華不實，也因為沒有對各種學生進行完整的教學實驗，所以老師在研習後，很難化為具體的行動。

4.各科輔導員到校訪視時，常要求學校進行觀摩教學，但是由於輔導員沒有建立專業的形象，也沒有臨床視導的專長，所以學校不是抗拒就是敷衍，或心不甘情不願地做，使得教學輔導的實質效益不彰。

5.輔導團作了很多相關的業務，例如科展、嘉年華會、育樂營、招生鑑定等，這些工作甚至變成主角，教學的研究與推廣自然而然變成次要的。

以此國民教育輔導團的運作與前項教學工作坊相比，不難發現輔導團無法滿足基層老師需求的原因。所幸國內各縣市國教輔導團因應九年一貫課程的實施，已經進行改革，配合七大學習領域編組，各領域輔導員也將以專任方式聘任，筆者觀察新的團體，似乎漸漸展現新的氣象：

㈠目標

1.研究發展創新教學方法，提升國民教育品質。

2.建立各學習領域教材資源，豐富教師教學內容。

3.輔導教師積極研究進修，鼓勵創新，發揮教育功能。

4.激勵教師服務情緒，解答教學疑惑，增進教學效果。

㈡運作

1.定期由輔導員或聘請教學優良的教師辦理教學演示觀摩。

2.辦理諮詢服務、輔導訪視、協助教師教學成長。

3.輔導各校進行教學相關議題之研究。

4.定期辦理教學心得發表及教學研討會議，出版研究作品專輯。

5.發掘教學優良教師，推廣其優良教學方法或事蹟。

6.進行教育調查研究，掌握學校教學現況，提供教育行政之參考。

　　筆者觀察兩年來辦理的各領域之研習，發現輔導團的確已漸漸朝向專業發展，但尚需繼續努力，發揮專家教師教學輔導與研究推廣的功能。

三、創新模式：激發教師潛能

　　讓「局部的最佳化」轉禍為福，帶動學校「全面同步成長」的風氣。

　　通常學校會利用週三或寒暑假辦理教師進修活動，但大都是請學者專家或實務工作的老師到現場談論理論或分享經驗，談不上教學法完整的研習。筆者從事行政工作多年來一直秉持二個信念：一是不辦沒有營養的和沒有意義的研習；一是要藉研習激發同事潛能，

建立其自信與尊嚴。因此，筆者擔任教務主任期間則努力地搜尋老師的特長，安排學校進修時間，讓同仁一展身手。以下簡單描述幾場情況分享：

(一)教學錦囊大放送

筆者根據自己平時巡堂的觀察，以及平時和同事的談天，找出教學頗有特色的老師，個別約談他們，共同擬定一個主題，老師通常會在主任的支持、讚美和鼓動之下答應。接下來就是老師緊張的時刻了，但是筆者認為適度的壓力會刺激成長，所以碰到當事人時就和他談談，一方面了解進度，一方面給予支持。

記得有一學期，先後安排團康教學、圍棋教學、打擊樂器教學與競賽教學。對圍棋教學很熱中的老師講演他多年來對於圍棋教學的實際研究，發現圍棋可以刺激學生的思考，提升學生解決問題的能力等。在實際教學步驟演示時，全校老師充當成學生，兩個一組，大家邊玩邊聽，不亦樂乎！這場活動的主要效果是找到幾位有興趣的老師來協助指導學校圍棋團隊，附加的效果是現場的老師童心大發，歡呼聲與哀嘆聲此起彼落！同仁的交流因而更加密切。

學校每年都要舉辦班級賽跑或大隊接力，可是很多女老師都不十分清楚正確的教學技巧，於是全校同仁移師到操場，請一個對於教導學生賽跑頗有心得的老師，說明各種賽跑的教學活動，介紹適合各年級的跑步活動，參與的老師在看完示範之後，也分組一起實際演練。當然老師們絕對不會放過大好時機，紛紛要求講師傳授接力賽致勝的小技巧。

學校的音樂老師多才多藝，恰好地方農會捐贈學校一批樂器，可以藉機讓全校老師感受和關心音樂教學，於是請他們對打擊樂器

作表演和介紹，結果四位音樂老師以團隊的方式演出，把學校大大小小、從響板到定音鼓的打擊樂器都搬到會議室，一一介紹之後，老師們還自己作曲演奏一番。最後並教導老師以身體打擊配合演奏，這場演出讓在場的老師嘆為觀止。當然這場講演對多數的老師而言，是欣賞多於實踐，但是讓老師們在忙碌的週三下午享受一場樂曲之美，還真是不錯。當然，音樂科的老師也在學校中塑造了專業形象。

㈡教學研究會與學習領域小組的創意實施

　　很多人在推動學校成為學習組織時，另起爐灶，推出讀書會。筆者以為學校的教學研究會就是最好的推動政策和發展學校成為學習型組織的方式。記得八十八學年度學校有幾個重點工作必須推動：一是推動資訊教育，二是修編學校三年級鄉土教材，三是實驗小班教學及統整課程。於是筆者設計一份教學研究分組意願調查表，讓老師依據自己的教學和興趣，選擇喜歡研討的組別，當然筆者也私下遊說某些具有專長的老師加入特定的組別。之後利用每個月一個週三下午進行分組研討，並要求老師盡可能將研討的內容實踐於日常教學中，筆者則分別到各組了解研討情形，並認真地回應各組的記錄。期末時進行成果發表和分享，當天，學校所有的視聽設備：電腦、實務投影機、投影機、幻燈機全都出場，小班教學組以簡報（Power Point）統整課程、戶外教學、過關評量、創意教學以及班刊製作的教學情形。資訊推動小組報告學校的網路設備與虛擬光碟輔助教學之實施。體育組教導老師示範體適能檢測之教學指標。音樂組以演出直笛和歌唱的方式讓大家輕鬆一下。社會組以實地拍攝的幻燈片，介紹地區的文物、民情。自然組設計「如何找重心」的科學教具，讓同仁實地操作，體驗科學的奧秘。數學組報告高年級

各單元的引起動機之遊戲教學。語文組報告作文教學的點滴。

　　這樣的過程讓不同領域的老師們各自展現教學的專業，從事傳統教學工作的老師，如數學組、語文組從原有的基礎上創新教學，實驗新的教學方法的老師也有機會正式把新觀念與方法推介給所有的老師，而從事專業科目（如音樂與鄉土教學）的老師，更有一展長才的天空，成果的確不同凡響。運用適當的策略，的確可以發現老師的潛能，給予激發。更重要的是，透過正式場合的分享，讓老師學習和欣賞別人，敞開心胸，接納不同的人和事。

　　八十九學年度是九年一貫課程實施之前最重要的準備期，筆者與學校同仁研究，決定讓各領域小組研讀課程綱要，摘錄重點與同仁分享，以互助合作方式很快地了解新課程。下學期則調整成教學團運作，鼓勵各教學團突破主題課程，依據教學團教師之專長與課程需要，實驗數學、鄉土語言的協同教學、資訊融入數學教學等等，這樣的歷程讓老師順利地接上九十學年度九年一貫課程的實施。

四、超級模式：深度承諾，用心實踐

> 日常法師說：「只要方向掌握正確，真正能為別人著想，利益他人並盡力做好最完善的規畫，即應邁開腳步，努力前進，結果如何不要牽掛在意。」

　　民間自發性的團體辦理教學方面的研習也不少，其中最受人注目的是福智文教基金會的各種研習和進修活動，每年的教師營、校長主任營都是報名第一天就額滿，而且讓所有參與的人深深感動。以下說明該基金會辦理的研習活動模式：

㈠理念宣導形塑期

　　福智文教基金會所辦的研習和一般的研習有很多的不同：一是，活動中的義工人數比研習者多；二是，從報名錄取當天起就有義工夥伴以電話叮嚀參與者；三是，研習過程每個細節都是經過周密規畫，絕對不會有出錯的情形發生；四是，最好的設施全部留給學員，義工必須自己張羅食宿問題；五是，課程設計主要讓學員以「心靈」來感受；六是，研習之後形成專業成長團體。

1. 全國國民小學校長福智成長營

　　此課程著重學校行政人員自己的修為，以及學校德育教育的規畫與推動，希望培養杏壇舵手，將研習所得身體力行，影響教師學子，為校園倫理展現新貌（財團法人福智文教基金會，2000：15）。

　　筆者親自參與營隊，最深刻的印象是義工們以身作則、歡心服務的態度，福智文教基金會董事長日常法師恭敬、虔誠的態度與無私大我的胸懷，以及授課老師們現身說法談論他們生命的故事。當場我看到很多校長，尤其是有淚不輕彈的男校長們聽得眼眶都紅了。一位校長在回饋時甚至說：「我打電話回家告訴家人，我是來這邊哭的。」

2. 全國教師福智成長營

　　活動的進行與校長營相當，但時間較長，主要的目的是讓老師體會心靈教育的重要，進而策發其使命感，自動自發地推動德育教育，不但老師本身受益，也造福無數的莘莘學子（福智文教基金會，2000：14）。

㈡心靈成長期

舉辦常態定期的研習——校長成長班和教師成長班，藉著讀書會與參訪、心靈對話等多種形式，讓參加營隊之後的心靈持續成長。

㈢行動實踐期

經由研習與心靈成長洗禮之後，校長和老師可自願地以終身義工的身分加入基金會，共同推動文教事業，其中最引人注目的就是在校園中推動德育教育。老師自己必須先實踐德育教育的種種，如「觀功念恩」，覺得有所受益之後，再以身教及感動影響他人與學生。另外，福智文教出版品全套的德育教材系列以及實施的心得迴響，讓有意推動德育教育的老師有源源不絕的資源。

㈣永續成長期

推動德育教育是條艱辛路，老師的使命感必須時時被激發，基金會對於德育教師的在職進修相當重視，幾年以來不斷地嘗試各種方式。以高雄市為例，曾經採用的是南北兩個大團體的進修模式，感受「德育光環」老師的洗禮，很多老師在參與之後就會覺得信心滿滿。也曾經採用分層和分校的方式實施，讓新加入的德育老師參加「養德師資成長班」，輔導的重點是讀經、善行記錄、倫理道德教學的教學方法，但是通常會採用電影欣賞討論、戲劇表演方式讓老師親自體驗，使其有所感進而化成教學的行動。

資深的老師則參加「養心師資成長班」，這些老師教學經驗豐富，輔導的重點放在教師本身的心靈成長與生命省思，德育教育方

面則重視親師的合作與教學相長的心得分享。分校輔導是採取小團體的帶領活動，由輔導員親自到參與試辦德育教育的學校進行小團體的帶領，這種方式比較能和老師建立信賴關係，參與的老師們彼此也更加的親近。該會還定期評估輔導機制的成效，作為修正之參考。

　　基金會對於德育老師的培訓可說是時時刻刻、全心全力付出，而且無怨無悔。他們努力的動力源自於對「生命無限」觀念的認同，即使知道心靈成長的成功不在一時，也願意終其一生，為百年大計的教育事業奉獻心力。

肆、實踐：教學模式的落實

努力會害死學生？一位老師對於自己的教學非常地投入，不斷要求自己要成為一個優秀的老師，可是他的付出和實際的收穫成反比。他每天把自己搞得疲憊不堪，學習各種新的玩意，然後興沖沖地運用到教室。但是他自己還沒有熟練新方法，學生還沒有適應他的新方法，他就開始抱怨方法無效，再尋找另一種新方法引入班級，弄得學生家長成天緊張兮兮！當然他的好老師夢想也破滅了！

一、對症下藥：了解困難所在，提出因應策略

(一)理論與實務並重

教學模式大都因為研究而產生，研究的情境是有意控制的，焦點集中、目標一定，研究發現有成效之後，要移轉到教室實際教學並不容易。我們看到很多研習的場合，只以研究的角度，有系統地介紹新的理論給老師知道，並沒有探討實際場合的變數。所以研習之後不是嘗試失敗，就是熱了幾天就漸漸煙消雲散，是新的教學模式出了問題，或是理論與實際真有如此大的差距？筆者仍然相信教學必須要理論、政策與實務連成一線才能發揮效用，所以任何新教學模式的推廣，至少要採用前述的標準模式來落實。

(二)教學需求重於技術學習

教學方法與技術多如牛毛，老師要如何事事精通呢？其實我們常常迷失在新的但未必重要的事情的學習上。以目前教學界正在流行的資訊融入各科教學為例：各個學校的因應對策，就是不斷地辦理各種電腦工具軟體的研習，從 word 7.0 到 2000，學習永遠追不上軟體發行的速度。從 Power Point、Frontpage 到 Flash，新的軟體一波一波地洶湧而至，讓老師焦慮不已，尚未實施資訊融入各科教學，就已經被淹沒在新興軟體的洪流中。

可是資訊融入各科教學需要這麼做嗎？其實老師的「教學需求」應該優先考慮，需求確定後，學校的資訊推動小組才建議老師應該學習哪些軟體中的技能，以便達成老師的教學需求。而不是讓老師全盤接受所有的資訊軟體，然後才從中一一去整合設計出自己所需

要的，這樣做不但費時費力，而且成效也一定不彰。

這種情形恰如 Cramton（1996）的研究發現：老師對於實施科技創新措施的專業發展有高度的需求，但是如果科技工具無法促進教師專業發展，這種科技會成為老師的負擔，而且無法得到完整有效的利用。教學模式的推廣亦如是，必須以教師的需求為最優先考量，也就是以學習者為中心的課程設計。

㈢適時採取強迫與志願策略

每個人都知道，任何的教育改革都必須要落實到教室的教學才算是真正成功的改革，但是我們在教育的現場常看到虛應故事的場景，以目前推動的九年一貫課程為例，研習時很多的老師只要求講演者告訴他們該怎麼做，不要講一堆大道理。老師的心裡想些什麼呢？

> 老師們長年以來習慣於接收訊息，因此無法批判講座論點之真偽，所以紛紛要求不要聽道理，知道作法就好了。這些老師做了之後，是對是錯，可能全然不知？還是老師們以為這是政策，不管聽不聽，認不認同，最後都得做，因此與其耗時間聽講，不如趕快學習怎麼做，趕快交出資料，以完成任務，這些老師在政策實施後，可能也不知道自己做了什麼。

面對學校革新，王秀雲（2000）提出的柑園國中改革模式很徹底，首先從校長改變起，扮演投手的角色，投球給有意革新的同仁組成學校核心團隊，共同策畫學校教師進修階段性成長模式。接著以「強迫式」的基本職能進修，要求全校同仁厚植基礎教學能力；

之後引導出「志願式」的專長進修，再逐步發展「創造性」課程與教學研發進修活動。

二、調適：因應情境，調整教學模式

　　從認知心理學的觀點，新的事物學會之後可能會形成垂直遷移和水平遷移。Joyce 與 Weil（1992）認為教學方法的遷移也是一樣，水平遷移是指情境大約相似時，老師經過研習之後可以直接地運用新的教學模式。垂直遷移指的是情境已經改變，老師必須調整情境或教學法才能實際運用。

　　教學的情境千變萬化，所以水平遷移的機會不多，大都要進行垂直遷移。研習教師沒有留意這種現象，回到學校可能變成是無勇無謀、無識無膽：最初的熱情會漸漸冷卻，之後煙消雲散；或是有勇無謀、有識無膽：熱情無限而且勇往直前，之後變成教師群的孤立份子。留意垂直遷移的老師才能有勇有謀、有識有膽、熱情無限卻能冷靜的分析現況，循序漸進，在夾縫中求發展，穩健的改革。用現代的話講，這種老師至少要具備好幾種 Q，才能在舊有的環境中實踐自己的理想。

　　教師調整教學所牽涉的因素很多，包括老師的心情、能力、學生的學習、學校的同儕與行政、家長的反應等。一件看似小小的教學活動，卻要面對如此複雜的現實環境，所以教學需要持續的調整，才能解決不同時刻以及不同情境所發生的問題。教學策略的設計就是幫助老師更有效地了解學生，幫助學生學習，因此在學校或工作坊可以精通新教學模式中特定的技術，但是在教學現場必須學習新教學策略的執行控制權，才能適當地使用教學技術。

　　垂直遷移可能面臨的問題有：(1)訓練情境和實作情境不同；(2)

學習者先前的技巧和新的技巧不同；(3)老師執行控制權力尚未獲得。解決前二個困難需要「額外的學習」，調整的程度視個人對新模式的熟悉度而定，差距愈大，需要調整的就愈多，也需要「個人的決心與毅力」。

關於第三個問題，Joyce 與 Weil（1992）認為老師可藉由以下方式學得執行控制權：

㈠了解新教學模式的目的和理論的基礎

各種教學模式、信念都有其產生的背景、重要的論點，以及最適用的情境，教師於教學之初須能掌握新教學理論之要義，才能跨出成功教學的第一步。

㈡學會因應學生的反應而調整之策略

老師嘗試新的教學方法時，專注點都放在教學流程上，沒有時間觀察學生的反應，必須逐漸熟練，或請同儕觀察，或蒐集學生反應，才能了解學生的學習情況。老師必須知道，任何的教學方法都是為了讓學生學得更好，因此學生的學習效果應該是最重要的。

㈢學習應用到各種學科的方法

某些教學法很可能最初是為了因應某一學科而設計的，以建構教學為例，最早是運用於數學科的教學，目前漸漸被自然科學，甚至是社會科學使用。

㈣修正或創造教材以適應學生的需要

中小學是零拒絕的教室，它讓各種程度和學習特性的學生共同

生活在一起，因此普通班的老師必須要有好幾把刷子才能招架。老師常常需要為低智商的孩子設計簡單一點的教材或問簡單一些的問題。當教科書不符合教學的需要時，也必須設計學習單以引導學生學習。

㈤嘗試和其他的教學方法混合使用

前面已經強調教學法之間絕對不是不相容的，建構數學和傳統數學常常同時出現在同一堂課中，重要的是老師要觀察與評估各種教學法、教材，以及學生的適配情形。

三、熟練與支持：給予溫暖與正向回饋

如前所述，教學法的熟練必須要十二次以上，而嘗試與改變的過程會產生焦慮與惶恐，必須給予支持與正向回饋，老師才有勇氣與動力持續學習，用心練習，直到熟能生巧。

伍、結論

本文從三個層次論述創新教學模式的習得與實踐，首先談及「紮根」功夫，特別強調「溫故知新」，厚植老師對於教學基本要素的理解與活用。其次敘述「抉擇實踐」，提供林生傳（1989）的三個向度統整教學法的研究、Joyce 與 Weil（1992）的四個取向教學模式及國內自行研發的德育教學，來幫助老師澄清自己的教學理念，進而形成承諾，全心投入實踐之。「教學秘笈」報導幾位有經驗的老師在教學現場的創意教學策略，這種小而美的教學功力屬於教師的內隱性知識，是教學的藝術，資淺的老師平時要多看、多做、多思

考，方能由「生手教師」變成「專家教師」。

　　第二部分以「推手」為題，描述推廣創新教學的四種模式，「普通模式」通常以大講堂的方式進行，雖然經濟但效果卻無法彰顯。「創意模式」是一種逆向的思考模式，在困境中以教師的優點和專長出發，尋找革新的生機。「標準模式」需要理論與實務的密切結合，既強調理論基礎，又能提供明確的教學實踐步驟，很值得我們學習。「超級模式」強調理念的認同與生命的投入，尤其是身體力行與終身學習和實踐，這種鍥而不捨的精神，是可遇不可求的。

　　最後論及教育現場對創新教學模式的「實踐」，一方面分析無法落實的原因：提出理論與實際之間落差的問題、技術與需求之間何者為優先的問題，以及志願與強迫之間的微妙關係。接著以認知心理學的水平與垂直遷移觀點，提出三種調適之道，藉由教師對自己教學知能的分析、研習現場，以及教學現場的比較、同儕督導機制的協助，使得老師獲得教學的控制權。當然行政單位提供安全而舒適的環境，讓老師有足夠的時間練習，並時時給予老師支持與回饋，更能激勵老師不斷地成長。

註：有關德育教育師資培訓以及實施狀況部分，感謝林校長素卿、黃校長蕙芬、林靜香等老師協助提供相關資料。

參考書目

王秀雲（2000）。學校本位的教師進修策略。取自 http://www.nmh. gov.tw/edu/new

王秀雲、李惠銘（2000）。跨世紀之夢──柑園國中學校本位課程統整機制的營造過程。八十九學年度高雄市校長儲訓班講義。

王木蘭（2000）。靜思語教學。輯於秦麗花（2000）。談教師如何
　　建立教學檔案。台南：翰林。

右昌國小編印（1999）。統整課程實施報告。輯於高雄市政府教育
　　局彙編，學校本位課程實施成果彙編。高雄：右昌國民小學。

右昌國小編印（2000）。野雁群飛──小班教學精神實施成果彙編。
　　高雄：右昌國民小學。

李珀（1999）。教學視導。台北：台北市政府教育局。

呂木琳（1998）。教學視導──理論與實際。台北：五南。

何春枝（2000）。經營夢想──談國小英語教學。輯於秦麗花
　　（2000）。談教師如何建立教學檔案。台南：翰林。

吳清山，林天佑（2000）。協同教學。取自 http://www.nmh.gov.tw/
　　edu/basis3/26/ga19a.html

吳清山，林天佑（2000）。課程統整。取自 http://www.nmh.gov.tw/
　　edu/basis3/26/ga19a.html

吳清山，林天佑（2000）。教學視導。取自 http://www.nmh.gov.tw/
　　edu/basis3/32/a16.html

林生傳（1988）。創新教學理論與策略。台北：五南。

財團法人福智文教基金會編審（2000）。落實國民小學德育教學推
　　廣計畫：一年級教師手冊。台北：圓音。

財團法人福智文教基金會編輯部（2000）。百年大計與希望工程。
　　福智之友，9，12-19。

高雄市教育局編印（1999）。八十六、八十七學年度高雄市國民教
　　育輔導團國小組輔導工作成果記評鑑報告。

高雄市國民教育輔導團網站（2002）。取自 http://www.ceag.kh.edu.
　　tw/

高雄市新莊國小編印（2000）。新莊通訊，*24*，6。

高雄市新莊國小編印（2000）。新莊通訊，*25*，4。

陳文英（2000）。我的晨間活動規畫。輯於秦麗花（2000）。談教師如何建立教學檔案。台南：翰林。

張德瑞編著（1999）。國民中學實習輔導人員臨床視導研習會手冊。台北：教育部。

曾憲政（2000）。教師的鏡子在哪兒。載於高雄市高中職國小校長與教務主任教師專業評鑑研習手冊。

Calhoun, E. (1985). *Relationship of teacher's conceptual level to the utilization of supervisory services.* (ERIC-NO: ED 269841)

Cramton, J. S. (1996). Teachers' needs for professional development utilizing technological resources. *Dissertation abstracts international, A 57*(07), 2980 (No. AAC 96 36701) (1998). *Dissertation abstracts international, A 59*(04), 1060 (No. AAC 98 31968).

Gardner, H. (1999). *Intelligence reframed-multiple intelligences for the 21st century.* New York: Basic Books.

Joyce, B. & Weil, M. (1992). *Models of teaching* (4th ed). Massachusetts: Allyn and Bacon.

Reiff, J. C. (1992). *Learning styles. What research says to the teacher series.* (ERIC-NO: ED 340506)

Perry, W. G. (1981). Cognitive and ethical growth: the meaning of making. In A.W. Chickering and Associations, *The modern American college: Responing to the new realities of diverse students and changing society.* San Francisco: Jossey Bass.

Perry, W. G. (1999). *Forms of intellectual development in the college years: A scheme.* San Francisco: Jossey Bass.

國家圖書館出版品預行編目資料

教學新世紀理論與實務 / 林生傳等著. -- 初版.-- 臺北市：心理，
  2004（民 93）
    面； 公分. --（一般教育；72）

    ISBN 957-702-691-5（平裝）

  1. 教學法

521.4   93011527

一般教育 72　**教學新世紀理論與實務**

策　　畫：林生傳
作　　者：林生傳、曾榮祥、高忠增、陳嘉皇、簡慶哲、方朝郁、蔡姿娟、
　　　　　陳昭曄、黃誌坤、許美華、陳明鎮、林子雯、黃奕碩、林琬淇、
　　　　　陳怡靖、吳慧珠
執行編輯：何采芹
總 編 輯：林敬堯
發 行 人：邱維城
出 版 者：心理出版社股份有限公司
社　　址：台北市和平東路一段 180 號 7 樓
總　　機：(02) 23671490　傳　　真：(02) 23671457
郵　　撥：19293172　心理出版社股份有限公司
電子信箱：psychoco@ms15.hinet.net
網　　址：www.psy.com.tw
駐美代表：Lisa Wu　Tel：973 546-5845　Fax：973 546-7651
登 記 證：局版北市業字第 1372 號
電腦排版：臻圓打字印刷有限公司
初版一刷：2004 年 8 月

ISBN 957-702-691-5